U0000766

大學叢書

政府論
孫中山政治思想研究
（三）

陳春生　著

臺灣商務印書館

博

愛

孫
文

「孫中山政治思想研究」總序

　　作者於臺灣大學政治學研究所畢業後三年，即承乏臺灣大學一年級共同必修科「孫中山思想」的教學。在威權時期，這門課是臺灣各大專院校的「共同必修科」。但自量對孫中山思想並無深入研究，至為惶恐。後來回想在大學讀書時，有一門「中國政治思想史」的必修課程，於眾多參考書中，發現蕭公權教授所著『中國政治思想史』，他從孔子、孟子、荀子、管子、談到梁啟超，而「總目」中所列最後一位中國政治思想家是孫中山，可是內容空白。「凡例」表示：「原稿淪陷，仍存其目，以明原委。」由此可知，在政治學家的心目中，孫中山的政治思想是值得重視的，而作者所執教的課程與所學亦不脫節。這是作者鼓起勇氣投入研究「孫中山政治思想」的動機之一。

　　復見於孫中山的歷史地位，以 Sun yat-Sen（孫逸仙）之名揚名世界。在二十世紀初葉，中國的孫逸仙與蘇聯的列寧、印度的甘地、美國的威爾遜齊名，都是享譽國際的政治人物。特別是孫中山在中國及海外鼓吹革命，中國人民在他的思想領導之下，推翻兩千多年的君主專制，建立民主共和政體。中華民國政府尊稱為「國父」，中華人民共和國政府則譽為「革命的先行者」。這顯示孫中山在中國政治史上必有其耀

眼的地位，而且將隨著光陰的流逝愈放光芒！吾人在學術研究工作上，以其「政治思想」為主題，自有其意義。這是作者立定志向，用黃金歲月研究「孫中山政治思想」的動機之二。

孫中山的著述不是學術論文，沒有系統可言，而多為通俗的演說詞和書信談話言論，言詞偶有前後矛盾、語意不明之處，因此有人認為「三民主義」沒有研究價值，實則其中蘊涵著厚實的政治思想底蘊。

基於教學相長的需要，作者擬定長期系列研究計畫，用政治學研究法，分析孫中山政黨論、政權論、政府論，這三篇論文即為作者的研究成果。「孫中山政治思想研究」的建構，始於 1973（民國 62）年 10 月，經資料蒐集、整理、分析、歸納，1978（民國 67）年 4 月，由校內書商－再興出版社出版『孫中山政黨思想研究』，曾獲「中正學術著作獎」。1981（民國 70）年 4 月，由五南出版社出版『孫中山政權思想研究』，曾獲「建國七十年菲華中正文化學術著作獎」。1986（民國 75）年 10 月，完成『孫中山政府思想研究』，為打字稿尚未公開出版。以上三篇專題研究論文，皆獲得「國家科學委員會」獎助。本書係作者將這三篇專題研究論文作部分修訂後之總稱，因其主題不同，乃分別定名為「政黨論」、「政權論」、「政府論」三冊，總其名為「孫中山政治思想研究」。茲簡述三書內容提要如下：

關於政黨論，民主政治需有政黨，始能圓滿運作。政黨可以互相監督，反映民意，可以避免流血革命，遇有重大政

治問題，引起意見衝突，可用和平選舉或公民投票訴諸民意來解決紛爭。政黨可以教育選民，提高人民的政治知識和對國家發展的關心。

孫中山主張實施「兩黨制」的政黨政治。民國二年三月一日，孫中山演講「政黨之要義在為國家造幸福為人民謀樂利」時說：「凡一黨秉政，不能事事皆臻完善，必有在野黨在旁觀察，以監督其舉動，可以隨時指明。國民見在位黨之政策不利於國家，必思有以改絃更張，因而贊成在野黨之政策者必居多數。在野黨得多數國民之信仰，即可起而代握政權，變而為在位黨。蓋一黨之精神才力必有缺乏之時，而世界狀態變遷無常，不能以一種政策永久不變，必須兩黨在位在野互相替代，國家之政治方能日有進步。」

但在革命建國過程，欲推翻二千多年的君主專制政體，只有以「革命黨」的力量來協助軍隊掃除建國障礙，並訓練人民自己當「皇帝」，做國家的主人。在憲政實施後，即應開放組黨自由，再由人民去選擇政黨組織政府。如果不此之圖，在革命成功憲法公布實施之後，仍由一黨獨裁統治，那並非孫中山政治思想的本義。作者在分析孫中山政黨理論的內涵之後，也將民主政黨與極權政黨的理論基礎與制度加以比較。

關於政權論，孫中山所謂「政權」即是「政治主權」，這與「法律主權」是相對的，其實就是人民的「參政權」，他要使人民普遍擁有直接行使四種參政權（選舉、罷免、創制、複決）的機會，讓人民當國家的主人，才算是真正的民

主國家。舉凡政府的組成，政策的施行，要基於人民的同意。如果制定「公民投票法」，卻又設計阻撓人民公投的「審議委員會」，這是假民主。

孫中山主張實施「直接民權」，強調「主權在民」的重要，蓋為避免國內戰爭，預防政府專制腐化，以順應世界潮流。過去中國常發生內戰，造成人民顛沛流離的痛苦，破壞許多文化遺產，少有建設，實因大家爭做皇帝，亦即爭國家領導權，這種野心家代代不絕。孫中山提倡「主權在民」，即在避免野心家爭「皇帝」時造成災難。

孫中山不反對「代議政治」，因為代議政治是保障民主政治正常運作的方法。不過「代議政治」有許多流弊，西方思想家盧梭、密勒、浦萊斯均有批評。孫中山在「中華民國建設之基礎」一文中說：「彼踞國家機關者，其始藉人民之選舉以獲此資格，其繼則悍然違反人民之意思以行事，而人民亦莫如之何。」為此，凡是藉選舉而在位的總統或國會議員，人民皆得起而罷免之。中央或地方法律，人民皆得創制複決之。

關於政府論，孫中山主張五權分立的「總統制」，總統直接民選，並建構一個「民主廉能政府」。

民國十年演講「五權憲法」時，孫中山說二句相似的話：「在行政人員方面，另外立一個執行政務的大總統，立法機關就是國會，司法人員就是裁判官，和彈劾與考試兩個機關，同是一樣獨立的。」換言之，行政首領就是大總統，總統絕非虛位元首。他在民國十二年「中國革命史」一文又

說：「憲法制定之後，由各縣人民投票選舉總統，以組織行政院。」他未表示行政院長的產生須經國會之同意。顯然孫中山主張總統直選，主張「總統制」，總統是有實權的國家元首。作者認為，我國政制如採類似法國的「半總統制」，並不違反孫中山政府論之本義。

五權分立的要旨在保障監察制度的超然，文官制度的中立及司法獨立。但如果行政權介入司法審判，如果監察委員、考試委員與大法官的產生皆由總統提名，經立法院同意後任命，則一旦總統與國會多數黨是同一政黨時，就可能變成「一黨獨裁」，完全失去「五權分立」的意義。而考監制度之超然中立，即在杜倖進於前，復有以懲溺職於後，防止行政權的濫用。

吾人觀察中華民國憲政發展過程，有人認為「五五憲草」才符合孫中山「五權憲法」之本旨，欲擴大「國民大會」的職權。有人認為修憲前的「中華民國憲法」是依據孫中山「五權憲法」理論所制定。在憲法總綱第一條且明定：「中華民國基於三民主義，為民有、民治、民享之民主共和國。」其實前者是對孫中山設計「國民大會」原意有所誤解，而後者則是對孫中山設計「監察院」之性質有所誤解。作者認為，「國民大會」原指「公民總投票」，而「監察院」並非民意機關，監察委員是中立性高級監察官，超黨派糾彈官邪。司法檢察機關更非執政黨整肅異己之工具。今經七次修憲後，許多不符憲法原理及孫中山政治思想的缺陷仍然存在，中華民國憲法勢需大翻修。

此外，孫中山也強調「地方自治」的重要性，目前臺灣政府施行的行政區劃調整，增設「直轄市」之政策顯然不符合孫中山政治思想之精神，允宜改正。

本書之完成，倘能對中國及臺灣的政治發展有所裨益，余願已足。惟全書或有疏漏之處，尚祈博雅君子有以教之。

陳春生　謹識於臺北溫州寄廬

2013 年 8 月 8 日

自序

　　我國憲法第一條規定：「中華民國基於三民主義為民有、民治、民享之民主共和國。」由此可知，三民主義政治思想是中華民國憲法制度的重要指導原則。吾人在研究中華民國憲法之前，必須對三民主義政治理論做深入的研究，進而得一確切之結論，庶能增進對吾國憲法之認識。可惜的是，國人對我國憲政制度爭議殊多，對孫中山先生之「五權憲法」，見仁見智，各有不同的看法，所以，有人主張修憲，以符孫中山先生創立「五權憲法」的主旨；有人認為現行憲法已經符合孫中山先生「五權憲法」的精神。

　　個人對公法學素具興趣，蓋有感於若要國家富強、人民幸福，非建立一個良好政府不可，而良好政府的條件，一在於「人」；一在於「法」。固然，所謂「徒法不足以自行」，然則，若無「法」，就是一個沒有組織的社會，而不是一個「國家」了。人生於世，追求幸福乃人之本能和權利，任何人不得干預他人為追求幸福而奮鬥的自由權利，只要在追求自己幸福的過程，不影響他人的同樣自由權利即可。然則，「法」為何物？個人認為「法」就是「制度」，沒有「法」，就「沒法度」。我們要建立一個良好政府，就必須使「制度」健全！

孫中山先生一世，為苦難中國而奮鬥，他逝世，個人尚不自知置身何處？蓋余之生也晚，來不及和他研究憲政制度的問題。如今，只有從其留下來的文獻和遺言，配合政治學理論，參酌各家高明見解，誠懇的研究他在政府制度方面的真正主張，而加以歸納創新，俾使孫先生的「政府論」得以更充實，而不違背其民權主義真精神。以故，吾人堅決認為，研究他的「政府思想」，斷不可只看「五權憲法」及「建國大綱」，而必須將其「三民主義」政治思想與「五權憲法」理念併合研究才行。

吾人認為孫先生是改變中國歷史的關鍵人物，其思想頗具研究價值，雖然有人故意不關心他和他的思想，但吾人須知，雖然他的革命未完全成功，他的思想亦未具學術論文一樣的有系統。但是，我們不能不承認，他的思想和行動改變了中國。

過去數年來，吾人對孫先生的政治思想，曾做過部分較深入的研究，如 1978 年發表過《國父政黨思想研究》，1981 年發表過《國父政權思想研究》，均本乎學術良心鑽研，不為任何個人，亦不為任何團體，只忠於「孫中山精神」和謹守做為一個學術研究工作者應具備的人格和良知。幸而，前二書曾獲好評，因此，乃繼續從事本專題之研究。無論如何，《國父政府思想研究》已成為個人對「孫中山政治思想」系列研究之三。

在此，我特別要感謝的是幾位師長的指導：如在我大學時代教過我「中國政府」的傅啓學教授，對本論文章節的安

排曾給我寶貴的啟示，許多重要觀念亦承蒙指點；教過我「憲法」、「行政法」兩門課程的張劍寒教授，亦曾對我提出的問題加以解惑，使我對自己的見解產生無比信心。還有阮毅成教授知道我在研究孫中山的「政府論」，特別主動寄給我一本《胡漢民自傳》，並勾劃出孫中山先生主張建立「總統制」政府的重要證據，使孤陋寡聞的我，獲益不少，並對本專題之研究能掌握住正確的方向。他們的美意以及對學生「誨而不倦」的精神，將使我永銘在心。還有幾位平日常給我鼓勵的師友，他們的治學精神也是我模仿的榜樣。個人自量不適於經商，也不適於仕途，我將走孤寂的學術道路，一輩子，常聞書香；並與古今中外富於公義和良知的學人為友。這是我的快樂！

　　本論文之研究，儘管澆灌過我的心血，但不敢說沒有缺點和疏漏，尚望大雅方家予我指正，不勝感禱之至。

陳春生　謹識於國立臺灣大學

1986 年 10 月 30 日

目錄

第一章　緒論

第一節　研究目的

　　對孫中山先生政治思想的系統研究，個人認為最為艱難的是關於政府論的部分。何以政府論部分最艱難呢？主要原因不只因為原始資料較少，而且他的前後言論有些地方並不一致，遂使孫中山政治思想及憲法學者對中華民國憲法上政府組織及其關係方面，發生許多爭論，這些爭論，至今仍未有「共識」——共同的見解。

　　做為一個關心國家建設與民眾福祉的學術研究工作者，尤其想把孫中山政治思想體系，做一番科學整理的人，對他的政府論之研究是責無旁貸的！

　　在建國方略的「心理建設」、「物質建設」、「社會建設」三書出版之後，孫中山先生乃從事於「國家建設」的寫作，這本書的內涵包括有「民族主義」、「民權主義」、「民生主義」、「五權憲法」、「地方政府」、「中央政府」、「外交政策」、「國防計畫」八冊，除「民族主義」一冊已經脫稿，「民權主義」、「民生主義」二冊也草就大部，至於其他各冊，則只規劃思想的線索和研究的門徑而已，

尚未「執筆直書」。不料 1922 年 6 月 16 日，陳炯明叛變，砲擊觀音山，孫中山先生數年心血所成的各種草稿及參考書籍數百種，竟全被燒掉了，殊可痛惜[1]。如果孫中山先生的著作計畫完成，則民權主義、五權憲法、地方政府及中央政府四冊，為研究其政府論所不可缺！

是以，至今，吾人可使用的重要文獻資料，極其有限，而且零碎。主要的只有：1921 年 7 月「五權憲法」演講詞，而這篇演講詞卻有大同小異的兩種版本，且是「從五權憲法的側面來觀察」的[2]！不過，倘然我們再參照「孫文學說」第六章、「中國革命史」、「建國大綱」和「民權主義」演講詞等有關文獻和言論，詳細加以推理研究，當亦可理出一個頭緒來。此外，如「中華革命黨總章」，這是孫中山手訂的，其中列有先於黨內試行五權憲法的辦法，並自謂「為數十年學問經驗之結晶」[3]自也可供參考。

1906 年 10 月 17 日，孫中山在日本東京舉行的「民報」一週年紀念會演講「三民主義與中國民族之前途」時，曾說：「兄弟的意思，將來中華民國的憲法，是要創一種新主義，叫做『五權分立』。……這不但是各國制度上所未有，便是學說上也不多見，可謂破天荒的政體，兄弟如今發明這基礎。至於那詳細的條理，完全的結構，要望大眾同志盡力研究，

1.見「三民主義自序」，載於《國父全集》第 1 冊（中央黨史會，1981 年 8 月 1 日再版）頁 1。

2.見《國父全集》第 2 冊，頁 425。

3.周曙山：〈五權憲法的歷史〉（見中國五權憲法學會編，《五權憲法論文選集》上冊，頁 282。帕米爾書店，1973 年 12 月再版。）

匡所不逮，以成將來中華民國的憲法[4]。」對於三民主義，他也同樣期待同志讀者，本著他的演講，做為基礎，「觸類引伸，匡補闕遺，更正條理，使成為一完善之書[5]。」但是，關於研究資料的採擇和解釋，他在 1923 年 12 月於大本營對黨員演講時，特別強調：「三民主義、五權憲法，本為吾之所倡始，所發明，其解釋須一依我之解釋，然後方不至誤解誤講[6]。」

因此，五權憲法及其政府論相關問題的研究，我們必須把他的整個思想做融會貫通的分析，庶能得其真髓精義，而不必拘泥於他的一言一詞。須知孫中山先生是先知先覺的革命家兼思想家，而不是神，他也會有思慮不周之處。正因此，他才盼望後來者「更正條理」「匡所不逮」！作者前此，曾做過「國父政黨思想研究」、「國父政權思想研究」，今再進行「國父政府思想研究」工作，期能對孫中山政治思想的整理，略盡棉薄之力。

誠如林紀東教授所言：「思想是創造制度、批判制度、和改變制度的動力[7]。」孫中山的政府思想，正是創造中華民國政府制度之所依據，也是因應社會變遷，修改中華民國憲法的動力。「五權憲法，由其抽象方面看，可以說是一種思想；由其具體方面看，又可以說是一種制度[8]。」然則，研究

4.《國父全集》第 2 冊，頁 205、207。
5.同註 1。
6.《國父全集》第 2 冊，〈黨員應協同軍隊來奮鬥〉，頁 583。
7.林紀東：〈五權憲法與現代政法思潮〉（見前揭《五權憲法論文選集》上冊，頁 333。）
8.同前註。

「孫中山政府思想」，並不應只研究其「五權憲法」理論為已足，務必參酌他的相關政治理念，併同研究，方能理解他所要建立的「政府制度」的真正面貌！

我國憲法雖依三民主義、五權憲法而制定，但有些地方並不完美，尤其關於中央政府組織部分，無論政權機關與治權機關之關係，或治權五院間之相互關係，均存在許多問題。無論為適應公共事務日趨複雜之情勢，或為福國利民計，我們都有必要透過正當程序，賦予我國憲政制度以新的活力，庶能應付瞬息萬變的社會生活。是以，吾人認為「孫中山政府思想」之研究，至為迫切和重要！

本論文之目的，就在探究孫中山先生對於中央政府組織的真正構想，希望以政府理論為基礎，把他的中央政府組織觀念建築其上，並對當今我國中央政治系統，加以檢討，以求得興革答案，俾有助於我國政治發展和大眾的政治生活。

但是，本論文所要研究的僅限於平時正常狀況下的政府組織體系，而不涉及戰時非常時期的體制，這是在此必須預先說明的！因為孫中山先生之革命，只想一次完成；不想永遠革命下去，否則人民悽慘了！而其革命之目的，端在力求國家之自由平等，並建立一個民有、民治、民享的幸福社會，而想把中國人民從數千年易姓暴力革命的惡性循環中，解救出來！他是毫無個人英雄主義意識的。也就因此，他的令譽將歷久不替，他的精神將永遠活在愛好和平的中國人民心中。至若動員民眾，抵禦外侮，反抗外來侵略，則為爭自由爭生存的聖戰，而不是革命，自當另建戰時體制，以適應事實之

需要！

第二節　研究方法

為了達成上述第一節之研究目的，本論文採用下列幾種方法：

一、**理論研究法**（Theoretical approach）──孫中山雖有一篇「五權憲法」的演講詞，在「孫文學說」第六章、「中國革命史」等文字著述中，也提到政府組織的構想，在「民權主義」演講詞裡，對政府組織和關係，也有進一步的遺言，但是，這些講詞和文獻，斷不能以嚴謹的學術理論標準尺度來評量。因為他是一位醫生，他是一位革命行動家，著述、言論、行動，表現出來的是「思想」，具有宣傳性質。而這些文字和言論並不會自動形成一套科學「理論」。有些中外人士，看了他的「三民主義」演講本子，並未體念這一點，而貿然否定三民主義的學術價值，這是一大錯誤。個人認為三民主義的信徒們，在孫中山已逝世近百年後的今天，還不能對「三民主義」、「五權憲法」政治思想做系統性的、正確性的、學術性的整理，實在是一件遺憾大事。那就不能怪別人說，你們的「三民主義」沒有學術地位了！

是以，孫中山政治思想的研究，尤其是對政府思想的研究，採用理論研究法，乃是必需的方法。

二、**法學研究法**（Legal approach）──政府論本質上就是政府制度的研究，制度離不開法律，所以政治學與公法學

是離不開關係的，尤其是憲法學的討論，對本論文之研究是絕對必要的。但是在學術名詞方面，作者無意賣弄行為主義的新名詞，如國家叫「政治體系」，權力叫「功能」，職位叫「角色」，機關叫「結構」，「民意」叫「政治文化」，公民訓練叫「政治的社會化過程」。因為本論文不是專給政治學系畢業的人看的，我希望受過一般教育的人，都能看得懂。所以，「國民大會」這個「政權機關」，我並不叫它「政權結構」；總統及五院等「治權機關」，我並不叫它「治權結構」。我認為，用一般人不易理解的名詞，反而有礙於「政治社會化」的工作。讀者想必也同意我的看法吧！

孫中山政府思想的研究是要探討孫中山五權憲法的原理，這個原理須合乎公法學的原理，五權憲法的政府制度，方能建立起來，五權憲法也才有其價值。為了檢視孫中山先生的政府組織觀念，是否合理？為了研究我國現行憲法，是否合乎孫中山先生的政府組織觀念？都須採用法學研究法。

三、比較研究法（Comparative approach）——孫中山政府思想之研究，也得使用比較研究法，譬如孫中山會發明「五權憲法」，他本身已經把各國憲法做過比較的研究，始知歐美制度有其嚴重缺失，歐美憲法不能建立「人民有權」的「萬能政府」。教我們在政治制度上，不必學外國，而應自己創造自己的政治制度，但本質上，我們創造的政治制度仍然是「民主」的。只是政府組織形態架構，與歐美或日本不同，而不是「民主」之為物，有本質上的差異！這個觀念，大家必須糾正過來，否則可能貽害子孫。在我研究「孫中山的政

權思想」之後，才知道原來孫中山的「民權主義」比歐美的「代議政治」或「議會政治」更重視「民主」，他有「主權在民」的強烈觀念，所以強烈批評「議會政治」及「代議制度」之缺點，而想用「直接民權」來醫治「間接民權」的「民主」疾病，所以我曾說，孫中山的「民權主義」比西方「民主主義」更重視直接民主。這也是使用「比較研究法」得到之結論。

在「政府思想」的研究方面，因係探討他的政府制度之觀念，更須用「比較研究法」，才能瞭解他主張「五權憲法」之原因及「五權憲法」的真實內涵。所以，本論文無論在理論上或制度上，都須和有關理論及制度，相互比對，探究得失。

四、觀察研究法（Observation approach）──我國憲法是依據孫中山先生創立中華民國之遺教而制定的。政府在臺灣也經常宣示厲行民主憲政的決心，事實上，政府組織設置國民大會和五院，也是遵循孫中山「五權憲法」之設計而來。然而，自1947年憲法公布實施迄本研究著手之時，已歷近四十年，在這漫長歲月的行憲過程中，政府機關之間曾發生過制度上不同的意見辯論，政府人員（包括民意代表）對於職權之行使，也曾有不同的看法，學者們的言論更是南轅北轍。到底我國憲法關於中央政府制度的規定，是否有缺陷呢？如果有，究竟應該如何補救呢？這些問題，我們可在實際運作經驗中，得到答案。誠然政治科學的研究不比自然科學的研究來得方便，因為自然科學可在實驗室中進行實驗。但是，

政治科學卻可在大環境中觀察政治實踐的經驗，尤其對政治系統的研究，觀察研究法仍然是重要的方法。

孫中山主張建立五權憲法的政府來實現三民主義的理想，但他未曾見到新中國的建立成功，也未曾統治過中國，他只做三個月「臨時大總統」，更因早逝，而沒有機會看到中華民國憲法的制定和實施。如果他活在今天，面對新的時代和環境，會不會對其政府思想有所修正？又如何修正？這都不是我們可能找到答案的！

然而，我們是生活在現代社會中的一員，政府制度的良窳，不只關係國家興敗，抑且影響到每個國民生活的禍福，我們能不關心嗎？是以，吾人研究孫中山政府思想的精義，除了運用上述各種方法之外，尚須觀察今日政府的實際運作情形，庶幾瞭解其思想的優越或不足之處，進而得到研究結論，達成本研究之目的。

第二章　孫中山政府思想之淵源

　　孫中山在其所著「中國革命史」文中說：「余之謀中國革命主義，有因襲吾國固有之思想者，有規撫歐洲學說事跡者，有吾所獨見而創獲者[1]。」又說：「余之革命主義內容，賅括言之，三民主義、五權憲法是已。苟明乎世界之趨勢，與中國之情狀者，則知余之主張，實為必要而且可行也[2]。」可見他的革命主義就是三民主義、五權憲法。雖然，在「五權憲法」的演講詞中，他特別提到「五權憲法是兄弟所獨創，古今中外各國從來沒有講過的[3]。」但是，同時他還說：「兄弟創出這個五權憲法，大家都有點不明白，以為這個五權憲法有什麼根據呢？五權憲法的根據，老實說起來，就是我研究各國憲法，獨自思想出來的[4]。」所以，我認為激發他獨創「五權憲法」之靈感的，是他研究各國憲法之結果，而各國憲法便有歐洲之學說和事跡的成分。五權之中的考試權、監察權正是由中國固有之思想文化承襲而來。因此，五權憲法本身就有三種思想淵源，何況，本論文研究主題「政府思想」之內容，並非單是「五權憲法」一個命題，而尚須參酌他的

1.《國父全集》第 2 冊，頁 181。
2.《國父全集》第 2 冊，頁 183。
3.《國父全集》第 2 冊，頁 412。
4.同前註。

民權主義政治思想及相關的言論。是以，吾人認為，本章之內涵──政府思想的淵源，確實可分為三部分來說明：即①中國固有者，②規撫歐美者，③孫中山獨創者。下面隨即分節論列之。

第一節　中國固有者

關於中國固有文化思想制度，其影響孫中山政府思想者，起碼有儒家孟子「民貴」學說及歷代考試監察制度。茲分別說明：

第一項　孟子「民貴」學說

在「中國革命史」中，孫中山提到「民權主義」時，第一句話便說：「中國古昔有唐虞之揖讓，湯武之革命，其垂為學說者，有所謂『天視自我民視，天聽自我民聽』，有所謂『聞誅一夫紂，未聞弒君』，有所謂『民為貴，君為輕』，此不可謂無民權思想矣[5]！」顯然，孫中山欣賞中國古代唐堯虞舜傳位給賢人的揖讓之風；但他也同情湯武的革命，因為湯武之革命是由於夏桀的無道所引發，革命而能成功，絕非一二人之力，實乃民眾的附隨，民眾所以追隨革命者，實因其心中對執政者有所不滿，也就是君主沒有盡到做君主的責任，甚至殘害百姓，變為一個「獨夫」暴君。那麼，人們不堪暴政之苦，必然揭竿起義，推翻暴君政府。革命成功

10

5.《國父全集》第 2 冊，頁 182。

了，人民認為這是「天意」，其實是「民意」，所以孟子倡議「民貴君輕」之說，非常重視「民意」的歸趨。離婁上，謂：「孟子曰，桀紂之失天下也，失其民也。失其民者失其心也。得天下有道，得其民，斯得天下矣。得其民有道，得其心，斯得民矣。得其心有道，所欲與之聚之，所惡勿施爾也[6]。」政府施政不得民心，這是非常危險的事！

孟子學說，認為民心向背為政權轉移（此處之「政權」即政府）及政策取捨的最後標準，得乎丘民者為天子，失民心者失天下，所以人民為最後主權（政治主權）之所寄，政府施政應注意輿情的反應。孟子把國家主權置在人民，認為政府有絕對養民安國之義務，而人民並無絕對服從政府之義務，若政府失職，則人民可以不忠[7]。此與孫中山所言政府官吏是人民公僕同一道理，亦尚書「民為邦本」之義。

由於孟子有「民為貴」之觀念，故勸告政府多做「養民」的工作，誠如蕭公權教授之言，孟子頗有取於衣食足，知榮辱之義，認為充裕之物質生活是道德的必要條件[8]。故曰：「民之為道也，有恒產者有恒心，無恒產者無恒心。苟無恒心，放辟邪侈，無不為已[9]。」又曰：「明君制民之產，仰不足以事父母，俯不足以畜妻子，樂歲終身苦，凶年不免

6.見謝冰瑩等（編譯）：《四書讀本》，（臺北：三民書局，1985 年 2 月修訂九版）頁 368。

7.蕭公權：《中國政治思想史》（臺北：華岡出版有限公司，1971 年 3 月再版）頁 90。

8.同前註，頁 88。

9.滕文公上，見前揭《四書讀本》，頁 325。

於死亡。此為救死而恐不贍，奚暇治禮義哉[10]。」孫中山的民生主義即重在養民。1916 年 7 月 15 日，他在駐滬粵籍議員歡迎會演講：「中華民國之意義」時說：「謀國者，無論英、美、德、法必有四大主旨：一為國民謀吃飯，二為國民謀穿衣，三為國民謀居室，四為國民謀走路。衣食住為生活之根本，走路則且為影響至國家經濟與社會經濟矣[11]。」所謂「謀國者」就是政府官吏，人民公僕。他們有責任為國民謀食、衣、住、行四大問題之解決，這四個問題，在今天來說就是農林漁牧業、紡織工業、國民住宅之興建、公共交通工具的提供。目前，吾國政府亦盡力於此，而吾人認為食衣問題之解決，在今天則應重視就業問題。因為有業可就，吃飯穿衣可以無憂，至於住行問題，就要靠政府各種政策的配合了。

　　綜上所論，可知政府之要義，乃為人民謀福利而組織之。孫中山此一思想，顯然受到孟子學說之影響！所以看到滿清政府之腐敗無能，乃自許「心傷韃虜苛殘，生民憔悴，遂甘赴湯火，不讓當仁。糾合英雄，建旗倡義，擬驅除殘賊，再造中華，以復三代之規，而步泰西之法，使萬姓超甦，庶物昌運[12]。」而幹起轟轟烈烈的革命來了。然則，他革命之目的，並不在稱王稱帝，而是希望建立一個「人民有權、政府有能」的中華民國政府。

---

10. 梁惠王上，見前揭《四書讀本》，頁 256。
11. 《國父全集》第 2 冊，頁 351。
12. 孫中山：自傳（見《國父全集》第 2 冊，頁 1）。

第二項　中國考監制度

至於如何建立一個萬能政府呢？那就是設置「五權憲法」的政府了。在五權憲法之中，他特別重視考試制度、監察制度。此二制度亦淵源於中國固有文化。他說：「考選制和糾察制本是我中國固有的兩大優良制度，但考選制被惡劣政府所濫用，糾察制度又被長期埋沒而不為所用，這是極可痛惜的。我期望在我們的共和政治中復活這些優良制度[13]。」

孫中山於1910年1月間在舊金山與劉成禺談話時，慨然嘆曰：「吾讀『通鑑』各史類，中國數千年來自然產生獨立之權，歐美所不知，即知而不能者，此中國民族進化歷史之特權也。祖宗養成之特權，子孫不能用，反醉心於歐美，吾甚恥之[14]！」在這裡他所說的「特權」是中國特有之權，而為外國所未曾發明者。亦即指考試、監察兩權。他認為這兩權有其優越之處，他說：「中國歷代考試制度不但合乎平民政治，且突過現代之民主政治。中國自世卿貴族門閥荐舉制度推翻，唐宋厲行考試，明清尤峻法執行，無論試詩賦、策論、八股文，人才輩出，雖所試科目不合時用，制度則昭若日月。朝為平民，一試得第，暮登臺省，世家貴族所不能得，平民一舉而得之。謂非民主國之人民極端平等政治，不可得

13.《國父全集》補編，頁185。「設立考試權、糾察權以補救三權分立的弊病」，此為民國前6年9月29日（1906年11月15日）在東京與俄國社會革命黨首領該魯學尼（G. Gershuni）談話之譯文，譯自日本萱野長知著《中華民國革命秘笈》（東京帝國地方行政學會，1940年出版）。
14.《國父全集》補編，頁190。

也[15]。」又說：「科場條例，任何權力不能干涉。⋯⋯官吏非由此出身，不能稱正途。士子等莘莘向學，納人才於興奮，無奔競，無徼幸。此予酌古酌今，為吾國獨有，而世界所無也[16]。」他主張文官須經考試取得資格，至為明顯！

在「五權憲法」演講詞中，孫中山曾說：「現在各國的考試制度差不多都是學英國的，窮流溯源，英國的考試制度原來還是從我們中國學過去的。所以中國的考試制度，就是世界中最古最好的制度[17]。」關於此一說法，鄧嗣禹先生曾做過考證工作，而得到結論說：「我們似乎可以斷言，無論學校中或甄別文官時所用口頭或書面試驗的這種考試制度，要非古代西方國家所發明，大抵完全淵源於中國[18]。」這麼優良的考試制度，孫中山認為應該承襲下來，成為建立萬能政府的一部門，專司文官考選的工作。

至於監察制度，孫中山認為「自唐虞賡歌颺拜以來，左史記言，右史記事，行人采風之官，百二十國寶書之藏，所以立綱紀、通民情也。自茲以降，漢重御史大夫之制，唐重分司御史之職，宋有御史中丞、殿中丞。明清兩代御史、官品雖小而權重內外，上自君相，下及微職，儆惕惶恐，不敢犯法。⋯⋯如我中國，本歷史習慣，彈劾鼎立為五權之監察院，代表人民國家之正氣，此數千年制度可為世界進化之先

15.同前註。
16.同前註，頁 190-191。
17.《國父全集》第 2 冊，頁 423。
18.鄧嗣禹：《中國考試制度史》（臺北：臺灣學生書局，1967 年 2 月出版）頁 391-392。

覺[19]。」可知監察制度，乃中國政治傳統與政治思想獨特結晶之一。據賀凌虛教授在其所著「中國監察制度之沿革」一文中所言：其淵源甚古，大別言之，可分為二：

一為言官，職在諫諍君主，封駁詔勅，乃所以規正朝廷違失，節制君權，免天子之恣意虐民；一為察官，職在監督百司，糾劾官邪，乃所以充當君主耳目，維護綱紀，防官吏之擅權誤國。言官之產生雖早於察官，然當君主之專制日甚，言官即漸次式微，而察官則反形擴張，終而言官竟為察官所併。蓋君主固羨「聞善則拜」及「從諫如流」之美名，惟究不欲其行為多受干涉牽制；且其威權愈尊，地位愈隆，則與臣下之距離愈遠，戒懼愈深，於是防範日嚴，耳目日眾，監司組織遂日形龐大與嚴密[20]。

然宋代之前，言官與察官各有專司，權力雖代有起伏，但互不相侵。宋初，臺諫官本亦分職，且不相見，自真宗置言事御史，察官乃得兼諫職。哲宗元祐初，許諫官諫正大臣至百官任非其人，並許臺諫官二人同上殿，是為明代六科得奏聞百官邪慝及科道同與廷議之濫觴。南渡後，臺諫更合為一府，居同門，出同幕，而諫官亦往往分行御史之職，遂肇臺諫混一之端。元代雖留給事中、左右補闕等諫官之名，但均不掌言責，而御史則承宋制，並兼言職，臺諫實際上已行

19.《國父全集》補編，頁190。〈監察考試兩權為中國歷史所獨有〉（與劉成禹的談話）。

20.賀凌虛：《中國監察制度之沿革》（本文為傅啓學等六位教授合著：《中華民國監察院之研究》，第1章）臺大法學院政治學系，1967年9月出版，非賣品。此處引自該書上冊，頁3。

混一。明代罷相之後，兼廢諫官，言無專職，六科給事中雖得諫議，但與御史同具糾劾之權，性質上混淆不清。清沿明制，無專負言責之諫官，雍正以後，給事中與御史同隸都察院，臺諫遂名實均完全混一矣[21]。

孫中山認為「古時彈劾之制，不獨行之官吏，即君上有過，犯顏諫諍，亦不容絲毫假借[22]。」又說：「說到彈劾權，在中國君主時代，有專管彈劾的官，像唐朝諫議大人和清朝御史之類，就是遇到了君主有過，也可冒死直諫[23]。」在此處，所謂「彈劾權」，賀凌虛教授認為其權力行使之對象乃係指人而非指事。易言之，其本意當係指過去中國臺諫官，上自天子下至百官，俱得諫正及糾彈之權而言，並不包括其議事或論政之權在內[24]。

上述考試與監察制度，都是「良法美意，實足為近代各國模範[25]。」誠如傅啓學教授所言：「以考試制度選拔人才，可以打破黨派、階級、貧富、性別種種區別，實在是比較公平合理的制度[26]。」又說「自秦漢以至明清，監察制度時有改變，但糾彈官邪之作用，則是相同。中國歷代專制政體不至完全黑暗，而有若干光明，監察制度確有很大貢獻[27]。」此二優良制度，都是中國固有的政治制度，與前述孟子「民為貴」

21.同前註。
22.《國父全集》第2冊，頁364。〈採用五權分立制以救三權鼎立之弊〉。
23.《國父全集》第2冊，頁419。「五權憲法」。
24.賀凌虛：前引文，頁2。
25.同註22。
26.傅啓學：《五權憲法的來源和原則》（載臺大《中山學術論叢》第2期）頁41。
27.同前註，頁42。

加中國固有的考試制度、監察制度「二權」，那就錯了。因為五權憲法中的行政、立法、司法三權之性質和關係，並不等於歐美三權憲法中的行政、立法、司法。孫中山採納的是這三個名詞及孟德斯鳩的分權理論（The separation of powers）而已。此外，考試、監察兩權之性質，也與中國傳統的考試制度、彈劾或糾察制度不完全相同，孫中山師法其精神特點而已。所以，他在演講「五權憲法」時，第一句話，開宗明義就說：「今天的講題是五權憲法。五權憲法是兄弟所獨創，古今中外各國從來沒有講過的。」又說：「五權憲法的根據，老實說起來，就是我研究各國憲法，獨自思想出來的。」「所以五權憲法就可說是兄弟所獨創的[44]。」這些話絕對正確無誤。

　　在此僅簡略的說明我的看法，更詳盡的分析，待下面討論。首先，我們必須知道，五權憲法中的行政權是有實權的、有力量的，絕不同於英國行政機關（內閣）須受立法機關（議會）的支配，五權憲法的行政、立法兩權起碼是平衡的，甚至立法機關應與行政機關充分合作，以造成萬能政府。而這個萬能政府也絕不是獨裁或專制的政府，而是受真正民意支配及監督的有效能的政府。五權憲法中的立法權，也絕不同於英國的立法機關（議會），可以形成「國會獨裁」，因為它沒有彈劾權，而且上面還有代表「人民主權」的國民大會，可以對它行使某些權力，以防備國會議員的濫權。司法權當

44. 《國父全集》第 2 冊，頁 412。

然是獨立的，但仍屬於五權憲法的一環，在形式上，仍須接受「大總統」（行政首長）領導。且須對代表人民的「國民大會」負責。

此外，自中國固有文化因襲而來的考試和監察制度，也有其特殊的構想，首先我們知道建國大綱第十五條規定：凡候選及任命官員無論中央與地方，皆須經中央考試、銓定資格者乃可。孫中山心目中的考試制度，不只是選拔政府文官（事務官）而已，他認為凡是想參加公職選舉的候選人，也都須經過中央考試機關的考試取得資格。因為他認為議員（立法委員或省縣市議員）也是人民公僕，所以把立法權也列為「治權」之一，而不是屬於「政權」性質。孫中山既想中國實現「民主政治」，又想製造一個「廉能精英政府」，所以必須限制候選人資格，以提高「公僕」的品質。這種「候選人須經考試」的創意，吾人從各國憲法之中，未能找到根據。確實是孫中山所獨創。

還有，關於監察權問題，也不能誤以為等同於中國古代的御史制度。「監察權」與「監察制度」兩個名詞均為孫中山於 1924 年演講「三民主義」的民權主義時所創用。在 1921 年，他演講「五權憲法」時，還用「彈劾權」。在 1906 年講「三民主義與中國民族之前途」時，用的名詞是「糾察權」。其後，於 1916 年 7 月「採用五權憲法之必要」，同年 8 月〈採用五權分立制以救三權鼎立之弊〉的兩篇演講詞中，孫中山均稱之為「彈劾權」[45]。這個「彈劾權」在西方則源於英

---

45. 參閱賀凌虛：《中國監察制度之沿革》（前揭）頁 1-2。

三種權力。前二者若集於一身，人民便無自由，因為握權者會制定專制的法律並用專制的方法予以執行。司法權如不與行政、立法兩權分開，人民也無自由，因為它若與立法權合併，人民的自由便會受到武斷的控制，而若與行政權合併，法官便要有使用暴力與壓迫的行為。假使這三種權力完全集於一身（一個人或一個團體），則一切將歸於消滅。凡法律許可的行為，人人有權去做，這就是自由。但這種自由，祇有在無濫用權力時存在。欲使無濫用權力，必須以權力遏止權力[38]。這種理論，孫中山似乎是贊成的，誠如崔書琴先生說：「他之所以主張五權憲法也是為了保持自由與權力的平衡[39]。」

美國人根據孟氏三權分立理論所制訂的憲法，把三權界限更分得清楚，成為以後各國制訂憲法效法的重要文獻，所以孫中山曾加以詳細研究。可是，研究結果，覺得美國憲法裡頭，不完備的地方還是很多，而且流弊也不少[40]。從時代變遷來看，也已不適用。因為美國憲法即使在一百年前，算是最好的，「一百二十年以來，雖數次修改，那大體仍然是未變的。但是這百餘年間，美國文明日日進步，土地財產也是增加不已，當時的憲法，現在已經是不適用的了[41]。」

英國的憲法既是由習慣法形成，而其特質又是「一權政

---

38. 崔書琴：《三民主義新論》（臺北：臺灣商務印書館，1972 年 10 月修訂十版）頁 200-201。轉引自 Baron de Montesquieu (1689-1755): *De L'Esprit des Lois*; *The Spirit of Laws*. Book XI. 此書經 14 年始寫成。
39. 同前註，頁 201。
40. 《國父全集》第 2 冊，頁 413，「五權憲法」。
41. 《國父全集》第 2 冊，頁 205，「三民主義與中國民族之前途」。

治」，自然很不容易學，所以是「不能學的」。美國的憲法
既有很多缺點，而又已不適用，學了不會得到好處，所以是
「不必學的」[42]那怎麼辦呢？中國自不能不於這二者之外，採
用一種更完善的憲法。孫中山於 1906 年在東京演講「三民主
義與中國民族之前途」時，主張「將來中華民國的憲法，是
要創一種新主義，叫做五權分立。那五權除剛才所說之三權
外，尚有兩權：一是考試權……一為糾察權[43]。」可知五權憲
法實脫胎於三權憲法，他並不否認三權分立原有的價值，及
代議政治的必要性，但認為必須補救其缺點，始能成為完善
的政府制度。自此以後，五權憲法便成為他的政治思想中永
久的部分。

第三節　孫中山獨創者

　　上面兩節，探討孫中山政府思想中，採自中國固有之思
想制度及規撫歐美學說事跡部分。本節繼續研討關於孫中山
所獨見而創獲部分。茲分兩項說明之：

第一項　五權憲法

　　誠如上節申論，五權憲法實脫胎於三權憲法，也就是採
納歐美三權憲法的分權原理，設立行政、立法、司法三權，
另外加上中國的考試、監察兩權。但是，五權憲法的內容並
不這麼簡單，如誤以為五權憲法只不過是歐美的「三權憲法」

42. 崔書琴：前揭書，頁 196-197。並參見：同前註。
43. 《國父全集》第 2 冊，頁 205-206。

的增加人民的福利，而在於消極的排除人民福利的障礙，於是一方縮小國家權力到最小限度，他方伸張社會自由到最大限度。憲法為了實現這種目的，就承認國家與社會是對立的，政府代表國家，議會代表社會。要擴大社會的自由，不能不限制國家的干涉。怎樣限制國家的干涉？最有效的方法，莫如使代表社會的議會監督代表國家的政府[31]。」人民深怕政府權力太大，處處防範政府，「不許政府有能力，不許政府是萬能[32]。」這是歐美資本主義社會，人民的政治心理。

　　但是孫中山想要建立的政府，是一個積極為全民謀幸福的萬能政府。所以他告訴我們「不能完全仿效歐美，但是要借鑑於歐美，要把歐美已往的民權經驗，研究到清清楚楚。那些經驗和學理根本上都是應該拿來參考的。如果不參考歐美已往的經驗學理，便要費許多冤枉工夫，或者要再蹈歐美的覆轍[33]。」

第二項　三權分立

　　孫中山說：「憲法是從英國創始的，當時英國人並不知道三權分立，不過為政治上利便起見，才把政權分開罷了，後來有位法國學者孟德斯鳩著了一部書叫做《法意》，有人把它叫做《萬法精義》，這本書是根據英國政治的習慣，發明三權獨立的學說，主張把國家的政權分開，成立法、司法和行政三權。所以三權分立，是由於孟德斯鳩所發明的。當

31. 同前註。
32. 《國父全集》第 1 冊，頁 125，「民權主義第五講」。
33. 同前註。

時英國雖然是把政權分開了，好像三權分立一樣，但是後來因為政黨發達，漸漸變化，到了現在並不是行三權政治，實在是一權政治。英國現在的政治制度是國會獨裁，實行議會政治，所謂以黨治國的政黨政治[34]。」其實孫中山並不反對政黨政治，而是認為英國國會權力太大。誠如法國狄龍（De Lolme）所言，在法律上，英國「議會除不能使男變女，女變男外，無事不能做[35]。」英國議會權力大的原因是，他們視議會為「國家主權」所在，亦即「議會主權」（The Sovereignty of Parliament）[36]。現在英國政黨政治及立法行政關係情勢已有改變，尚待申論。但在孫中山當時，確實如此，議會權力過大，行政機關權力必受限制，行政效率自然不能提高。這對新中國的建立，當然是值得警惕的。

其次，美國憲法的制訂是根據孟氏三權分立的學說，用很嚴密的文字，成立一種成文憲法。英國的憲法是活動（柔性）的憲法，美國的憲法是呆板（剛性）的憲法。此中因為英國是以人為治，美國是以法為治的[37]。孟德斯鳩的學說對美國有很深的影響。

孟氏在 1748 年出版其傑作《法意》一書，對三權分立的理論說得最為清楚。他說每個政府都有立法、行政、與司法

---

34. 《國父全集》第 2 冊，頁 418-419。「五權憲法」。
35. Dicey, Albert Ven. *Introduction to the Study of the Law of the Constitution*, ie. "*The Law of the Constitution*" p. 41. "The parliament can do everything, but make a man a woman, and a woman a man".
36. Harvey, J., *How Britain is Governed.* third edition, (Macmillan Education LTD, 1983, reprinted 1985) p. 17.
37. 《國父全集》第 2 冊，頁 419，「五權憲法」。

學說，併而為孫中山政府思想的重要淵源。

可是，有些外國人誤以為孫中山的「三民五權」主義是踏襲蘇俄列寧等人之說，而評之為再製列寧及其他近世社會主義者之糟粕。1924 年 2 月，在廣東大元帥府與某位日本人談話時，這位日本人即以此一問題問他。孫中山乃斷然回答說：「決非如此，我輩之三民主義首淵源於孟子，更基於程伊川之說。孟子實為我等民主主義之鼻祖。社會改造本導於程伊川，乃民生主義之先覺。其說民主、尊民生之議論見之於二程語絲。要之，三民主義非列寧之糟粕，不過演繹中華三千年來漢民族所保有之治國平天下之理想而成之者也。文雖不肖，豈肯嘗列寧等人之糟粕[28]。」我們研究孫中山政府思想之淵源，這一句話，不能忽略。

第二節　規撫歐美者

第一項　議會政治

孫中山政府思想的成分，具有歐美學說事跡所影響的因素，是不能否認的！在「五權憲法」的演講中，他明白的告訴我們：「兄弟提倡革命三十多年，從廣東舉事失敗以後，便出亡海外，兄弟革命雖然是遭遇了一次失敗，但是並不灰心，把革命底事情還是向前做去。在全球奔走之餘，便把各國政治的得失源流，拿來詳細研究，預備日後革命成功，好

28.《國父全集》補編，頁 235-236。關於程伊川思想之介紹，讀者可參閱胡信田：〈論剛健篤實的程伊川〉，載《中國憲政》雜誌，第 4 卷 7、8 期。

做我們建設的張本。故兄弟當亡命各國的時候，便很注意各國的憲法。研究所得的結果，見得各國憲法祇有三權，還是很不完備；所以創出這個五權憲法，補救從前的不完備[29]。」由這一段話，可知孫中山的五權憲法的創立動機，實由歐美三權憲法而來，三權憲法是歐美文化。議會政治的代議制度，雖然不令人滿意，孫中山更曾嚴厲的批評，但是，為了建立民主共和國，在政府制度上，卻又無法拋棄議會制度，即使是他特別強調的「直接民權」——為矯治代議制度的流弊的根本辦法，也是歐美的東西。而這也正是他創設「國民大會」制度的主要用意。

談到政府職權的分配問題，便不能不先說明歐美各國憲法思想發展的情形。按立憲制度發祥於英國，美國獨立，傳至美洲，法國革命，傳至歐洲，日本維新，傳至亞洲。這種人民爭取立憲制度的民主運動，薩孟武教授認為「可以說是社會與國家的鬥爭，社會是經濟團體，國家是政治團體，社會戰勝國家，經濟控制政治，那便表現為民主政治。國家戰勝社會，政治控制經濟，那又表現為集權政治，甚至表現為獨裁政治[30]。」又說：「十八、十九世紀的憲法是以政治上的自由主義為其基本原理。國家的任務在於維持社會秩序，使人民的生命財產和自由能夠安全。至於人民的經濟生活，則放任個人自己解決，國家不加干涉。國家的任務不在於積極

---

29. 《國父全集》第 2 冊，頁 412。
30. 薩孟武：〈二十世紀以後各國憲法之新趨勢〉（載《中國憲政》第 3 卷第 8 期）頁 8。

第三章　孫中山政府思想之理論

　　對孫中山政治思想的研究，個人認為不宜支離破碎的把孫中山的主張，分為幾個重點學說去討論，而應與政治學或憲法學的理論，做整合的分析研究，庶能看清楚孫中山的政治理想，對我國憲政發展才有幫助。何以故呢？因為個人認為，就現代政治學觀點看，孫中山的政治思想不是民權主義一部分所能概括的！在民族主義與民生主義的演講裡頭，也有政治思想的成分。易言之，實質上，民族主義、民生主義，也可以當做政治思想的內容來研究。例如民族主義的「大亞洲主義」以及孫中山對外交政策的看法，就是政治學中的國際關係或國際政治所應討論的。而民生主義提到的「養民」，或社會福利的觀念，也是政治學的人權理論所應該研究的。所以整個三民主義思想，除哲學思想及民生主義中有關經濟發展之理論而外，可以說全是政治思想研究的好材料。

　　基於此一觀點，個人對孫中山政治思想的探討，並不以民權主義演講詞中，所提到的一些要點，如直接民權、自由、平等、五權分立、權能區分等各種見解，當做個別的「學說」來研究，因為這樣做，是對我國憲法的制定及政治制度的建立沒有裨益的；也不能研究出來，孫中山政治思想的精義所在。是以，吾人認為我們應以政治學研究的內容為基礎，來

分析孫中山的政治思想，才比較合理而有用。因此，個人過去的兩項研究主題，即分別以政黨論及參政權論（亦即孫中山所說的「政權」）為中心，而深入的做理論比較及制度的探討。

本論文「孫中山政府思想研究」，是政治學上政府論的問題（亦即孫中山所說的「治權」），為了理解孫中山對政府制度的觀念，當然也就不能以「五權憲法」的研討為已足，而應該同時看看他對其他與政府運作有關的言論如何，來做一個通盤性的、全面性的觀察才行。就如同看一件東西，你不能只看一面，而應看全面。如果看一面做一面的「報告」，看四面做四面的「報告」，這種研究豈能對這件東西的性質、功能，提出正確的結論呢？

同一道理，本論文是在研究孫中山的政府論，但必須同時也再看看他的政黨論、參政權論。所以，「權能區分」理論，不只是研究參政權論（或說「政治參與」）所應注意，研究政府論也應注意的！

鄭彥棻先生的〈五權憲法的理論基礎〉一文說：「五權憲法的思想是由權能區分、五權分立、均權制度、地方自治四項理論融合貫通而形成的。這四項理論中，權能區分是基本的原理，五權分立是中央制度的原理，均權制度是中央與地方關係的原理，地方自治是地方制度的原理，四者合成國家根本大法的原理[1]。」這是正確的。但是，吾人認為，「權

1.鄭彥棻：〈五權憲法的理論基礎〉（載《中華學報》第 4 卷第 2 期）頁 5。

人民對於政府的態度，總是不能改變[57]。」換言之，「權能區分」理論是孫中山發明用來解決人民與政府的關係的根本辦法。

他的「權能區分」觀念，最初出現，可能就在 1922 年，為上海新聞報三十週年紀念而作的〈中華民國建設之基礎〉一文。他寫道：「夫主權在民之規定，決非空文而已，必如何而後可舉主權在民之實。代表制度，於事實於學理皆不足以當此，近世已能言之矣。然則果如何而能使主權在民為名稱其實乎[58]？」又曰：「政治主權在於人民，或直接以行使之，或間接以行使之；其在間接行使之時，為人民之代表者，或受人民之委任者，祇盡其能，不竊其權，予奪之自由仍在於人民[59]。」這一句話，對我國政府組織之設計而言，最堪注意！

總而言之，「權能區分」、「五權憲法」都是孫中山所獨創的理論，前者用來解決人民與政府的關係問題；後者用來建立廉能精英政府，以替人民謀幸福。如此，則政治主權操在人民手中，服務的工作由精英政府去效勞，當可兼顧到民主與效能問題，而解決人民與政府間的矛盾關係。

第四節　結論

孫中山是行動型政治思想家，奔走革命之餘手不釋卷，

57.同前註，頁 130。
58.《國父全集》第 2 冊，頁 177。
59.同前註，頁 179。

而其奮鬥目標，全在為中國民族建立既民主又有效能的良好政府。孟子的民貴學說是他創立民主政府的理論依據，中國古代的考監制度給他創立廉能精英政府帶來靈感。歐美的議會政治與三權分立的「權力分立」理論，是他建構五權憲法政府系統的重要參考。但五權並非三權加二權的簡單組合，而有其新的內涵。其思想淵源則融會了中西文化。

孫中山自豪「權能區分」理論的發明，是調和自由與專制、民主與效能互相衝突，以及人民與政府關係的緊張最好的辦法。而五權憲法的政府必須建立在「國民主權」的基礎上，這才是孫中山擘畫民主共和國的政治藍圖。

臨人間，在這樣的社會環境中，立即仿效歐美的政治制度，其不失敗者幾希？所以，孫中山說：「歐美代議政體的好處，中國一點都沒有學到，所學的壞處卻是百千倍。弄到國會議員變成豬仔議員，污穢腐敗，是世界各國自古以來所沒有的，這真是代議政體的一種怪現象。所以中國學外國的民權政治，不但是學不好，反且學壞了[51]。」這可以說是孫中山有感而發之言，因為 1923 年，曹錕以賄選手段當選總統，受金錢誘惑的國民黨籍議員也投他的票。民意代表而只圖私利，置國家安危榮辱於不顧，他還會顧到人民福祉嗎？所以，把國事盡託付國會議員，是很危險的！其實，這也是孫中山特別強調「直接民權」的原因。但他並不反對代議政體原有的好處，因為管理國家大事，並非人人所能所願。只是，對代議政體的弊病非設法挽救不可。

然則，代議政治之流弊，並非中國獨有，各國亦皆有之，民主發源地的英國，1832 年的改革法案以前，國會的議員選舉，一部分便被豪門、貴族或大地主所把持，所謂「囊中選區」、「腐朽選區」是人所習知的詬病[52]。類此情形，而謂「民意」代表可以「代表」民意，那是不足信的！所以，吾人認為在研究孫中山政府思想時，他對所謂「民意」機關之經驗、觀感和態度，值得重視！

不過，代議制度既然不可缺，如何改善呢？孫中山曾舉

51. 同註 49。
52. 蕭公權：《憲政與民主》（臺北：聯經出版公司，1982 年 12 月初版）頁 104。

出兩位西洋學者對民主政治所表示的意見，一位是美國學者說：「現在講民權的國家，最怕的是得到了一個精英政府，人民沒有方法去節制他；最好的是得一個精英政府，完全歸人民使用，為人民謀幸福[53]。」另一位是瑞士學者說：「各國自實行了民權以後，政府的能力便行退化。這個理由，就是人民恐怕政府有了能力，人民不能管理。所以人民總是防範政府，不許政府有能力，不許政府是精英。所以實行民治的國家，對於這個問題便應該想方法去解決。想解決這個問題，人們對於政府的態度，就應該要改變[54]。」孫中山認為美國學者所指出的是一個問題，「但所怕、所欲都是一個精英政府」，「要怎麼樣才能夠把政府成為精英呢？變成了萬能政府，要怎麼樣才聽人民的話呢[55]？」而瑞士學者提出的答案是「人民要改變對於政府的態度」。「他究竟要人民變成什麼態度呢？人民態度對於政府有什麼關係呢？……現在世界上要改變人民對政府的態度，究竟是用什麼辦法，歐美學者至今還沒有想出。」對於這個問題，孫中山說：「我想到了一個解決的方法。我的解決方法，是世界上學理中第一次的發明，我想到的方法，就是解決這個問題的一個根本辦法。……這是什麼辦法呢？就是權與能要分別的道理。這個權能分別的道理，從前歐美的學者都沒有發明過[56]。」「要權與能分開，人民對於政府的態度才可以改變；如果權與能不分開，

---

53. 《國父全集》第 1 冊，頁 125「民權主義第五講」。
54. 同前註。
55. 同註 53。
56. 《國父全集》第 1 冊，頁 126。

國，英文叫impeachment，原為人民對抗君主之權，其彈劾對象，初無限制。傳至美國，漸變為用以對付大吏，以濟司法之窮，遂以總統、副總統及其他一切文官為限。而中國歷代之諫正權及糾彈權，則為君主用以防止其王權之趨於腐化，而正肅官邪，維持綱紀，以保政權之持續者。故西方之「彈劾權」與古中國的「彈劾權」，其權力之來源與作用，均各不同[46]。所以孫中山在1924年演講三民主義時，及草擬的「建國大綱」之中，五權憲法的「監察權」不再稱為「彈劾權」，以免混淆，其原因似在於此。

至於中國古代御史，迄於宋初，均只彈擊官邪，而不彈劾君主。五權憲法的監察權，則對行政首長（總統）亦可彈劾，就此而言，「監察權就是彈劾權」，與西方之彈劾權似無二致。但是，誠如賀凌虛教授言：中國古代的「監察權與君權事實上並非真正互不統屬的分立，因此監察權最終是無法節制君權，使其不致專橫，所以他便汲取西洋制度的長處（按即分權）而設法加以改進[47]。」也就是說，五權憲法的監察權是真正獨立於行政權（在古中國為君權）與立法權之外的政府權，而成為新中國的新政府制度之一。這就是孫中山獨見而創獲的辦法。所以整個五權憲法，確實是古今中外一種創新的政治制度。「是各國制度上所未有，便是學說上也不多見，可謂破天荒的政體[48]。」

---

46. 同前註，頁2。
47. 賀凌虛：〈國父監察權理論的探討〉（載臺大《中山學術論叢》第3期）頁52。
48. 《國父全集》第2冊，頁207，「三民主義與中國民族之前途」。

第二項　權能區分

民主政治的生活方式是由西方國家傳到東方來的，孫中山要建立一個民主共和的新中國，對於歐美的政治思潮和政治制度，曾用心研究過，卻認為西方政府組織結構仍然不很理想，尤其在人民與政府之間的關係方面，並未找到適當的解決辦法。所以，他在民權主義第五講裡頭說：「外國的物質科學，每十年一變動，十年之前和十年之後，大不相同，那種科學的進步是很快的。至於政治理論在二千多年以前柏拉圖所寫的共和政體，至今還有價值去研究，還是很有用處。所以外國政治哲學的進步，不及物質進步這樣快的[49]。」西方物質科學與政治哲學的進步速度不同，我們便須謹慎，不能全部倣效。「歐美的物質文明，我們可以完全倣效，可以盲從，搬進中國來也可以行得通。至於歐美的政治道理，至今還沒有想通，一切辦法在根本上還沒有解決，所以中國今日要實行民權，改革政治，便不能完全倣效歐美，便要重新想出一個方法。如果一味的盲從附和，對於國計民生，是很有大害的[50]。」

然而，在民國初年，中國才從滿清專制政府的統治下解放出來時，就一味的學人家的代議政體，以為選了議員，就是民主了，殊不知當時中國的社會條件，不能與英美等國相比。人民的政治知識還沒有普及，甚至巴望「真命天子」降

---

49. 《國父全集》第 1 冊，頁 123。
50. 同前註，頁 124。

（*History of Politcal Thought*），其中第三十一章曾提到政治思想一般趨勢的問題，也有頗似「權能區分」的理論[18]。孫中山好學不倦，同年他在廣州演講三民主義時，可能參閱過。

目前，歐美各國的西方民主政治的運作，正面臨著考驗。以英國為例，很不幸的，他們還找不到兼顧人民以參與來控制政府，而又使政府有效能的妙方[19]。這是權能未能區分導致的結果。孫中山發明「權能區分」理論，在政治學上是一大貢獻，誠如美國哈佛大學政府教授何爾康（Arthur N. Holcombe）在其所著《中國革命》（*The Chinese Revolution*）一書中所言：「孫逸仙對民主理論的貢獻，是他對權能區分的重視[20]。」可惜，我們未能發揚孫中山此一重要理論於世界，以嘉惠於陷入困境的國家，實在有辱使命。

第二節　五權分立理論

「五權分立」與「權能區分」是孫中山政府思想的兩大柱石，也是他獨創的理論。但是，美國哈佛大學教授何爾康（Arthur N. Holcombe）在其所著《中國革命》（*The Chinese*

18. Gettell, *Raymond G., History of Political Thought* (London: George Allen & Unwin Ltd., 1924 first edition, 15 th Impression 1951) p. 488 ff.
19. Ian Budge, David Mckay et al., *The New British political System-Government and Society in the 1980s* (New York: Longman Inc., First Published 1983, Second impression 1984.) p. 218.
20. Holcombe, Arthur N., *The Chinese Revolution, A Phase in the Regeneration of a World Power* (Cambridge Massachusetts, Harvard University press 1931) p. 144 "Sun Yat-Sen's Contribution to the theory of democracy is his emphases upon the distinction between Sovereignty and political ability."

Revolution）一書中，雖稱讚孫中山重視「權能區分」的貢獻，卻認為「權能區分」並非新的理論，而是對舊真理的新強調；且說西方國家的民主理論家們對政治與行政的劃分問題是努力的、認真的[21]。看了這一句話，使我覺得何爾康教授可能對孫中山的政府論，並未真正的理解，他把孫中山「權能區分」的「權」當做是人民代表的「權」，「能」當做是行政官僚的「權」，也就是議會立法權與政府行政權二者之關係（也許他主張「議會主權」論）。但是，如果我們再深入研究孫中山「五權分立」理論的要義，就知道何爾康教授對孫中山的政府論有某些誤解。因為孫中山所謂的權能區分，並不是立法與行政兩權之區分，孫中山是把西方的議會立法權當做政府的一部分職權來看的。為了釐清這些觀念，我們對「五權分立」理論的意義和內涵，必須加以探討和重視。茲分別論列之：

第一項　五權分立的意義

　　我們不否認孫中山的「五權分立」理論是受到西方「權力分立」（the separation of powers）理論的影響，誠如美國哥倫比亞大學威爾保教授（Clarence Martin Wilbur）在其所著：《孫逸仙——挫敗的愛國者》（*Sun Yat-Sen: Frustrated Patriot*）一書中所說：「他（指孫中山）結合西方與中國的

21.Ibid p. 306.

22.*Wilbure, Clarence Martin, Sun Yat-Sen: Frustrated Patriot* (New York: Columbia University press, 1976) p. 286 "He drew up ideal schemes of government Combining Western and Chinese elements."

病，這時候政治便不可能穩定。良以，人民指揮不動政府，即表示政府組織系統對人民的要求，沒有反應，所以也未曾制定合乎人民需要的政策（或法律），反而產出不合需要或有害於人民生活的政策（或法律）。這時，人民之中有政治意識者（知識份子）可能起而要求政府挽救危機，這可能就是社會動盪不安的根源。政府為了力求政治穩定，惟一途徑即是調整內部結構功能，以便產出合乎人民要求的政策，並讓民意暢通無阻。

　　孫中山設計「國民大會」，其用意似乎在使它成為人民行使民權的地方，向政府輸送民意的管道，成為人民與政府間的橋樑，所以，他說：「在民權極盛的時代，管理政府的方法很完全，政府就是有大力，人民只要把自己的意見在國民大會上去發表，對於政府加以攻擊，便可以推翻，對於政府加以頌揚，便可以鞏固[12]。」如果沒有國民大會，則「權與能不分，政府過於專橫，人民沒有方法來管理，不管人民是怎麼樣攻擊，怎麼樣頌揚，政府總是不理，總是不能發生效力[13]。」這種政府當然就是革命的對象了。誠如美國加州大學教授歐本斯坦（William Ebenstein）在其名著：《當代各種主義》（*Todays Isms*）一書所言：「民主社會之理論，政府係從被治者的同意中取得適當的權力（derive their just powers from the consent of the governed），如果國家壓制且輕忽人民權利，則民主理論確認，推翻這種政府不只是人民的權利也

12. 《國父全集》第 1 冊，頁 142-143。「民權主義」第六講。
13. 同前註。

是人民的責任[14]。」

為了不使政府成為人民起革命的對象，孫中山「想要造出一架新機器」，不過先要定一個根本辦法，分開權與能。根本辦法定了之後，去實行民權，還要分開國家的組織與民權的行使[15]。所謂國家的組織，就是政府組織，就是五權分立的萬能而不專制的政府。他說：「我們在政權一方面，主張四權；在治權一方面，主張五權。這四權和五權，各有各的統屬，各有各的作用，要分別清楚不可紊亂[16]。」

密勒認為，為了調和自由與專制，避免多數暴虐（Majority Tyranny）與官僚專制（bureaucratic despotism）必須在民主政權（政府）中設置某些保護措施，以防止權力的可能誤用。這些保護措施是什麼？他認為最好是在政府中，給予知識上與道德上較優越的精英份子，以特殊角色，以及提升群眾的知識與道德水準[17]。孫中山主張「權能區分」，文官及公職候選人必經考試，設置監察機關以糾彈官邪以建立廉能的政府，同時加強對公民的政治訓練（訓政）──使人民懂得行使四權，明白自己對國家社會的責任，在法律範圍內行使自由權利，而避免走向暴虐途徑。他的這些觀念與密勒的見解，吾人發現是那麼的巧合。美國加州大學格特爾教授（Prof. Raymond G. Gettell）在 1924 年出版其名著《政治思想史》

14.Ebenstein, William, *Today's Isms*. (Seventh edition) (New Jersey: Prentice-Hall, Inc., Englewood Cliffs, 1975) p. 151.

15.《國父全集》第 1 冊，頁 146-147。

16.《國父全集》第 1 冊，頁 154。

17.Nelson, Brian R., op. cit., p. 277.

年來的政治變化，總不外乎這兩個力量之往來的衝動[3]。」接著又說：「兄弟所講的自由同專制這兩個力量，是主張雙方平衡，不要各走極端，像物體的離心力和向心力互相保持平衡一樣[4]。」孫中山用物理學來比喻政治學上人民要求自由與政府維持秩序的力量，且認為這二種相反的力量要保持平衡，「總要兩力相等，兩方調和才能夠令萬物均得其平，成現在宇宙的安全現象[5]。」但是，在實際社會中，此二力量的平衡均勢，並不容易維持。這在西方社會早就有思想家發現了。

柏拉圖（Plato, 428B.C-347B.C）在其所著《法律篇》（*The Laws*）中提到波斯的君主政體與雅典的民主政體，都有所偏，希望實現一種君主與民主混合為一的政體。他認為波斯君主政體的弊端，在於暴君昏君在位，濫用權力；而雅典民主政體的毛病，則在人人自由而不知服從，如果能將權力與自由調和，便可以避免病患[6]。柏拉圖的學生亞里斯多德（Aristotle, 384 B.C-322 B.C）也承認：純粹民主政治（Pure democracy）不可避免的會變成無法無天的多數「暴民政治」（The unlawful "mobocracy" of the majority）[7]，所以，他提議混合「貴族政治的」（aristocratic）成分到民主政治的憲政體制中，以便牽制人民統治的越權行為（The excesses of popu-

---

3.《國父全集》第 2 冊，頁 416-417。
4.《國父全集》第 2 冊，頁 420。
5.同前註。
6.逯扶東：〈民主政治下對權力與自由問題之淺識〉（見其所著：《西洋政治思想史》附錄二，頁 640-641，著者自刊，1983 年 9 月增訂五版）。
7.Nelson, Brian R., *Western Political Thought* (New Jersey: Prentice-Hall, Inc., Englewood cliffs 1982) p. 278.

lar rule），這種「混合政權」，亞里斯多德叫做「混合政體」。其目的是為了使民主政治走向正途，而不是要消除民主政治[8]。這種看法在後來的新自由主義者密勒（John Stuart Mill, 1806-1873）也有相似的言論。他說：「除非民主政治願意把需要技巧的工作，交與有技巧的人去做，它就絕不會獲致任何進步，走向一種成熟的民主政治[9]。」而孫中山「權能區分」的理念，和這幾位西方思想家頗為接近。

在民權主義第五講中，他說：「一般人把自由平等，用到太沒有限制，把自由平等的事，做到過於充分，政府毫不能夠做事。到了政府不能做事，國家雖然是有政府，便和無政府一樣[10]。」他認為「人民都是不知不覺的多，我們先知先覺的人，便要為他們指導，引他們上軌道去走，那才能避了歐美的紛亂，不蹈歐美的覆轍。……講到國家的政治，根本上要人民有權，至於管理政府的人，便要付之於有能的專門家。……國家才有辦法，才能夠進步[11]。」而他所謂「人民有權」就是指選舉、罷免、創制、複決四種政權。只要人民擁有這四權，就可指揮政府做工夫。

在此，有一問題值得討論，即如果人民指揮不動政府，政府且反而要壓制民權，限制人民行使政權，怎麼辦？果然如此，則顯然權能之間未得平衡，「政治機器」已出了毛

8.Ibid.

9.Mill, John Stuart, *Considerations on Representative Government* (London: Longmans, Green, Reader, and Dyer. 1878) p. 47 臺大圖書館藏書。

10.《國父全集》第 1 冊，頁 126。

11.《國父全集》第 1 冊，頁 136。

能區分」「五權分立」是從「政府組織」（或說「結構」）來看的，「均權制度」「地方自治」是從「政府職權」（或說「功能」）來看的。然則，以這四項理論為基礎，而組成的政府，只是一個靜態的政府，而一個政府除組織結構和每一部門的職權功能之外，我們尚須看看「人事」動態的問題，也就是說，那一部門所要發揮的作用，由誰來操作？這些操作「政治機器」的人，到底從哪裡來？如何去找？這是很重要的。不然，這部「政治機器」只擺在一處，並各有功能，也發動不了作用。所以，研究孫中山的五權憲法或政府理論，並不能忘記他的政黨思想，參政權思想及其相關的思想。

　　基於此一認識，我把孫中山的政府思想之理論，分為三方面來剖析：（一）從政府組織觀點剖析、（二）從政府職權觀點剖析、（三）從政府人事觀點剖析。我覺得「權能區分」是孫中山要解決人民與政府關係之理論，也是他發明用來調和「自由與專制」或「民主與效能」之理論。「五權分立」是政府組織及其關係之理論，以上兩者在地方政府亦有參考價值。「均權主義」確實是中央與地方政府關係之理論。「地方自治」為孫中山的地方政府理論，當可另作「專題研究」，因為孫中山非常重視「地方自治」，而「地方自治」對民權主義理想的實踐，也確實非常重要。此外在政府人事上，可分為政務官與事務官及民意代表，我認為中央政府的政務官（包括行政院下各部部長、政務次長、行政院院長副院長、總統副總統）的職位及立法委員、國民大會代表，應透過「政黨政治」途徑來決定人事；而事務官的職位則須透

過「文官制度」的建立來運作。此外，一些該超然於「政黨政治」之外的中立性高級文官如考試院院長副院長及考試委員、監察院院長副院長及監察委員、司法院院長副院長及大法官之產生應另有更妥當的途徑來決定人事。這一部分的人事問題，在五權憲政上最值得我們探究。下面各節分別討論六個命題。

第一節　權能區分理論

在作者「孫中山政權思想研究」論文中，曾以「權能區分」為孫中山政權論的主要理論之一，而對「權能區分」之意義、必要、及制度等問題有所發揮[2]。但是，「權能區分」同樣也是政府論的主要理論基礎，為避免重複起見，在此僅作補充討論。

孫中山在「五權憲法」的演講中曾說：「政治裏頭有兩個力量：一個是自由的力量，一個是維持秩序的力量。政治中有這兩個力量，好比物理學裏頭有離心力和向心力一樣。離心力是要把物體裏頭的分子離開向外的，向心力是要把物體裏頭的分子吸收向內的。如果離心力過大，物體便到處飛散，沒有歸宿；向心力過大，物體便愈縮愈小，擁擠不堪，總要兩力平衡，物體才能夠保持平常的狀態。政治裏頭的自由太過，便成了無政府；束縛太過，便成了專制。中外數千

2.可參閱陳春生：《國父政權思想研究》第 4 章第 3 節（臺北：五南出版社，1981 年 4 月）──曾得中華文化復興運動委員會建國 70 年「中正文化獎」。

一定的關係，正如「三權分立」一樣。「蓋機關分立，相待而行，不致流於專制，分立之中，仍相聯屬，不致孤立，無傷於統一[37]。」這是立憲政體的精義。所謂「相待而行，不致流於專制」，即表示五權機關之間，仍有某些牽制的成分。五權可以積極的分工合作，但任何一權可不能孤自獨斷獨行，妨礙其他機關行使其應有的職權。誠如貝爾（Alan R. Ball）在其所著《現代政治及政府》一書中所言：「自由民主國家強調分權主義，這對立法權與行政權的分配，固然提供有用的指南，但如解釋得太僵硬與運用得太廣泛，將導致錯誤的概念，而不是啟發作用[38]。」是以，「五權分立」是職務上的分配，並獨立行使，不受其他同等權力的支配，絕不能解釋為「五權孤立」，彼此「老死不相往來」。事實上，五權之間的關係是非常密切的。我認為不但有相需相成，分工合作的關係，也有權力間制衡的關係。但是五權的彼此制衡，是為了發揮五權的積極服務功能，而非消極的抵減作用。

然則，分別行使五權的機關——五院，其相互關係如何？孫中山在「孫文學說」第六章及「中國革命史」中都這樣說：「憲法制定之後，由各縣人民投票選舉總統，以組織行政院；選舉代議士，以組織立法院；其餘三院之院長，由總統得立法院之同意而委任之。但不對總統及立法院負責，而五院皆對於國民大會負責。各院人員失職，由監察院向國

---

37. 《國父全集》第 2 冊，頁 179，「中華民國建設之基礎」。
38. Ball, Alan R., *Modern Politics and Government* (Macmillan Publishers Ltd. Reprinted 1985) p. 143.

民大會彈劾之；而監察院人員失職，則國民大會自行彈劾而罷黜之。國民大會職權，專司憲法之修改，及制裁公僕之失職。國民大會及五院職員，與夫全國大小官吏，其資格皆由考試院定之。此為五權憲法[39]。」

在此，我們且根據以上資料，參酌相關孫中山遺言，來分析中央政府組織之條理。首先，給我一個很深刻的印象，在憲法公布後，總統和國會議員的產生是由人民投票選舉的。因為他還說：「憲法制定，總統議員選舉出後，革命政府當歸政於『民選』之總統，而訓政時期於以告終。」又說：人民「對於一國政治，除『選舉權』之外，其餘之同等權（按即罷免、創制、複決三權）則付託於國民大會之代表以行之[40]。」在建國大綱第二四條又規定「國民大會對於中央政府官員有選舉權，有罷免權」，並未提到總統及議員（立法人員）。顯然，孫中山認為國民大會對這些民選的政治人物，並未享有選舉權。但如總統、行政院長（由總統任命，不必經立法院同意）及議員失職，則由監察院向國民大會提出彈劾案之後，國民大會基於代表人民行使「統治權」（即政權）之法理，對總統及五院享有監督管理之權，當然得予以罷免之。問題是總統可能是國民大會多數黨領袖，議員亦屬執政黨黨員，國民大會不理監察院對總統或該議員之彈劾案時，怎麼辦？我認為在這種情況下，國民大會必須提付公民投票，做罷免與否之決定。這個理念，完全合乎孫中山「主權在民」

---

39. 《國父全集》第 2 冊，頁 184。並參閱第 1 冊，頁 464。
40. 《國父全集》第 2 冊，頁 184。

加中國兩權，這樣「三加二等於五」的簡單概念可以解釋的。

孫中山在「五權憲法」的演講中說：「把全國的憲法分作立法、司法、行政、彈劾、考試五個權，每個權都是獨立的[30]。」這五個權怎麼來的呢？他說是「去掉君權（這是君主時代『治人』的權），把其中所包括的行政、立法、司法三權，提出來做三個獨立的權，來施行政治[31]。」然則，何謂政治？如他所說，「政」是眾人的事，「治」是管理，管理眾人的事叫做「政治」。可見這三權的職責，完全是管理眾人之事，為人民造幸福的。他又說：「在行政人員一方面，另外立一個執行政務的大總統，立法機關就是國會，司法人員就是裁判官，和彈劾與考試兩個機關，同是一樣獨立的[32]。」類似的話，他在同一次演講中講了兩次，另一句話他這樣說：「我剛才講過了，五權憲法的立法人員就是國會議員，行政首領就是大總統、司法人員就是裁判官，其餘行使彈劾權的有監察官、行使考試權的有考試官[33]。」在「中國革命史」的「革命之方略」中，他說：「憲法制定之後，由各縣人民投票選舉總統，以組織行政院，選舉代議士，以組織立法院[34]。」在建國大綱第二四條規定：「憲法頒布之後，中央統治權則歸於國民大會行使之，即國民大會對於中央政府官員有選舉權，有罷免權；對於中央法律有創制權，有複決權。」

---

30. 同註 27。
31. 《國父全集》第 2 冊，頁 422。
32. 同前註。
33. 《國父全集》第 2 冊，頁 423。
34. 《國父全集》第 2 冊，頁 184。

第二五條規定：「憲法頒布之日，即為憲政告成之時，而全國國民則依憲法行全國大選舉。國民政府則於選舉完畢之後三個月解職，而授政於民選之政府，是為建國之大功告成[35]。」孫中山先生草擬這份「國民政府建國大綱」，時在 1924 年 4 月 12 日，距他翌年 3 月 12 日病逝北京，適為十一個月整，不滿一年。這份「建國大綱」共二十五條，全文刻在南京中山陵紀念堂的牆壁上[36]。

由以上所述資料，我們可以把孫中山「五權分立」的中央政府組織觀念歸納如下：

1. 總統是國家的行政首領，由人民投票選舉；由他來組織行政院，領導行政人員執行政務。總統是擁有實權的國家行政元首。

2. 立法人員是代議士，是國會議員，由人民投票選舉；立法機關（立法院）就是國會。但沒有彈劾權。

3. 司法人員是裁判官，行使考試權的人員是考試官，行使彈劾權的人員是監察官。監察官不是國會議員，而是中央政府官員。

4. 行政、立法、司法、考試、監察五院各自獨立行使職權。各院職權不同，而地位平等。

但是，「五權分立」並不是「五權孤立」，彼此間仍有

---

35. 《國父全集》第 1 冊，頁 753。

36. Sharman, Lyon, *Sun Yat-Sen: His Life and its Meaning, A Critical Biography* (California: Stanford University press, Stanford, 1934. Reissued in 1968 by Stanford University press) p. 292. 據悉刻在牆壁上的建國大綱全文，是臨摹宋慶齡的筆跡，而由孫中山先生簽名並註明日期的原稿刻成的。

立法權——也就是公民創制與公民複決權。

3. 一五一條規定：經濟生活之規律須適合正義原則，以保證人人享有維護人類尊嚴之生活為目的。

4. 一五三條規定：所有權負有義務，所有權之行使應同時顧及公共福利。

可見，德國人民財產自由權已受限制，議會立法權也受到節制，而政府行政權則大為擴張。威瑪憲法公布後，風行一時，被譽為世界上最好的憲法。吾人認為其思想基礎，除受德國黑格爾（Geory Wilhelm Friedrich Hegel 1770-1831）的國家主義及李斯特（Friedrich List 1789-1846）的經濟學說之影響外，尚有法國盧梭（Jean Jacques Rousseau 1712-1778）的直接民權思想之痕跡在焉。

顯然，過去所謂「最好政府，最少統治」的消極政府思想，已被「最好政府，最大管理」的積極政府思想所取代。這種積極的政府思想，是孫中山「五權分立」理論的根源。

但是，基於這種積極思想建立的「萬能政府」會不會演變成專制獨裁的政府呢？不會。他在「五權憲法」演講中指出：「政治裏頭又有兩種人物：一種是治人的，一種是治於人的。孟子說：『有勞心者，有勞力者；勞心者治人，勞力者治於人。』就是這兩種人，治人者是有知識的，治於人者是沒有知識的。從前的人民知識不開，好比是小孩子一樣，祇曉得受治於人。現在的人民知識大開，已經是很覺悟了，便要治人和治於人的兩個階級徹底來打破。歐洲人民，在這個二十世紀，才打破治人的皇帝之階級，才有今日比較上的

自由。兄弟這種五權憲法，更是打破這種階級的工具，實行民治的根本辦法[27]。」由此可知，五權憲法政府不是「治人」，而是「治事」的政府，「五權分立」是職能的分工，志在管理國事，為民服務；而非在統治人民，找人民麻煩。所以，絕不致流為專制政府。

他曾把「五權憲法」比做「機器」，並說：「我們現在來講民治，就是要把機器給予人民，讓他們自己去駕駛，隨心所欲去馳騁翱翔[28]。」又在民權主義第六講中說：「人民有了這樣大的權力，有了這樣多的節制（指四權），便不怕政府到了萬能，沒有力量來管理。政府的一動一靜，人民隨時都是可以指揮的[29]。」可見，「五權分立」理論是建築在「主權在民」及「權能區分」的基礎上。政府機器的操作及指揮大權，既然掌握在人民手中，人民還會怕五權憲法的政府專制嗎？當然不會，甚至反而怕它無能為人民謀幸福呢！顯然，基於「五權分立」理論所設置的政府，是一個民主而有效能的政府，它不會侵害人民法律範圍內的自由，而且會積極的為人民服務。

第二項　五權分立的內涵

「五權分立」之意義說明如上，然則，其內涵如何？「五權分立」的憲法既以建立「萬能政府」，積極為人民提供服務為目的，則其內涵必有其特殊之處，絕不是西洋三權

---

27. 《國父全集》第 2 冊，頁 418。
28. 《國父全集》第 2 冊，頁 421。
29. 《國父全集》第 1 冊，頁 155。

要素，描繪出政府的理想輪廓[22]。」但是，基於「五權分立」理論所組成的「五權憲法」政府，在性質上已與西方「三權分立」憲法大不相同。

　　孫中山在民權主義第六講中說：「我們現在要集合中外的精華，防止一切的流弊，便要採用外國的行政權、立法權、司法權加入中國的考試權和監察權，連成一個很好的完璧，造成一個五權分立的政府。像這樣的政府，才是世界上最完全最良善的政府。國家有了這樣純良政府，才可以做到民有、民治、民享的國家[23]。」所以，「五權分立」與「三權分立」比較，則頗富於積極性之意義。

　　1921 年他在「五權憲法」的演講也曾說過：「我們要把中國弄成一個富強的國家，有什麼方法可以實現呢？這個方法就是實行『五權憲法』[24]。」要促進國家的富強，當然必須要有一個強而有力的「萬能政府」，而這個政府卻不是專制的，而是民主的政府。這種政府理念完全合於二十世紀的世界憲政思潮。十八世紀自由主義的「三權分立」理論，反映的是當時君主、貴族與市民階級的政治權力對立與抗爭關係，以求權力平衡的，所以特別注重權力間彼此的牽制與平衡（Check and balance）的關係。洛克甚至主張立法權為最高，其制定之法律，不得侵犯人民生命自由財產權。日本學者清宮四郎教授曾列舉自由主義「權力分立」論的特質如下：

　　1. 它是為保護自由而限制權力的自由主義政治組織原

23. 《國父全集》第 1 冊，頁 154。
24. 《國父全集》第 2 冊，頁 416。

理。

2. 它不是為積極促進效率，而是為消極防止權力濫用的原理。目的在把國民從專制政府中解救出來。

3. 它是基於對國家權力及權力行使者的不信任態度而來。

4. 它具有中立或中庸性質，既要抑制強而有力的行政權，也要抑制立法權[25]。

可是，十九世紀以來，由於資本主義勢力的擴張，各國國內發生貧富不均現象，而形成社會不安局面。國家的任務，除維護人民生命自由財產安全之外，還須照顧到全民福利，積極改善全民的生活水準，私人財產權乃不再是可以完全自由支配或神聖不可侵犯的權利。換句話說，憲政思想之新趨勢，在二十世紀已走向團體主義，政府不但要維護政治上的自由主義，也要以經濟上的平等主義來做為立憲行政的基本原則。

最明顯的例子是，德國 1919 年 8 月 11 日頒布的「德意志國家憲法」（又稱「威瑪憲法」），全文一八一條[26]。雖仍採用「三權分立」主義，但在精神上已揚棄保護私產及代議政治的消極觀念，而與美國制度不同。如：

1. 四十一條規定：聯邦總統由全體德意志人民選舉之。

2. 七十三條規定：聯邦人民對聯邦中央法律可行使直接

---

25. 佐藤功著，許介麟譯：《比較政治制度》（國民大會憲政研討會編印，1979 年 4 月）頁 24。

26. 參閱《世界各國憲法大全》第 2 冊，頁 651-683。（國民大會憲政研討會編）。

的主張。

　　其次，由於國民大會代表也是人民投票選舉產生，他們對中央政府官員（總統、行政院長及議員除外）——司法、考試、監察三院官員（即大法官或委員）如何行使選舉權？這也是值得討論的問題。因為建國大綱（寫於 1924 年）這個規定與孫文學說第六章（寫於 1918 年），及中國革命史（寫於 1923 年）裡面，關於國民大會與上述三院官員之關係的說明，稍有出入。較早的兩種文獻都表明，三院之院長，由總統得立法院之同意而委任之，但不對總統及立法院負責，而對國民大會負責。晚「中國革命史」一年的「建國大綱」，規定「國民大會對於中央政府官員有選舉權、罷免權」，似應採「建國大綱」之說為宜。

　　但是，依孫中山之理念，考試、監察、司法這三院官員，在工作性質上是超然於黨派之上的。其產生不由民選，但需向「政權機關」（國民大會）負責，似不必經同等地位的立法院同意，否則監察官如何彈劾立法委員？然則，國民大會代表既由民選產生，自脫不了政黨色彩，如由他們選出的是清一色的執政黨黨員，則想在政黨政治的運作下，期望這三院發揮其正當職權功能，恐怕就難了。因為人類並不是天使，人人難免有私心，如果連這三院的職權也掌握在執政黨手中，勢必破壞「五權分立」主義的美意，我懷疑這是否孫中山的真正主張？個人認為這三種官員的產生方式，既不宜民選（無論直接或間接），也不可單純任由國民大會選舉，以免捲入政黨競爭的漩渦。如交由立法院行使人事同意

權，也生同樣災難。吾人認為應在憲法上明文規定其妥善的產生辦法，至保障其超然中立的特質，亦即必須限制任何黨派（尤其是執政黨）人數不得超過各該院人員總數三分之一。如由總統提名，則考試、司法兩院人員（考試委員及大法官）可經監察院之同意任命；而監察委員則可經國民大會之同意任命，或再設計更妥善的產生方式。這時，總統斷不能以執政黨黨魁的身分，行使此項提名權；而應以國家元首的超然崇高地位，為國家拔取德智兼備的真才，以幫助他來建立一個福國利民的廉能精英政府。

孫中山設計「五權分立」政府，正為了避免政治專制腐化和黨派的偏執，不僅司法人員的任使應慎重，考試、監察兩院人員，尤須防止政黨操縱。他說：「歐洲立憲之精義，發於孟德斯鳩，所謂立法、司法、行政三權分立是已。歐洲立憲之國，莫不行之；然余游歐美深究其政治、法律之得失，知選舉之弊，決不可無以救之。而中國相傳考試之制，糾察之制，實有其精義，足以濟歐美法律、政治之窮。故主張以考試、糾察二權，與立法、司法、行政之權並立，合為五權憲法。更採直接民權之制，以現主權在民之實，如是余之民權主義，遂圓滿而無憾[41]。」這一句話非常重要！

他並舉三位學者的看法，一是喜斯羅教授，主張把國會中的「彈劾權」拿出來獨立，成為「四權分立」，否則國會有了彈劾權，狡猾的議員往往利用這個權來壓制政府，弄得

---

41. 《國父全集》第 2 冊，頁 182，「中國革命史」。

政府一舉一動都不自由，所謂「動輒得咎」[42]焉能使政府萬能？二是巴直氏，著過一本書，叫《自由與政府》，說明「中國的彈劾權，是自由與政府中間的一種最良善的調和方法[43]。」三是丁韙良氏則謂「美國用用考試方法，選舉流弊當可減少[44]。」所以，孫中山對他發明的五權憲法很有信心說：「現在雖沒有人懂得，年深月久，數百年或數千年以後，將來總有實行的時候[45]。」事實上，今日世界各國多已流行文官考試制度，使常任公務員（Permanent officials），不致受政權交替的影響。英國於 1967 年制定國會監察長法（The Parliamentary Commissioner Act）後，這種源自瑞典的監察長制度，已向世界各國發展之中[46]。足見孫中山的政府理念，深具遠見。

　　總之，「五權分立」理論最重要的內涵，蓋在於「以濟代議政治之窮，亦以矯選舉制度之弊[47]。」而其方法，誠如傅啟學教授之言：乃是「以考試制度拔取真才，以監察制度糾彈官邪[48]。」必如此，庶可組成一個主權操在人民又能積極為人民謀福利的民主而廉能的良好政府。

---

42. 《國父全集》第 2 冊，頁 413，「五權憲法」。
43. 同前註，頁 420。
44. 《國父全集》第 2 冊，頁 360。「憲法之基礎」。
45. 《國父全集》第 2 冊，頁 416。
46. 參閱張劍寒：〈中國監察制度與歐美監察長制度之比較〉（載《中華學報》第 1 卷第 1 期）頁 138-139。
47. 《國父全集》第 1 冊，頁 882。「中國國民黨第一次全國代表大會宣言」。
48. 傅啟學：〈五權憲法的來源和原則〉（載臺大《中山學術論叢》第 2 期）頁 40-43。

第三節　均權主義理論

以上兩節，吾人探討之內容，係從中央政府組織結構橫面觀點，來看孫中山的政府論。本節及下節則從中央與地方政府職權分配的縱面觀點來看孫中山的政府論。上二節的討論，是以人民與政府關係為著眼點，分析如何才能建立一個民主而有效能的政府，因此，牽涉到主權問題，即使是「五權分立」主義的設計，中央政府本身權力的分工，也充滿著濃厚的「主權在民」思想。而本節主題與「主權」問題無涉，純為中央與地方政府職權分配的問題，也就是什麼工作該由中央政府來做？什麼工作該由地方政府來做的問題。所以孫中山說：「權力分配，乃國家權力分配於中央及地方之問題，與主權在民無涉[49]。」但是，這個問題，與前兩節討論的問題同等重要！一個國家，不論是領土大小或人口多寡，處在今日國際社會以及站在加強為人民謀福利的工作效率立場而言，都是十足令人關心和重視的。孫中山在這方面的觀念是要實行「均權主義」和「地方自治」。本節先行討論「均權主義」。

在探討均權主義理論之前，我們須先對「聯邦制與單一制」及「地方分權與中央集權」兩組觀念有所認識。關於這兩個問題，崔書琴教授在其所著《三民主義新論》一書中，說得很清楚。他說：由權力「劃分時所採取的形式觀察，有

49.《國父全集》第 2 冊，頁 178，「中華民國建設之基礎」。

聯邦制與單一制之分。前者是：依憲法的規定，政府的權力概括的或列舉的分屬於中央與地方政府，地方政府並非由中央產生，而中央政府往往係由地方聯合組成。後者是：依憲法的規定，所有的政府權力完全集中在一個中央機構，一切地方政府都是由它產生，而其權力也是由它賦予。……由劃分時偏重的方面觀察，有地方分權與中央集權之分。前者是：中央政府將權力分與地方政府，而對之僅居於監督者的地位。後者是：權力偏重於中央政府，地方政府僅奉行其命令，而很少因地制宜的能力。一般說來，採用聯邦制的國家多實行地方分權，採用單一制的國家多實行中央集權。但聯邦制與地方分權有別，而單一制與中央集權也不一樣。有些採用聯邦制的國家有實行中央集權的趨勢，有些採用單一制的國家也有實行地方分權的趨勢。前者可以稱為向心的聯邦制（Centripetal Federalism），後者可以稱為地方權的單一制（Decentralized Unitarism）[50]。」

英國是單一制國家，雖然自第二次大戰以後，地方各種社會與公用事業迅速地趨向中央化，但是基本上仍保持地方分權的精神，地方自治仍為英國政治制度中很堅強的一面[51]。但是，像前蘇聯這種由共產黨一黨專政的國家，儘管表面上，他們採用聯邦制，事實上則是實行中央集權制。因為中央政府可以透過共產黨的組織原理──「民主集中制」（Demo-

---

50. 崔書琴：《三民主義新論》（臺北：臺灣商務印書館，1972 年 10 月修訂臺北十版）頁 209。

51. 劉瓊：《英法地方政府》（臺北：傳記文學出版社，1969 年 12 月 1 日初版）頁 1-2。

cratic Centralism），把中央政府的政令貫徹到地方。所以，他們的聯邦制與美國、加拿大等民主國家不同。一位研究聯邦主義的專家費爾教授（Prof. Wheare）曾分析蘇聯的聯邦主義，稱之為「半聯邦」制（Quasi-federal），烏克蘭、白俄羅斯之參加聯合國，也只是一個「櫥窗」（Window-dressing）[52]。因為前蘇聯任何重要政策，係被共產黨一小撮領袖所決定。因此，紐曼教授（Prof. Neumann）批評共產黨的「民主集中制」說：「其實，集中的實質乃是上層權力的絕對集中與黨內聯邦主義的死滅[53]。」是以，我們並不能輕率的判定：凡是聯邦制的國家就是實行地方分權的國家，而單一制的國家就是實行中央集權的國家。下面且言歸正傳，擬對孫中山主張的「均權主義」理論，分為三點論列之。

第一項　均權主義的必要

　　孫中山主張中國實行「均權主義」，他是經過研究後決定的！由於他革命之目的，蓋為建立一個永久和平的民主共和國，企圖撲滅個人英雄主義，使人民不致再因改朝換代而慘遭生靈塗炭之災禍。所以，在鼓吹革命時，他曾主張實行「聯邦制」。他這種大仁之心境，應為我們所崇敬！民前十五年（1897）8月在日本與宮崎寅藏談話時，他感嘆的說：「觀中國古來之歷史，凡經一次之擾亂，地方豪傑，互爭雄長，一亘數十年，不幸同一無辜之民，為之受禍者，不知幾

52.Zink, Harold, *Modern Government* (Taiwan Press) 1958 p. 566.
53.Neumann, Robert G., *European and Comparative Government* 2nd ed., (the McGraw-Hill Book Co. Inc. press, 1955) p. 531.

許。其所以然者，皆由於舉事者無共和之思想，而為之盟主者，亦絕無共和憲法之發布也。故各逞一己之兵力，非至併吞獨一之勢不止。因有此傾向，即盜賊胡虜，極其兵力之所至，居然可以為全國之共主。嗚呼！吾同胞之受禍，豈偶然哉！今欲求避禍之道，惟有行此迅雷不及掩耳之革命之一法，而與革命同行者，又必在使英雄各竟其野心。竟其野心之法，惟在聯邦共和之名下夙著聲望者，使為一部之長，以盡其材，然後建中央政府以馭之，而作聯邦之樞紐[54]。」在此所謂「一部之長」並非行政院下的「部長」，應為一個地區的首長之意，即省總督或省主席之類的地方政府首領。孫中山鼓吹革命，建旗倡義，正須招兵買馬，因此，在中央與地方政府之關係的觀念尚未定型，蓋可想見。

三年後（民前十二年，1900年）他又在致香港總督書中談到這個問題。他主張「於都內立一中央政府，以總其成，於各省立一自治政府，以資分理。」「所謂中央政府者，舉民望所歸之人為之首，統轄水陸各軍，宰理交涉事務。所謂自治政府者，由中央政府選派駐省總督一人，以為一省之首，設立省議會，由各縣貢士若干名以為議員，所有該省之一切政治、徵收、正供皆有全權自理，不受中央政府遙制，惟於年中所入之款，按額撥解中央政府，以為清洋債，供軍餉及宮中府中費用。省內之民兵隊及警察隊部，俱歸自治政府節制。以本省人為本省官，然必由省議會公舉。至於會內之代

---

54. 《國父全集》第2冊，頁776，「中國必革命而後能達共和主義」談話。

議士本由民間選定；惟新定之始，法未大備，暫由自治政府擇之，俟至若干年始歸民間選舉[55]。」民前一年 10 月（1911年 11 月）在巴黎與巴黎日報記者談話時也說：「中國於地理上分為二十二行省，各省氣候不同，故人民之習慣性質亦各隨氣候而有差異。似此情勢，於政治上萬不宜於中央集權，倘用北美聯邦制度實最相宜。每省對於內政各有其完全自由，各負其整理統御之責；但於各省上建設一中央政府，專管軍事、外交、財政，則氣息自聯貫矣[56]。」可見，當時革命未成，他的思想是傾向聯邦主義的。

然而，在革命成功之後，對於中央與地方關係，究應如何？在 1912 年 8 月 13 日「國民黨宣言」中，他說：「保持政治統一，將以建單一之國，行集中之制，使建設之事綱舉目張也[57]。」1913 年 4 月的「國民黨政見宣言」雖由宋教仁起草而孫中山當時為國民黨理事長，既以國民黨名義發布，他可能過目。在此宣言中說：「吾國今日之當採單一國制，已無研究餘地。臨時約法已規定吾國為單一國制，將來憲法亦必採單一國制，自不待言。惟今日尚多有未能舉單一制之實者，故吾黨不特主張憲法上採用單一國制，並力謀實際上舉單一國制之精神[58]。」但他又認為：「省為自治團體，有列舉立法權。」「在單一國制，立法權固當屬諸中央，然中國地方遼闊，各省情形各異，不能不稍事變通。故各省除省長

---

55. 《國父全集》第 1 冊，頁 761-762。
56. 《國父全集》補編，頁 193-194。
57. 《國父全集》第 1 冊，頁 795。
58. 同前註，頁 797。

所掌之官治行政外,當有若干行政,必須以地方自治團體掌之,以為地方自治行政。此自治團體,對於此等行政有立法權,惟不得與中央立法相牴觸。至於自治行政之範圍,則當以與地方關係密切之積極行政為限[59]。」由此可知,孫中山雖主張「單一國制」,卻不主張「中央集權」,這是最值得我們注意之處。而這一些話,實質上,已隱含著「均權主義」之精神!

1912 年 9 月 27 日對濟南各記者談話時,他說:「實無所謂分集,例如中央有中央當然之權,軍政、外交、交通、幣制、關稅是也。地方有地方當然之權,自治範圍內是也。屬之中央之權,地方固不得取之,屬之地方之權,中央亦不得代之也。故有國家政治、地方政治,實無所謂分權集權也[60]。」同年 10 月 25 日在南昌,他亦曾言:「中央集權地方分權,本來不成問題,……實則集權、分權,皆由人之成見而生,如外交、海陸軍,不容有地方分權;其他利民之事,不容有中央集權。蓋須相因而行,不能執一民權,以為天經地義;而專制惡風,亦斷難久存於二十世紀也[61]。」

1916 年 7 月 15 日,在上海粵籍議員歡迎會上,他說:「今之政治家有主張地方分權者,有主張中央集權者。惟僕則欲出一貌似模稜之說曰:兩者皆為僕所贊同。一國之外交,當操持於中央,無分於各省之理。……其餘如海陸軍、郵電

---

59. 同前註,頁 798。
60. 《國父全集》第 2 冊,頁 827。
61. 同前註,頁 830,並參閱崔書琴:前揭書,頁 211-212。

事業等，亦不能分其權於地方。此僕贊同於集權者也。至於地方分權，則吾欲更進一層言之：言地方分權而以省為單位者，仍不啻集權於一省也。故不為此項問題之研究則已，苟欲為精密之研究，則當以縣為單位[62]。」由以上這些話，我們可以說明孫中山對政府職權的分配觀念，既不主張中央集權，也不主張省地方分權，而希望使「利民」的福利行政事業，能在縣以下紮根，使全國人民都能共享民主共和國的福澤，這是毫無疑義的。他雖然還沒有表示此一主張叫「均權主義」，但實質上就是「均權主義」的思想。

美國是實行「聯邦制」的國家，但是在此特別要提醒讀者注意，美國現代憲法已發生重大變遷，其中之一是，過去做為「主權所在」（locus of Sovereignty）的各邦，已不再是聯邦的主權成員。新憲法已築基於「人民主權」（Popular Sovereignty），而把最後的權力放置在人民自己身上[63]。美國各邦的邦權已今非昔比，我們自不能考慮以省為地方自治的單位。而時代的變遷和世界政治發展，竟然在孫中山的預見之中，其卓越的智慧和敏銳的洞察力，實令人驚異不置。

直到 1924 年，孫中山釐定中央與地方關係之主張，「均權主義」之名稱乃正式出現。是年 1 月 31 日「中國國民黨第一次全國代表大會宣言」對內政策第一項即聲明：「關於中央及地方之權限，採均權主義」。同年 4 月，建國大綱十七條規定：「中央與省之權限採均權制度。」其要義是：「凡

62.《國父全集》第 2 冊，頁 352，「中華民國之意義」。

63. Macmanus Susan A., *Governing A Changing America* (New York: John Wiley & Sons, Inc. 1984) p. 82.

事務有全國一致之性質者，劃歸中央；有因地制宜之性質者，劃歸地方；不偏於中央集權或地方分權。」不但已放棄民國初年以前欲效法美國實行「聯邦主義」之想法，也極力反對所謂「聯省自治」之說。我認為這顯然是受到軍閥割據史實的影響。

1923 年，孫中山在〈發揚民治說帖〉一文中說：「民國以還，政論家恆有中央集權、地方分權之兩說。集權論者侈言統一，分權論者心醉聯邦，其實以吾國幅員之廣大，交通之梗塞，以云集權，談何容易，證之民二三之往事，號為中央集權，亦不過徒襲其名耳，各省都督之擁兵自重，獨攬大權，自為風氣，中央直莫能過問，此集權說之不可行也。」「立國各有其本，吾國以數千年統一之國，又乘專制政體之遺，與美之先有各州而後有中央者，迴不相侔，欲行聯邦政體，何異東施效顰，此分權說之不可行也。」「必於集權、分權之間，酌盈劑虛，斟酌適當，誠未易言。然如軍事、外交等之必集權中央，殆如天經地義，無待詞費。民九以來，吾民鑑於政府之無能，軍閥之橫暴，一時地方自治之說，甚囂塵上。於是軍閥之狡黠者，乘人民心理之弱點，截割自治之美名，而創為聯省自治，夷考其實，則聯督自固耳。省之為省如故也，民之無權又如故也，是聯省自治者，不過分中央政府之權於地方政府，並非分政府之權於人民。地方政府而善，不過官僚政治；地方政府而惡，勢必各據一方。欲民治之實現，不幾南轅北轍哉[64]。」

64.《國父全集》補編，頁 34。

　　可知孫中山認為在中國實行中央集權制是不可能的；實行聯邦制或聯省自治，也不合國情，因為「中國的各省，在歷史上向來都是統一的，不是分裂的，不是不能統屬的；而且統一之時就是治，不統一之時就是亂的[65]。」如果效法美國的聯邦制，而主張聯省自治，那「就是將本來統一的中國變成二十幾個獨立的單位，像一百年以前的美國十幾個獨立的邦一樣，然後再來聯合起來。這種見解和思想，真是謬誤到極點[66]。」由此，我們可下一結論：孫中山並不主張中國實行「聯邦制」或「聯省自治」，他擔心因而導致四分五裂的割據局面。他也不主張「中央集權」，但是軍事外交應為中央之職權。他主張「單一制」，但必須把具有因地制宜之性質的「利民事業」，交給各地方政府去辦，較能切合地方實際需要。所以，在晚年他確定了中國必須實行「均權主義」的主張。

　　英國雖是「單一制」國家，但是他們相當尊重各地方的特性。誠如伯吉（Ian Budge）等教授合著的《新英國政治制度》（*The New British Political System*）一書中所言：英國的「中央政府與各種不同形態的地方政府間所展開的相互關係，目前可說各有不同的方式[67]。」威爾斯與英格蘭較為一致，但英國中央政府對蘇格蘭、北愛爾蘭地方政府就給予較高自治

---

65. 《國父全集》第 1 冊，頁 109。「民權主義」第四講。
66. 同前註，頁 108-109。
67. Budge, Ian & David Mckay et al, *The New British Political System*: *Government and Society in the 1980s* (New York: Longman Group Limited 1983, Second impression 1984) p. 115.

權了。這也正是孫中山「均權主義」因地制宜理論的措施！吾人深感一個國家的政治家們，倘然不懂得妥善做好中央政府與各地方政府的權力分配，而自以為任何中央政策，都可一條鞭的貫徹實施到基層社會的話，那是最愚不可及的！

第二項　均權主義的原則

孫中山認為中國必須實行「均權主義」，然而，其原則如何？他告訴我們「凡事務有全國一致之性質者，劃歸中央；有因地制宜之性質者，劃歸地方。不偏於中央集權制，或地方分權制。」這是「均權主義」之原則。但是，僅根據建國大綱上這一句話是不夠的。究竟那些事務具有「全國一致之性質」？那些事務具有「因地制宜之性質」？而劃分中央與地方政府之權力，究竟以憲法規定抑或以法律規定呢？在「均權主義」下，省的地位如何？省可否制定省憲法？省長如何產生？為了瞭解這些問題，我們必須探究孫中山過去的有關言論。

原則之一，事務性質應以科學分類：1922 年，他在〈中華民國建設之基礎〉一文中說：「議者曰：國小民寡，或可用中央集權，地大民眾，則非用地方分權或聯省自治不可。」他認為這是不科學的！因為「土地之大小，不但當以幅員為差別，尤當以交通為差別。果其交通梗塞，土地雖狹，猶遼闊也。果其交通發達，土地雖廣，猶比鄰也。中國若猶守老死不相往來之訓，雖百里不可以為治。若利用科學以事交通，則風行四海之內，若身之使臂，臂之使指，集權分權又何與

61

焉[68]？」孫中山的實業計畫係以交通發展為重心，可見他對交通問題的重視。而公路網、鐵路網及港埠工程並非任何省縣財力所能負擔的，我想這些工程當然須由中央政府負責規劃辦理了。所以，他認為「研究權力之分配，不當挾一中央或地方之成見，而惟以其本身之性質為依歸。事之非舉國一致不可者，以其權屬於中央；事之應因地制宜者，以其權屬於地方。易地域的分類而為科學的分類[69]。」

又如「軍事、外交宜統一不宜分歧」，此權當然也應屬中央政府；至於「教育、衛生隨地方情況而異」，此權當然可由地方政府掌理。但是，同一軍事也，國防固應屬中央，而警備隊之設施，豈中央所能代勞？所以就應該屬地方政府的事權。同一教育工作，但瀕海地區，宜側重水產，山谷之地，則宜側重於礦業或林業，宜給予地方政府以興辦此類教育的自由。至於有關學制及義務教育年限的問題，這是全國性的，中央政府自應制定相關的政策。所以，中央政府也應過問教育事業了[70]。

此外，如幣制、關稅、郵政、電信事業，也應屬中央職權。目前，臺灣的電力、電信、造船、鍊鋼等工業也屬中央政府管理經營，但也部分開放民營。站在民生主義立場，並使其股票公開發行，當無礙於「均權主義」之原則。

原則之二，劃分中央地方之行政有三要義：一曰中央行政消極的多，地方行政積極的多。一曰中央行政對外的多，

68.《國父全集》第 2 冊，頁 177-178。
69.同前註，頁 178。
70.同前註，頁 177。

地方行政對內的多。一曰中央行政政務的多，地方行政業務的多。故當時國民黨所主張之劃分辦法是：中央行政由中央直接行之，其重要行政為：軍政（包括行政、事業）、國家財政、外交、司法、重要產業行政（如礦政、漁政、路政、墾地）、國營事業、國營交通業、國營工程、國立學校、國際商政（移民、通商、船政）。

　　地方行政則可分為二種：一是官治行政，一是自治行政。官治行政，以中央法令委任地方行之：如民政（警察、衛生、宗教、戶口、田土、行政）、產業行政、教育行政。而自治行政，則由地方自行立法：如地方財政、地方實業、地方交通事業、地方工程、地方學校、慈善事業、公益事業[71]。

　　此外，在建國大綱第十一—十三條，與第一次全國代表大會宣言國民黨政綱對內政策第三項，也可找到相關的資料。「土地之稅收，地價之增益，公地之生產，山林川澤之息，礦產水力之利，皆為地方政府之所有，用以經營地方人民之事業，及育幼、養老、濟貧、救災、衛生等各種公共之需要。各縣之天然富源及大規模之工商事業，本縣資力不能發展興辦者，國家當加以協助。其所獲純利，國家與地方均之。各縣對於國家之負擔，當以縣歲入百分之幾為國家之收入，其限度不得少於百分之十，不得超過百分之五十[72]。」這已說明地方政府所有權力，也指明其應盡的義務。至於，這些權力之劃分，究應以憲法或法律規定，則未見有所說明。

----

71. 《國父全集》第 1 冊，頁 799-800。
72. 《國父全集》第 1 冊，頁 885。

　　以上所述大抵屬於行政及立法權範圍的「均權制度」，其中關於中央政府行政者，曾提到「司法」，司法官執行的法律是全國一致性的，雖在省縣地方設有地方法院為司法分支機關，仍不失中央職權的特質。至於「考試權」、「監察權」能否也在省縣設置分支機構？孫中山並未思考及之，故亦無所指示。阮毅成教授在其所著〈我國憲法上的地方制度〉一文中說：「我國歷史上，司法、考試、監察三種制度，向來是全國一致，自不宜加以變更。因之憲法第一〇七條至一一〇條所規定者，即為中央與地方所均之權，只係行政權與立法權[73]。」亦即地方政府不宜兼理此三種職權，此一見解吾人頗有同感！惟司法制度，中外各國皆在地方設置分支機關（派出機關）；考試、監察制度為五權憲法特色，但我國目前此二權並未在地方設置派出機關。然則，是否也應如司法權一樣，在省縣地方皆設分支機關呢？這是很值得探討的問題！

　　個人認為司法、考試、監察三權之功能，不只應在中央政府發生作用，也應在全國各地方政府發生作用。金平歐先生認為：「中央對於地方，監督有無違憲則可，像地方自治人員，亦予與中央人員監察，即予以糾舉、彈劾、財務審計，似有不妥。因各地方自治人員，並非無人監督，在縣議會更有直接民權，……[74]」對於這個看法，本人則不敢苟同。良以

73.阮毅成：〈我國憲法上的地方制度〉（載《中國憲政》第 1 卷第 1 期）頁 14。
74.金平歐：〈監察權理論的檢討〉（載《中國憲政》第 4 卷第 12 期）頁 7。

監察功能在糾彈官邪，接受民眾伸冤；地方行政官員與中央行政官員一樣可能違法濫權，為非作歹，欺壓百姓。縣議員及地方土豪劣紳亦可能勾結縣政府官員，弱肉強食，造成不公，無知良民吃虧，可能有訴苦無門之痛。因此，吾人認為中央政府「五權分立」主義，亦可在地方實行，人民之耳目——監察機關設在中央，也應普及地方，但獨立行使職權，不宜配置在行政機關之中。縣議員是地方立法機關人員，並無行使「直接民權」之權。加以選舉風氣，令人詬病，賢能之士，望而卻步，吾人為保障基層民眾福祉，實不必對地方議員寄以太大厚望！事實上，代表制度，並非民主政治的萬應靈丹，這也正是孫中山強調「直接民權」之理由，以及想把監察權從立法權分離出來的主因！此一要旨，吾人允宜記取！而平日，民眾各事其事，為生活奔勞，勢必無暇監督地方官吏與地方議員或土豪劣紳狼狽為奸。是以，吾人深覺中央監察機關之分支（派出）機關，頗有在省縣地方建置的必要！當然，此項地方監察權，地方政府首長並無置喙之權。

監察院在地方的派出機關，可由具有專長的常任文官（Permanent Officials）坐鎮，專門受理地方民眾（無人不是住在地方）的申訴案件。並糾察地方行政官吏及地方議員違法濫權行為，但不干涉其正常行政及立法功能。這些常任文官則置於中央監察委員的指揮監督之下。這樣的設計，當比監察委員每年依例下鄉巡視一次，好像醫療巡迴車虛晃一遭，要來得踏實有效！我們不宜在二十一世紀的今天，還把監察委員當御史、巡撫、或民國早期的監察使看待，而應把他們

看做國家政治與地方政治的防腐劑，和保障人權的救星！單靠地方法院或行政訴訟是緩不濟急的。誠如一位英國的「議會老演員」麥克米倫（Harold Macmillan, an Old Parliamentary Trouper.）曾慨然說道：「如果人民想滿足什麼願望，他們應向其大主教之處去取得協助，而休想從他們選出的政客們得到[75]。」這一句話，與孫中山在 1922 年所寫〈中華民國建設之基礎〉一文中所言：「彼踞國家機關者，其始藉人民之選舉，以獲此資格，其繼則悍然違反人民之意思以行事，而人民亦莫可如之何[76]。」同樣值得令人深省！而中央如此，地方何嘗亦不可能如此耶？

至若考試權，如在地方設置派出機關，也由常任文官坐鎮，用以協助地方政府甄拔優秀地方自治人才，而其業務仍直屬中央考試委員指揮監督之下。地方平行的監察單位亦可就近發揮監視功能，便無虞受地方政府及議員的操縱。對應考人員實亦可節省「晉京」赴考的財力與時間的浪費！

總之，孫中山設計國民大會及五權分立制度，復強調直接民權的運用，其意義是非常深遠的！其主要目的不只在預防行政人員違法失職，也在杜絕立法人員濫用權力，目標端在希望建立良善廉能的政府，用以提高為民服務功能，加速推動國家社會進步。他的這種苦心孤詣之心情，應為我們所

---

75. Heater, Derek (ed.) *Contemporary Political Ideas* (New York: Longman Inc. Second edition 1983 Second impression 1985) p. 88 "if people want to a sense of purpose they should get it from their archbishops. They should not hope to receive it from their politicians."

76. 《國父全集》第 2 冊，頁 180。

理解。

　　原則之三，關於省制的問題：孫中山決定以縣為地方自治單位，但中國地大人多，如中央對縣直接傳達政令，中央政府各部門的工作負擔未免太重，何況各地區氣候、人文、地理條件各具特色，建立這種二級制的中央與地方關係，委實不太實際。是以，省制的存在，他認為絕對必要。但是省的地位如何，其組織功能如何？這也是一個重要問題。孫中山反對「聯邦制」和「聯省自治」，已如前述。然則，他對省制有何看法呢？

　　民國成立以來，每次制憲都引起「省制問題」的爭辯，1920 年以後，又有省憲運動，這種運動的思想背景是「聯省自治」的理想[77]。孫中山批評「中央集權」、「地方分權」與「聯省自治」的各種說法，認為這「不過內重外輕，內輕外重之常談而已[78]。」他說：有人以為「中央集權易流於專制，地方分權或聯省自治始適於共和。」這不可不辨明清楚。因為「專制」和「立憲」是對待的名詞，「苟其立憲，雖中央集權何害？」例如法國固行中央集權者（現已改採地方分權制），但不失其為民主立憲國家。「北美之合眾國，議者樂引為聯省自治之口實，以為非如是不得為共和，而不知所引之例實際適得其反。」蓋「美之初元，固行地方分權，然南北分馳，政令不一，深貽國民以痛苦。及南北戰爭起，雖以解放黑奴為號召，而實行統一乃其結果也[79]。」

77.崔書琴：前揭書，頁 212。
78.《國父全集》第 2 冊，頁 177，「中華民國建設之基礎」。
79.同前註，頁 178。

　　誠如羅志淵教授在其所著：《美國政府及政治》一書中說：「美國憲法制定於十八世紀之末，那時期的社會經濟尚屬農業經濟的結構；何況在制憲之際，各州尚保留著極強烈的州權觀念，由這一觀念而表現於憲法者，乃為分權制度（Decentralization）的確定。然而隨政治、社會的發展，尤其是由經濟發展而導致的種種嚴重的問題，迫得美憲的基本精神不能不發生實質的變化，即於分權的制度中，發展集權（Centralization）的作用。論者認為這種變更的重要原因，是因各州不能採用進步而有效的辦法，以適應急劇的社會經濟的進化[80]。」顯然，美國聯邦政府權力的擴張，是有其時代背景與社會進化之需要的！目前，美國聯邦制造成一種新的形勢，美國學者多稱之為「新聯邦主義」（New Federalism）[81]，也有學者稱之為「中央優勢聯邦制」（National-Dominated Federalism），這種情勢，自 1913 年到 1978 年保持不變[82]。不過，美國中央與州政府的權力分配關係，曾有幾個階段的演變，1789～1862 年為州政府優勢時期（State government domination），1862～1913 年為中央政府與州及地方政府三級均權時期（Equal partnership），1913～1978 年為中央政府優勢時期（National government domination）[83]。

80. 羅志淵：《美國政府及政治》（臺北：正中書局，1964 年 10 月初版）頁 198-199。

81. 羅孟浩（即羅志淵）：《各國地方政府》（臺北：正中書局，1975 年 3 月四版）頁 205。

82. Macmanus, Susan A., et al, *Governing A Changing America* (New York: John Wiley & Sons Inc. 1984) p. 92.

83. Ibid., p. 91.

　　但是近幾年來，已有人對中央政府優勢表示不滿。郭羅仁教授（prof. Morton Grodzins）描述美國政府制度不像一塊夾心蛋糕，而像是一塊「花樣濃淡斑駁的糕餅」（marble cake），具有被五顏六色的原料混雜不清的特徵，這種顏色在表面呈現著垂直而交叉的斜紋，格外令人迷惑[84]。」郭羅仁教授何以會有這種觀感呢？我想主要原因可能是，聯邦政府除了透過修憲、國會立法、憲法的擴充解釋等方式，以擴展聯邦政府權力之外，還利用中央補助款政策來控制州及地方政府，以擴大其職權。

　　所謂聯邦補助款，「就是中央政府為州及地方政府的特殊目的而支出的款項，這種補助通常須有配合基礎，州及地方政府必須依照某些規定標準和條件[85]。」譬如中央補助某城市五十萬美元用來修復一個古蹟，而這個城市的市民則必須也得自掏腰包拿出五十萬美元的配合款，這叫「對等基金」（match fund）。有少數建築公司望之如甘霖，但是沒有州或地方政府接受這些補助款，參加這種補助計畫是自願性質的[86]。那豈不像一塊只能看而不能吃的蛋糕嗎？

---

84. Macmanus, Susan A. et al, op. cit., p. 92 "Marble Cake, characterized by an inseparable mingling of differently colored ingredients, the colors appearing in vertical and diagonal strands and unexpected whirls." (cited in: Morton Grodzins "*The Federal System.*" in *American Government: Readings and Cases*, Peter Woll, ed.) (Boston: Little, Brown, 1972) p. 125.

85. Ibid., A federal grant-in-aid is a "payment of funds by one level of government [national] to be expended by another level [state and local] for a specified purpose, usually on a matching basis and in accordance with prescribed standards or requirements"(cited in: Federal-State-Local Relations: Federal Grants-in-Aid, House Report No. 2533, House Committee on Government Operations, 85 th Congress, 2nd Session p. 7.)

86. Ibid., p. 92.

是以，我們可以說，美國聯邦制已傾向中央集權化了，而這也是我們實行「均權主義」時，所應該警覺的！美國中央政府對地方政府實行「對等」補助政策，我們不也有所謂「三對等」補助嗎？如果地方建設，而樣樣須向中央伸手請求補助，那麼，對基層環境的整頓及民眾生活的照顧，可能會緩不濟急的！所謂「過猶不及」，中國哲學上的「中庸之道」，即係主張凡事保持均衡中道，「均權主義」似隱含這種哲理。書寫至此，我仿然看到中國哲學耀眼的光芒！

1921 年 5 月 5 日，孫中山在就職大總統的宣言中主張：「今欲解決中央與地方永久之糾紛，惟有使各省人民完成自治，自定省憲法，自選省長。中央分權於各省，各省分權於各縣，庶幾既分離之民國，復以自治主義相結合，以歸於統一[87]。」如果各省人民能完成自治，自選省長，「而為省長者，當一方受中央政府之委任，以處理省內國家行政事務；一方則為各縣自治之監督者。」這當然就與「中央集權」不同，亦有異於「聯省自治」了[88]。

此外，吾人認為軍事之權，由中央掌理，而不得分權於各省，這是對的！因為中國歷史上的分裂，以至民國初期的軍閥割據局面，大率皆因地方首長擁兵自重所形成（雖可能還有其他因素）。誠如蕭公權教授之言：「『地盤主義』的盛行，除其他原因外，每由於地方之『集權』──地方長官總攬一方之兵民財運種種大權──而不一定是中央集權的反

87.《國父全集》第 1 冊，頁 842。
88.《國父全集》第 2 冊，頁 180，「中華民國建設之基礎」。

響。其實，就歷史的事實看來，反抗中央集權舉動的發生，往往在地方集權成功以後。東漢的州牧，唐代的藩鎮，民國的督軍，都是如此[89]。」足見，國家軍權是不宜「分權」到省地方行政首長手中的！他主張：「為消滅地方集權起見，地方政府必須軍民分治，而全國的軍令必須統一於中央。為培養地方健全的政治能力起見，必須推行地方自治，消除地方專制[90]。」蕭教授的見解與孫中山相同。

省不得擁有兵權，孫中山早已有感慨之言，他說：「試問今之行聯省自治者，其所謂一省之督軍、總司令、省長等，果有以異於一國之皇帝、總統乎？一省之內所謂司長等之大小官吏，果有以異於一國之內所謂總長等之大小官吏乎？省之鈐制各縣，較之中央政府之鈐制各省，不啻模仿惟恐其弗肖，又加甚焉；省之直接魚肉其民，較之中央政府之直接魚肉其民，不啻模仿惟恐其弗肖，又加甚焉[91]。」是以，省必須實施「分縣自治」，省長不掌軍政，一方受中央政府之委任，以處理省內國家行政事務，另一方面則為各縣自治的監督，民主政治庶幾有所保障焉。

關於省的地位，很顯然的，孫中山認為不宜給予太大的權力，但由於中國幅員太大，故必須設置省制。「省立於中央與縣之間，以收聯絡之效[92]。」所謂「收聯絡之效」即指省

89.蕭公權：《憲政與民主》（臺北：聯經出版公司，1982 年 12 月初版）頁 3-4。
90.同前註，頁 4-5。
91.《國父全集》第 2 冊，頁 178，「中華民國建設之基礎」。
92.《國父全集》第 1 冊，頁 753，「建國大綱」第 18 條。

為縣自治的監督單位，而本身又須受中央政府之指揮，以執行該省內之國家行政[93]。

　　至於省長如何產生？前面述及，他曾主張民選，但在建國大綱十六條卻又規定「國民代表會選舉省長」，是間接選舉而不是由省民直接選舉。民前十二年（1900）在致香港總督書中，主張「以本省人為本省官，然必由省議會內公舉。」也是間接選舉。但我認為，這都是大局初定時的臨時措施，是國家憲法尚未公布之前，不得已的作法。不能視為孫中山的真正主張，試看 1902 年 9 月 27 日齊魯報記者王樂平、蔡春潭問他有關省長民選簡任問題時，他就坦率的說：「我係主張民選者；但現在之都督，帶軍事性質，當然任命。至省長問題，以現在人民數目調查未能確實，以言選舉，亦有為難[94]。」可知，在戶口清查確實後（訓政時期人民受過地方自治的訓練之後）省長民選便無困難了。雖然 1913 年 4 月的「國民黨政見宣言」中，曾「主張省行政官由民選制以進於委任制」，但這份宣言係由宋教仁起草，孫中山是否過目，還是疑問，即使過目，而是年他正潛心於政黨政治的研究和宣傳演講，黨務工作較少參與，我們不能說這份宣言都能代表其政治主張。我們再看 1924 年的中國國民黨全國代表大會宣言「國民黨之政綱」對內政策第二項「各省人民得自定憲法，自舉省長。」即可明白孫中山的真正主張。只是，「省憲不得與國憲相牴觸，」而省長除監督本省各縣自治行政之

93.同前註，頁 752，「建國大綱」第 17 條。
94.《國父全集》第 2 冊，頁 827-828。

外，還須執行中央政令，辦理省內國家事務。這也就是前述「以收聯絡之效」的命意。

不過，這是指幅員廣大時而言，像今日，我國行政權所能及之地，僅是臺澎金馬的一省二島。處這不正常時期，省制改為虛級，俾使中央政令迅速直達各地方自治單位──縣市，則為必然之政治發展過程。事實上，修憲之前中央警政署與省警務處係合署辦公，其他如郵電事業，亦由總局而分北、中、南、東四區管理局，對基層民眾之服務便捷之至。在未凍省之前，許多政令，由於省制尚存，中央給臺北縣政府（在板橋）的公函，尚須旅行到中興新村一趟，再折返臺北，這無論在人力、物力和時間上，都是浪費！行政效率也自然打了折扣，如何使政府萬能呢？對此問題，當時作者曾訪問一位素負盛名的公法學者，他是主張臺灣省制應改為虛級的！什麼時候「還都」南京，什麼時候再恢復省制，這不很好嗎？當時我即深以憲法已公布實施三十九年，省長還稱省主席，且由官派，這不正好貽人批評之口實嗎？至今臺灣曾舉行過一次民選省長，省虛級化之後，還有官派的省主席領乾薪，這是臺灣的政治奇蹟。

第三項　均權主義的優點

均權主義的重要原則是：中央與地方權力的劃分，「不偏於中央集權制或地方分權制。」「凡事務有全國一致之性質者，劃歸中央；有因地制宜之性質者，劃歸地方。」此一原則，解脫了中央集權與地方分權糾纏不清的紛爭。事實上，

民國成立之後，所以會有集權分權的不同主張，其主因乃在有人對「政府權力」意義的不明白所致。

在君權時代，君主之權力至高無上，為國家主權的象徵。而各朝帝王君臨天下，並不以國家興亡或蒼生禍福為己任，只擔心其他野心家來搶去了他的或他的子孫們的帝位，在這種君主據有實權而又世襲的政治體制之下，皇帝或國王們殫精竭慮的是防止他們的「江山」被「霸佔」，因為他們對「江山」的統治權，是他或他的祖先用武力搶過來的。所以，歷代君主們，無不恣縱自為，實行中央集權制，控制地方。他們心中，那有什麼「為民造福」的積極觀念？

但是，在民主時代，主權在於人民，在位者須得到人民的支持，方能取得管理國事及為人民謀福利的機會，而且這種機會是有法定期限的，不是世襲的，是要靠人民的選票一張一張投給他的。所以在位者乃能「以國家興亡為己任，置個人死生於度外」，竭力想要把國家大事辦好，努力想要增進人民生活福祉！是以，在民主共和國體之下的政府權力，不是國家主權或統治權，而是國事治權或管理權。這也就是孫中山在〈中華民國建設之基礎〉一文中所言：政府「權力分配，乃國家權力分配於中央及地方之問題，與主權在民無涉。」之意！他也說：「欲知主權在民之實現與否？不當於權力之分配觀之，而當於權力之所在觀之。權在於官，不在於民，則為官治；權在於民，不在於官，則為民治。苟其權在於官，無論為中央集權、為地方分權、為聯省自治均也[95]。」

95. 《國父全集》第 2 冊，頁 178，「中華民國建設之基礎」。

這裡所說「均也」就是「都一樣的」意思。

可知，在民國時代，權力無論分配在中央或地方，都在主權者人民的監督指揮之下，無論中央或地方，政府所行使的只是對事務的管理權，也就是為人民謀福利的上下分工而已！這種權力分配之性質，絕非像古中國的所謂「中央集權」，會導致中央政府的專制自為；或所謂「地方分權」而導致「尾大不掉」的分崩離析天下大亂的情況！我們如把民主時代的「政府權力」觀念弄清楚，中國便可從「一治一亂」的苦難循環中解放出來！

由於孫中山的「均權主義」具有上述特殊性質，所以非常強調地方自治的重要。他主張「各省人民得自定憲法，自舉省長[96]。」而且「中央分權於各省，各省分權於各縣。」而「縣」則為地方自治單位。如此一來，就可「解決中央與地方永久之糾紛」了[97]。國家的政治像這樣分為中央、省、縣三級來分工做事，自不至於有「內輕外重」或「內重外輕」的偏向，而能形成一種事權的均衡，這是「均權主義」的優點所在。

不過，對於孫中山的這種「均權主義」思想，建構起來的中央與地方關係，美國哈佛大學何爾康教授（Arthur N. Hol-combe）在其所著《中國的革命》（*The Chinese Revolution*）一書中，很肯定的認為是一種「聯邦制度」。他說：如依孫

---

96. 《國父全集》第 1 冊，頁 885，「中國國民黨第一次全國代表大會宣言」。
97. 同註 87。1921 年 5 月 5 日，「就大總統職宣言」。

逸仙的計畫在全國實行憲政，則其結果將等於成立一個聯邦
共和國。因為他認為孫中山為訓政時期所擬定的制度是地方
分權；為憲政時期所擬定的則無疑的是聯邦制[98]。此說法，雖
不無道理，但是，由於孫中山曾主張單一制，且反對「聯省
自治」，誠如崔書琴教授說：「我們很難說他會承認均權主
義是一種聯邦制度[99]。」

其實，單一制與聯邦制皆各有優劣點。迦納（James Wil-
ford Garner）在其所著《政治科學與政府》（*Political Science
and Government*）一書的第十六章即曾討論及之。他說，單一
制政府的優點，在於全國法律、政策和全國行政統一，行政
組織簡單而不重複。在外交政策與國防上，單一制政府的力
量尤為顯著。而其缺點，則為地方沒有自治權，許多政策與
事務，須等中央命令方能執行，地方利益難免因而遭受損失。
同時，中央政府在立法上亦缺乏地方知識，難以符合地方需
要，而熟悉地方事務的地方機關反而無權管理[100]。我認為迦納
教授的看法是正確的！這與古中國的實施中央集權單一制發
生同樣的弊病，在疆域廣闊、各地情形不甚一致的大國，實
在很不適合實施這樣的單一制。中國秦始皇厲行中央集權的
單一制，大權獨攬，日理萬機，地方郡縣直隸天子，滿以為
「關中之固，金城千里，子孫帝王萬世之業」得以傳承，殊

98. Holcombe, Arthur N., *The Chinese Revolution: A Phase in the Regeneration of a World Power* (Cambridge Massachusetts: Harvard University Press, 1931) pp. 317-318.
99. 崔書琴：前揭書，頁 218。
100. Garner, James Wilford, *Political Science and Government* pp. 414-416.

不知國家面積遼闊，地方權力削弱過甚，遇事不易靈活應付，這種「內重外輕」之結果，竟然導致秦帝國的土崩瓦解，終至覆亡[101]！西漢武帝也厲行中央集權政策，加強對地方的控制，竟也及身而見政治大難，以致下詔罪已。隋煬帝也是十足專制集權的君主，那知李密起兵，振臂一呼，群雄並起，九宇分崩，滅亡之速，與秦若同出一轍。張金鑑教授認為這都是集權主義誤用的結果[102]。

　　至於，聯邦制之優點，迦納認為最能使各小邦聯合而為一強大國家，可收因聯合而產生對內對外的各種利益，同時又不犧牲各邦自治權，兼有全國一致和地方自治的優點。因此，各邦人民乃願以對各邦皆有關係之事權，交由中央政府管理。聯邦制，乃能揆情度勢，把一致規定為宜之事務，於立法政策和行政執行上力求全國一致，同時把各地方互不相同的事務，任之自行處理。此制適於廣土眾民之國，及因地理、種族或其他因素，非允許其享有某程度的自治權，不能使大家和睦相處的小國[103]。但是聯邦制亦有缺點，尤其是，在辦理外交時，聯邦制即有單一制所未有的固有弱點。美國各邦保有對人民及財產的管轄權，這乃使中央政府在本國境內對外國人民執行條約義務時發生困難。就內政而言，美國各邦對於犯罪、婚姻、離婚、保險、銀行、航行器具及其他事宜，都沒有一致的法律，不但不一致，有時且正好互相衝突。

101.張金鑑：《均權主義的政治原理和歷史背景》（臺北：中央文物供應社，1953 年 11 月初版）頁 50。
102.同前註，頁 50-52。
103.Garner James Wilford op. cit., pp. 417-419.

為此，美國聯邦政府乃利用憲法解釋權，以擴張中央政府的權力[104]，以便改善這些情況。而由最新的資料顯示，目前，美國並不再是純粹聯邦制國家，在州及地方政府實施單一制，各邦之共同性質事務已漸趨一致。吾人認為美國制度已漸具「均權主義」之特質。中央、各邦及地方三級政府在行政、立法、司法的權力分配上，構成一種「3×3」的矩陣圖形，茲附圖如下[105]：

Separation of Powers by Function

	Legislative	Executive	Judicial	
National	**Congress**	**President**	**National Courts**	Federal Government
State	**Legislature**	**Govrnor**	**State Courts**	
Local	City Council and Other Local Policymaking Bodies	Mayor and Other Local Chief Executives	Local Courts	Unitary Government

Allocation of Power by Level of Government Federalism

The 3×3 Matrix of Formal Power Dispersal

反之，在日本這個單一制國家，企業界已提出建立「日本合州國」的構想，擬把一切基本行政，移到與國民有密切關係的市鄉鎮機構，基層單位無法辦理之事項，再委由比府縣更大的「州」行政單位辦理[106]。

---

104. Ibid., pp. 419-422.
105. Macmanus Susan A. et al, *Governing A Changing America* (New York: John Wiley & Sons, Inc., 1984) p. 71.
106. 王開譯：〈日本合州國——日本民間企業提出改革國家行政體制的構想〉（載《前進時代》雜誌 19 期，1985 年 5 月 11 日）頁 55。

在古中國，數千年歷史，可以說是一部治亂循環史。周道濟教授在其所著：〈我國一治一亂思想的探討〉文中，提出他關於造成如此「一治一亂」的主要原因之看法，認為有五點：即(1)政府人事上的原因，(2)政治制度上的原因，(3)人民心理上的原因，(4)人口與糧食的原因，(5)天然災害的原因[107]。其中第(1)、(2)兩項，吾人認為即與在位者的作為有關。也就是在中央與地方政府的權力分配上，始終未能做得妥當。孫中山革命，改變中國君主政體為民主共和政體，其主要目的，就是要使人民免於如此治亂相循的慘痛。所以，在中央政府與地方政府的關係上，主張「均權主義」，把軍事、外交及有全國一致性的事務等職權拿到中央政府來統一辦理，而有因地制宜之需要的事務，則交由地方政府自理，當可避免單一制國家實行中央集權制的毛病，也不致像過去美國聯邦制各邦法制的雜亂無章，以致無法對外執行外交條約之義務。可說具有「聯邦制與單一制」、「中央集權制度與地方分權制度」優點，而沒有其缺點。

總之，在「軍民分治」及全國性事務由中央統一辦理的前提下，實行聯邦制或單一制已不重要。誠如蕭公權教授所言：「我們所贊同的均權制不一定是聯邦制，而單一制也可以均權[108]。」在此，也許可以下一個結論：孫中山的「均權主義」理想，是要實行單一制的均權制度。

107.周道濟：〈我國一治一亂思想的探討〉（臺北：中央研究院三民主義研究所，專題選刊第 15 號，1978 年 7 月）頁 26-31。
108.蕭公權：《憲政與民主》（前揭）頁 9。

第四節　地方自治理論

地方自治是孫中山很早就有的主張，在民前十五年（1897 年）8 月 5 日與宮崎寅藏等人談話時就說：「余以人群自治乃政治之極則，故於政治之精神，執共和主義。」由這一句話，可知孫中山建立民主共和國家，實行地方自治乃必然要走的道路。在民國十一年（1922 年）為上海新聞報三十週年紀念而作的〈中華民國建設之基礎〉一文中，提出他實行民治的方略。其第一項就是「分縣自治」，也就是以縣為單位的地方自治。吾人在本節探究他的地方自治理念之前，想對「地方自治」本身之起源，先作個說明：

第一項　地方自治的起源

浦萊斯（James Bryce）在其名著：《現代民主政體》（*Modern Democracies*）一書中說：「民治政府的起源都在小地方，無論是鄉村或小城市，其人口大致不過數百人或數千人而已。最早的政治體制是一種『會議』（assembly），一切自由民都可來討論公共事務，其中長老雖有較大的影響力，但一般居民的意見都能發生一些作用。此一會議，實為人類由野蠻社會進入有秩序之安寧社會的一種過渡現象。……自治制度能養成人民自由的精神，及為公共目的而合作的習慣。其一，乃是共同抵抗鄰近的敵人；其二則可消彌內部紛爭，也就是用一種公判的方法，解決自治團體內各分子間的爭端；

其三則為處分『公地』（如森林或牧場）的管理權及『耕地』的分配，每個公民都保有一片耕地之權，但年限是一定的，過了一定的年限就得重新分配[109]。」這種自治會議流行得很廣，希臘、羅馬都有。亞里斯多德說：人是政治的動物，其理論乃是根據希臘城邦國家的政治現象而來。希臘城邦國家採用由城市居民來管理公共事務，這種制度是民主政治，也是地方自治。這種政治活動出自人類關心本地方事務的自然天性，所以，我們可以說地方自治是順乎人類政治習性的自然活動[110]。英國自五、六世紀盎格魯（Angles）薩克森（Saxons）民族渡海登陸英倫，到 1066 年諾曼底族（Normandy）侵入英國這段期間，就已建立有體系的地方自治制度[111]。

即以臺灣的原住民族而言，早年他們從不知道有皇帝、首領或酋長來統治全島，每村落是各自獨立的，各保有領土，並不承認別人的權威，但有十二人組成的「評議會」（Council）叫做 Quaty，評議員之年齡須四十歲左右，任期兩年，不得連任。其職權如下：

1. 討論議決有關公眾事務的興廢問題——此項問題先由評議會通過後，再交付全村民眾表決，以徵求全民之同意。如村民不同意，則評議會之決議並無法的效力

---

109. Bryce, James. *Modern Democracies* (New York: the Macmillan Company, 1921) Vol. I p. 129.

110. 羅志淵：《地方自治的理論體系》（臺北：臺灣商務印書館 1970 年 4 月初版）頁 59。

111. 羅孟浩：《各國地方政府》（臺北：正中書局，1975 年 3 月四版）頁 19。

[112] 。可見，他們早已經有實施直接民權的政治習慣。

2. 執行考察女巫所規定的宗教性事務是否遵行，並防止攖神怒之事的發生。如有人觸犯神怒或罪刑，即以評議會之名義，懲治該罪犯。但並不加以監禁或體罰，更少有死刑之執行，只是罰他們付出一塊棉布，一張鹿皮或一壺飲料[113]。

由此可見，地方自治制度乃人類不分種族，本乎人性的需要自然發展出來的政治生活方式，殊足珍惜！浦萊斯亦言：「自由集會的制度並不是任何特種民族所獨有的[114]。」瑞士，至今還保留那些自第十三世紀發生的小自治區，以做為政治的基礎，有幾個邦（Canton）還保存那原來的全民會議（Landesgemeinde）[115]。至若美國──自英國移植而來的人們，為了日常生活需要，互相援助，共同防禦土著民族的侵擾，傳自母國的小區域自治制度，遂在北美洲北部各邦之內，繼續發展。顯然，「地方自治」，在世界上並非一種新發現的制度，而是人類「政治本能」的最早表現[116]。

第二項　地方自治的重要

「地方自治」一詞，源自日本傳到中國，而日本用「地方自治」一詞則是繼英國的 Local Self-government 翻譯過來

---

112. Campbell, William. *Formosa under the Dutch: Described from Contemporary Records with explanatory motes and a Bibliography of the Island.* (Taipei: CH'eng-Wen publishing Company, 1967) p. 15.

113. Ibid., p. 16.

114. Bryce, James. op. cit., p. 130.

115. Ibid.

116. Ibid., p. 131.

的。由於孫中山的民權主義，充滿著濃厚的「主權在民」思想，所以，在政府論方面，特別重視「地方自治」，乃勢所必然！那麼，什麼叫做「地方自治」呢？所謂「地方自治」，「就是將地方上的事情，讓本地方人民自己去治，政府毫不干涉[117]。」不過，在此我們須特別注意的是，政府雖不能「干涉」地方自治，卻仍可以「監督」，而且地方上也有國家中央政府的行政，這些「國家政治」當然與「地方自治」不同，地方自治是有一定的範圍的，在地方可以自己處理的事務範圍之內，由地方人民自己去管理——包括立法和執行。政府對各地方的自治事項，只站在監督的地位，而不予以干涉。

然則，地方自治究竟有何重要性呢？關於這個問題，孫中山的遺教很多。早在 1912 年的「國民黨宣言」中，他就說過：「發展地方自治，將以練國民之能力，養共和之基礎，補中央所未逮也[118]。」可見他知道中央政府的施政是不可能管到地方的每一件事情的，所以必須實行地方自治，來訓練國民的政治能力，而這也是建立民主共和國的基礎。1912 年 5 月 5 日在廣東的潮州同鄉會歡迎會上，他勉勵大家，「深望以後對於地方自治之組織，力為提倡贊助。地方自治之制既日發達，則一省之政治遂於此進步；推之國家亦然[119]。」1918 年在「同盟會革命方略」的「軍政府宣言」中主張：在「約

---

117. 《國父全集》第 2 冊，頁 552，1923 年 10 月 20 日演講「國民以人格救國」。
118. 《國父全集》第 1 冊，頁 795。
119. 《國父全集》第 2 冊，頁 235。「地方自治」。

法之治」期間，「每一縣既解軍法之後，軍政府以地方自治權，歸之其地之人民，地方議會議員及地方行政官，皆由人民選舉[120]。」由此可知「地方自治」是在全國憲法公布前就應該做好的。為什麼呢？因為要建立民主共和國，人民是國家主人，必須「速從地方自治以立民國萬年有道之基，若一縣辦有成效，他縣必爭先仿行；如是由一縣而推之各縣，以至一省一國，而民國之基於是乎立[121]。」

在 1923 年的〈中國革命史〉一文中他也說：「軍政時期及訓政時期，所最先著重者，在以縣為自治單位，蓋必如是，然後民權有所託始，主權在民之規定，使不至成為空文也。」何以故呢？他接著舉了四點理由：

1. 以縣為單位，所以移官治於民治也。今既不行，則中央及省，仍保其官治狀態，專制舊習，何由打破？

2. 事之最切於人民者，莫如一縣以內之事，縣自治尚未經訓練，對於中央及省，何怪其茫昧不知津涯。

3. 人口清查，戶籍釐定，皆縣自治最先之務。此事既辦，然後，可以言選舉。今先後顛倒，則所謂選舉，適為劣紳、土豪之求官捷徑，無怪選舉舞弊，所在皆是。

4. 人民有縣自治以為憑藉，則進而參與國事，可以綽綽然有餘裕。與分子構成團體之學理，乃不相違。苟不

---

120. 同前註，頁 286。
121. 《國父全集》第 2 冊，頁 174，1920 年 3 月 1 日作：「地方自治開始實行法」。

如是，則人民失其參與國事之根據，無怪國事操縱於武人及官僚之手[122]。

易言之，地方自治沒有辦好，民主政治必不能成功，政治操在官僚武人、土豪、劣紳之手，善良人民必然面臨災殃慘禍！要求主權在民，何異緣木求魚？孫中山這種看法，和英國學者浦萊斯（James Bryce）看法，頗為接近。浦氏在其名著：《現代民主政體》（*Modern Democracies*）一書中，曾提到「地方自治」的二大貢獻：

其一、能養成群眾對於公共事務的關切心，使人人都知道有監督公共事務之執行的責任。一個人如果對鄉村事務能有公共心，能夠表現得熱誠，這個人對國家大事自然就會知道盡公民應盡的義務了。在城市也一樣，市民如都能留意公共事務，則到了選舉時，就能很容易的鑑別成績最好的候選人，而繼續予以支持。

其二、使群眾不只能為公眾盡力，而且能有效的合作。人的常識、理解性、判斷力及群體性，都會因此而發達。凡時常作共同協商的人自然會知道「容忍」及「協調」的必要。在自治團體中，人人都有表現能力的機會，都能使別人認識他。

此外，更可養成兩種好習慣，一為承認「知識」及「處理公務能力」的重要性，一為論人好壞，不能光聽其「說什麼」，而要注意其「做什麼」。

122.同前註，頁 188，「中國革命史」—「辛亥之役」。

　　總之，一個人在小規模內熟習公眾付託權力的責任，他日在大規模上，自然更容易瞭解責任原則的運用了。所以浦萊斯認為瑞士和美國，這兩個「地方自治」最發達的國家，可以證明下面這句格言：「民主制度最好的學校，及其成功的最佳保證就是實習地方自治。」[123]

　　即使在今日英國，雖然中央行政權亦有日漸擴大的趨勢，但是，地方自治仍扮演著重要角色。哈費與巴熱（J. Harvey and L. Bather.）在他們合著的《英國憲法及政治》（*The British Constitution and Politics*）一書中，亦指出六點關於地方自治存在的重要價值和理由如下：

1. 地方議會由地方人民選舉，地方議員事事須對選民直接負責。反之，依中央法令執行的地方行政，只有瓦斯、電力、衛生、自來水、郵局及社會安全服務方面等事務而已。

2. 地方議員必須反映地方需要，由地方管理的事務，中央政府如有所變革，須依據各地不同的需要、特色及環境而行事。

3. 因地方政府對當地居民直接負責，所以能強而有力的代表社區民眾。

4. 地方政府隨時提出新政策，在地方政治上，政黨的衝突，並不像在國會那樣的尖銳。其主要原因是，地方機關比較關心行政事務，而不關心政治理論。

---

[123] Bryce, James. op. cit., pp. 131-133.

5. 地方行政有其本身的價值，它提供人民許多參與家鄉政府活動的機會，這種廣泛而直接的參與，是維持民主政治的重要因素，而足以消除職業政客或行政人員小集團控制政治的危險。況且，許多議員係經由地方政治的歷練，而學習到他們的第一堂政治課程。

6. 中央政府與地方機關之間的權力分工也是健全而必要的[124]。

民主政治發達的國家，地方自治也一定辦得很好，所以，孫中山把「地方自治」當做建國的基礎，是頗有道理的。他曾在「自治制度為建設之礎石」的演講中，以「建屋」譬喻為「建國」，認為中國人和西洋人建築房屋有一不同之點，即中國建屋先上樑，而西洋人建屋，則是先立基礎。他說：「今假定民權以縣為單位，三千縣之民權，猶三千塊之石礎，礎堅則五十層之崇樓不難建立。建屋不能猝就，建國亦然，當有極堅毅之精神，而以極忍耐之力量行之。竭五年十年之力，為民國築此三千之石礎，必可有成[125]。」他在「孫文學說」第六章也舉美國之建國為證，說：「美國土地向為蠻荒大陸，英人移居於其地者，不過二百餘年。英人素富於冒險精神，自治能力，至美而後，即建設自治團體，隨成為十三州。其未獨立以前，十三州已各自為政，而地方自治已極發達。故其立國之後，政治蒸蒸日上；以其政治之基礎，

124. Harvey, J. and Bather, L., *The British Constitution and Politics*. 5th ed. (London: Macmillan Education LTD. 1985) pp. 395-398.

125. 《國父全集》第 2 冊，頁 357，「自治制度為建設之礎石」。

全恃地方自治之發達也[126]。」足見「地方自治，乃建設國家之基礎，民國建設後，政治尚未完善，政治之所以不完善，實由於地方自治未發達，若地方自治已發達，則政治即可完善，而國家即可鞏固[127]。」是以，他確認：「地方自治者，國之礎石也。礎不堅，則國不固[128]。」「礎堅而國固，國固則子子孫孫同享福利[129]。」中華民國初建成立之後，還不能上軌道，以實行民主共和政體，這是因為地方自治的基礎未能建設鞏固的緣故！所以，孫中山認為，我們如不能實行地方自治，打從基礎做好，則雖有憲法猶如同廢紙而已！如果要實行民主共和政治，「則必先辦自治」，因為要使人民能對中央行使民權，他們必須受過訓練，而地方自治是一種最好的政治訓練，如「地方自治已成，則國家組織始臻完密。人民亦可本其地方上之政治訓練，以與聞國政矣[130]。」地方自治對於國家建設關係之重大，蓋可想見！

第三項　地方自治的實施

（一）關於地方自治的實施時期

在孫中山的政治理念中，實行地方自治的目的，在實踐其民權、民生兩主義[131]。亦即是說在他的民族革命運動推翻滿清專制腐敗的統治之後，就要依其建國程序，經過訓政時期，

---

126. 《國父全集》第 1 冊，頁 467。
127. 《國父全集》第 2 冊，頁 365，「辦理地方自治是人民之責任」。
128. 《國父全集》第 2 冊，頁 354，「自治制度為建設之礎石」。
129. 同前註，頁 358。
130. 《國父全集》第 1 冊，頁 918，「制定建國大綱宣言」。
131. 《國父全集》第 2 冊，頁 169，「地方自治開始實行法」。

來培養地方人民的自治能力，而此一工作，是可以分縣實施的。

「軍政府宣言」之中，說明：「第二期為約法之治。每一縣既解軍法之後，軍政府以地方自治權，歸之其地方人民，地方議會議員及地方行政官，皆由人民選舉。凡軍政府對於人民之權利義務，及人民對於軍政府之權利義務，悉規定於約法，軍政府與地方議會及人民，各循守之，有違法者，負其責任。以天下平定後六年為限，始解約法，布憲法[132]。」而建國大綱第七條明定：「凡一省完全底定之日，則為訓政開始之時，而軍政停止之日。」亦即是說，光復一省，則這一省的「每一縣」就解除軍法之治的「革命政治」，而開始實施約法之治的「輔導政治」。在此訓政時期，軍政府授地方自治權於人民，而自總攬國事[133]。這段時期有多久呢？要到天下（國家）平定後六年為止。亦即是說，在全國平定六年之內，國事大權總攬在革命黨政府手中，但是此時在地方實施的是訓政（輔導政治）而不是軍政（革命政治）。在訓政時期每一縣實施地方自治時，「由本黨負保育的責任，領導民眾、指導民眾，從事訓政實行建設，以滋長人民政治的智識，養成人民政治的能力，使人民能夠直接參加政治，管理政治。經過訓政以後，人民瞭解三民主義五權憲法的原則，開始憲政，以政權還於人民，如此才能建設真正民治的國家，人民才能真正享受革命的幸福[134]。」

---

132. 《國父全集》第 1 冊，頁 286-287，「軍政府宣言」。
133. 同前註，頁 287。
134. 羅志淵：《憲法論叢》（臺灣商務印書館，1969 年 1 月）頁 524。

而建國大綱十六條又規定：「凡一省全數之縣皆達完全自治者，則為憲政開始時期，國民代表會（按即各縣選出之國民代表）得選舉省長，為本省自治之監督。至於該省內之國家行政，則省長受中央之指揮。」可見，在孫中山之意，憲政也是可以分省實施的，而其條件則為此一省內全數各縣已達完全自治之時，也就是有能力行使四權之時，不一定全國統一之後才在省實施憲政。不過，此時，省長是由各縣選出國民代表間接選舉。吾人認為這是暫時措施，等全國底定六年，公布全國性憲法，省長就由省民直接民選了。因為國民代表之主要任務在憲政時期是要參與中央政事的，是要反映地方民意的，而非以選舉省長為職權。

全國行約法六年後，開始實施憲法之治，全國各縣地方人民，經由「自由選舉」的過程，產生制定憲法的國民大會代表。等到憲法制定公布之後，革命的國民黨軍政府，即應該解除兵權和行政權。由國民公舉大總統，及公舉議員以組織國會，全國政事依照憲法實行[135]。但依孫中山五權憲法之法理，此處所謂國會，係指立法院，而非國民大會，這是我們必須特別注意的！中央民選政府組成之後，則革命乃大功告成。革命黨退為普通民主政黨，與其他政黨和平競爭；國民革命軍變成國家軍隊，隸屬於民主政府統領之下，超然於政黨政治之外，以捍衛國疆，保護國民為天職。是以吾人必須要有深切的體認，在孫中山之意，地方自治工作早應在憲法公布之前完成的。這是建立民主共和國的先決條件。

135.同前註。

　　可惜的是，迄本文執筆時建國已七十五年，憲法公布實行已近四十年，縣地方自治仍未能行使完整的直接民權——四權。除了「選舉罷免法」已於 1980 年 5 月 14 日公布，並於 1983 年 7 月 8 日修正之外，「創制複決法」則一直尚未制定，人民四權之行使，於今並無完整法律可資遵循。關於公民直接立法（即創制複決法）的問題，周道濟教授曾於《中國憲政》第四卷第六、七兩期發表他的看法，讀者可以查閱。作者在《政權論》一書中，亦表示期待政府趕快「制定創制複決法」，我們實在沒有理由再因循下去[136]。至於後來制定的公投法，被譏為「鳥籠」公投法，國民黨似無在臺灣實施地方自治的誠心，實有辱其總理之政治主張。

（二）關於地方自治的實施範圍

　　上面是有關「地方自治」實施時期的探討。然則，地方自治之實施單位及範圍如何？從本節第二項的討論，我們知道孫中山之意，乃是以「縣」為單位，而不是以「省」為單位，省只是中央與縣之間的聯絡機關，從上面接受中央政令以在各省執行中央政務，對下面則有監督各縣實施地方自治之義務。這在前面討論「省制」時，亦已討論及之。現在，我們想瞭解的是，「縣」是否孫中山心目中惟一的「地方自治」單位？

　　在 1920 年的〈地方自治開始實行法〉一文中，孫中山說：「地方自治之範圍，當以一縣為充分之區域。如不得一

136.參閱陳春生：《國父政權思想研究》（臺北：五南出版社，1981 年 4 月出版）頁 331-334。

縣，則聯合數鄉村，而附有縱橫二三十里之田野者，亦可為一試辦區域[137]。」可知在孫中山之意，地方自治單位是頗有彈性的，即使不足一縣之地區，亦可因地制宜，成立自治試辦區域。

　　然則，縣以下的鄉鎮可否做為自治團體呢？在此，作者非常興奮的找到一個根據，即縣以下的城鎮鄉可做為下級自治團體。孫中山在 1923 年底的「發揚民治說帖」中，提到「試觀歐美各國，其面積雖僅吾國一省之大，其人口雖僅吾國一省之多，而其行政區域，必劃分為百數十區，自治區域亦然，用能自治發達，而百廢具興。若吾國乎，莫若以城鎮鄉為下級自治團體[138]。」此處所謂「城」即今日所謂「市」、「縣城」即是一縣的最繁華地區，也即是今日所謂的「縣轄市」，縣轄市大抵是縣政府所在之地，名曰：「縣治。」但今日臺灣的「縣轄市」多矣！非「縣治」所在地也有許多工商發達的市鎮，升格為「縣轄市」，如臺北縣的三重市、永和市……等皆是。若然則今日臺灣的鄉鎮及縣轄市均可為基層自治團體。這也是有歷史背景可做根據的！孫中山說：「蓋吾國青苗、保甲，本具自治之雛形，鄉約、公所不啻自治之機關，助而長之，因勢利導，則推行而收效宏。」又說：「而以縣為自治單位，舉縣議會，選縣長，凡關乎地方之事，賦予全權。省之一級，上承中央之指揮，下為各縣之監督，誠不可少，然必釐訂權限，若者為地方賦予之權，若者為中

---

137. 《國父全集》第 2 冊，頁 169。
138. 《國父全集》補編，頁 35。

央賦予之權，然後上下無隔閡之嫌，行政免紊亂之弊也[139]。」惟今日臺灣情況特殊，1950 年 3 月 1 日蔣中正「復行視事」，已在臺北建立「新的」中華民國。1996 年臺澎金馬人民已選出第一任民選總統，國會議員全部在此土地上由二千三百萬人民選舉產生，在法理上，臺灣已經是一個主權國家，省制已無存在之必要。

　　關於鄉鎮市可為地方自治之團體，戴季陶先生亦曾有此主張，在 1934 年 3 月 7 日，他在「關於憲法問題致立法院孫院長書」（當時立法院院長是孫科先生）中有言：「關於地方自治，縣為自治單位之原則，定自總理，然其所以定此原則者，自有其原因。今後之縣政府，一方為自治單位，一方亦不能不為執行國家委託行政之機關，則縣以下之地方自治體，斷乎為不可少，無論為幾種，均應為直屬於縣之一級，此義賢（作者按：即戴傳賢先生他自己）在政治會議，曾屢言之矣。憲法上似亦宜有所表示，以為將來立法之根據[140]。」戴先生的看法與孫中山的遺教完全一致！

　　又，金鳴盛先生在其所著：《五權憲政論集》中也說：「現在第一要先解決的問題，就是縣以下應否另有小單位？」他認為：「縣制的成立，遠在秦代，大多數縣份，雖係秦以後所設定，但縣制在各種地方制度中總是歷史最悠久的制度。因此以縣為自治團體最大單位，自是十分確當。不

---

139. 同前註。
140. 戴傳賢：〈關於憲法問題致立法院孫院長書〉（收載中央文物供應社：《革命先烈先進闡揚國父思想論文集》，1965 年 11 月 12 日出版）頁 666。

過縣的區域，究竟是一個國家行政區域，本來沒有什麼自治的組織，所以一縣內的人民，除風俗、習慣、語言等約略相同以外，並無任何共同的利害觀念，也沒有一致的團結性。總理說：『自治團體不止為一政治組織，亦並為一經濟組織』，如果要達到這個目的，把一盤散沙，各不相謀的全縣人民團結起來，下面不再分成小單位，實在是無法著手的[141]。」所以，他主張縣以下與其「分成兩級，倒不如祇留一級為妥[142]。」那麼留那一級呢？「區」還是「鄉、鎮、城」？他說：「中國各縣固有的組織，是『城』、『鎮』、『鄉』三種，前清所定城、鎮、鄉自治的辦法，雖去民權主義甚遠，但其劃分縣內小單位，則頗合固有基礎，不無參考價值。我以為縣以下的自治組織就該以這種現存情況為基礎。城、鎮、鄉的地位是相同的，均應認為縣以下的一級單位[143]。」他的看法與孫中山的見解也是一致的。

本人對他們兩位先賢的看法，亦完全贊同，這不只因為合乎孫中山旨意，亦有行政管理上的方便及符合地方人民感情及經濟生活需要的長處。誠如阮毅成教授在其所著《地方自治與新縣制》一書中所言：「蓋自治區域的劃分，本不外政治上的觀點，與經濟上的理由。所謂政治上的觀點，即在同一區域內的居民，須具有共營團體生活的意識。所謂經濟上的理由，即：一、是否便於管理？二、是否足以展布其應

141.金鳴盛：《五權憲政論集》（上海：中華書局，1936 年 5 月出版）頁481-482。
142.同前註，頁 482。
143.同前註，頁 484-485。

執行的事務？三、地方財力是否足以自給？是否能有力量，建設自己需要的管、教、養、衛各項事業[144]？」又說：「對鄉鎮亦賦予以地方自治團體之地位，其利有四：①使鄉鎮辦理其自己事務，足以適應地方特別情形，滿足其需要。②足以啟發地方創造的能力。③實施政治教育，給予地方實驗的機會。④激發人民愛護地方的情緒[145]。」所以，在 1950 年他參與制定的「臺灣省各縣市實施地方自治綱要」第四條規定：「鄉鎮之區域，及鄉鎮以下之編制，由縣市政府依人口分布、自然環境、經濟狀況、生活習慣及交通情形劃分之，並經縣市議會通過後，呈報省政府核定[146]。」並在他所撰寫的總說明中保留了「縣轄市」與鄉鎮為縣下同級自治團體的臺灣傳統[147]。

　　基於上述之理論與實際，吾人且檢視今日臺灣地方自治現況。修憲前臺灣實施地方自治所依據之法規是「臺灣省各縣市實施地方自治綱要」。在自治區域方面，縣下的鄉鎮亦為法人，在「市制」則有「縣轄市」、「省轄市」及「院轄市」（直轄市）三種。院轄市之地位與省相當，市長與省主席皆官派，尚不能謂為「自治」。省轄市之地位則與縣相當，市長及市議員皆民選，已完全實施選罷兩權的自治。縣轄市之地位與鄉鎮相當，縣轄市長、鄉鎮長皆民選，而鄉鎮縣轄市民意代表不叫議員，而稱為「市民代表」或「鄉鎮民代

---

144. 阮毅成：《地方自治與新縣制》（臺北：聯經出版公司，1978 年 11 月出版）頁 95。
145. 同前註，頁 367。
146. 同前註，頁 96。
147. 同前註，頁 261。

表」。在此，特別值得討論的是：除了臺北市為目前中華民國國都所在，直屬中央自有道理而外，至於其他都市，如高雄市是否有必要改制為院轄市，以及基隆、臺中、臺南三市和後來補升格為省轄市的新竹、嘉義兩個都市，有無必要設置為「省轄市」（即如同英國的縣等市 County borough），實值得研究。

如依孫中山之地方自治理念，則應以縣為高級自治單位，而以鄉、鎮、城（縣轄市）同為基層自治團體。除首都之外，院轄市與省轄市這兩種分別與省縣平行的「市制」，吾人認為實在沒有設置的必要。尤其，處今日工商科技交通媒體發達的社會、城鄉之間的關係益加密切，舉凡瓦斯、自來水、電力、電信、交通、垃圾及廢水處理，污染防治、環境保護、民療衛生、河川整治以至墳墓規劃、環境美化等等問題，縣轄市而脫離縣區，以求「獨善其身」，最後之結果，恐怕是「自尋煩惱」而已！此外，從行政經費、建設經費的財政觀點看，縣市分治也是非常不公平的作法。吾人認為，政治家們對此等行政區劃產生之問題，應加以關心而做必要的重整。日本除東京都和大阪、京都二府外，皆為縣，而且一都一道二府都有腹地，地位與縣相當，而都、道府、縣之下皆有市、町、村，它們的市、町、村就像我們的鄉、鎮和縣轄市一樣的地位，是基層自治團體。除都會區形態的大都市及省轄市下有區的行政區劃之外一般小都市並不分區。所以我們即使全盤改行「縣市合治」廢除省轄市，而把市與鄉鎮同隸縣區之下，亦不失為賢明措施！而且更符合孫中山

的三民主義地方自治理想，與社區發展理論亦頗為切合。這也是本人曾為文建議政府把臺北市合併前臺北縣多數鄉鎮市而改稱「臺北都」以擴大臺北市行政區之主要原因。其他如高雄、臺中、臺南等三個都會區，亦可與鄰縣合併而改稱為「府」，府與縣同等地位，府下可保留市鄉鎮原體制，府下之市可分區，為市政府之派出機關，不是自治團體。

在此我且舉1918年7月，孫中山在上海莫利愛路二九號與李宗黃的談話為證。他說：「政治的基礎，在於地方自治。日本的市、町、村組織，都很健全。日本之強，非強於其堅甲利兵，乃強於其地方組織之健全，要看，最好看他們的地方自治。不過，他們這種地方自治，官治氣息很重，是不合乎吾黨民權主義，全民政治的要求，但他們的某種精神和方法，在訓政時期卻很可參考，所以仍然很有考察的價值[148]。」可見孫中山欣賞日本的地方自治團體組織和精神，只認為他們的「官治」氣息不足採而已！

（三）關於地方自治的實施

孫中山在「地方自治開始實行法」的結論，有一段話：「地方自治團體，不止為一政治組織，亦並為一經濟組織，近日文明各國政府之職務，已漸由政治兼及於經濟矣。中國古代之治理，教養兼施；後世退化政府，則委去教養之職務，而聽民人各家之自教自養，而政府只存一消極不擾民者，便為善政矣。及至漢、唐，保民理民之責猶未放棄，故對外尚

148.《國父全集》第2冊，頁841，「政治的基礎在於地方自治」。

能禦強寇，對內尚能平冤屈；其後則並此亦放棄之，遂至國亡政息，一滅於元，再滅於清，文明華胄竟被異族塗毒者三百餘年，可謂慘矣！惟民國人民當為自計，速從地方自治，以立民國萬年有道之基，宜取法乎上，順應世界之潮流，採擇最新之理想，以成一高尚進化之自治團體，以謀全數人民之幸福[149]。」

誠然，任何國家莫不同時有中央政府及地方政府的存在，人民精神之所仰望者同在於中央，而生活之所依賴者則在地方。人民從出生到死亡，自搖籃到墳墓，都與地方政府脫離不了關係。所以，各國競尚社會安全制度的實施。在安全制度下，有孕婦保育的事業，如對孕婦之牛乳供應，胎位檢查，及其臨盆時的產院供應，以及免費接生等，固莫不為孕婦之福利謀，亦均所以為胎兒的安全計。到胎兒出生之後，更有婦嬰機關為其衛生上的照料，而民政機關則應為之出生登記，以為其權利保障的基礎。屆學齡時期則有各級學校，以備其逐級而升，以完成其所企求的學業。至其離開學校，則須協助其就業，以發揮其所長。若遇失業，則須為之救濟，倘罹疾病，則須為之治療。及至年老體衰，晚景蕭條，而無以終其餘年，則更須為其謀養老之計。倘然不幸而身故，則為之安葬。凡此等等各種為民造福之事業，大都由地方政府辦理，而且也只有地方政府才適宜辦理，因為中央政府為國防、外交以及全國一致性事業的統籌經營事宜，已至為繁忙，實無餘力以照顧散處四方的民生日常所需。所以與人民生活

---

[149]. 《國父全集》第 2 冊，頁 174。

最切身之關係者，莫如地方政府。

誠如羅孟浩教授在其所著《各國地方政府》一書中所言：「地方政府必須使轄境以內的人民，老有所養，幼有所育，壯有所用，鰥寡孤獨顛連無告者，各得其所，然後才算盡了其應盡的義務[150]。」而地方政府的工作，就是地方自治的工作。中央政府要為人民謀福利，就要協助地方政府做好地方自治工作，使各地方政府成為一個「高尚進化之自治團體」，方可能為全國人民謀幸福！我們從前面所引孫中山之言論，乃知孫中山早有這種認識，所以，他特別呼籲「民國人民當為自計，速從地方自治，以立民國萬年有道之基。」可謂中國人民之福音！

然則，地方自治工作，千頭萬緒，而中國初從腐敗無能的滿清王朝解放出來，究應如何做起呢？他在建國大綱第八條提示，「在訓政時期，政府當派曾經訓練、考試合格之員，到各縣協助人民籌備自治。其程度以全縣人口調查清楚，全縣土地測量完竣，全縣警衛辦理妥善，四境縱橫之道路修築成功；而其人民曾受四權使用之訓練，而完畢其國民之義務，誓行革命之主義者，得選舉縣官，以執行一縣之政事；得選舉議員，以議立一縣之法律，始成為一完全自治之縣[151]。」這一條規定，可以說是中國實施地方自治的先決條件。首先必須有一批曾經受過訓練且經考試合格的人才，到各縣——當然到各鄉、鎮、城，去協助人民籌備自治工作。這些工作

150. 羅孟浩：《各國地方政府》（臺北：正中書局，1975 年 3 月四版）頁 5。
151. 《國父全集》第 1 冊，頁 751-752。

人員首要工作是進行政治宣導，讓人民知道三民主義及實施地方自治之重要性，使自治思想普及成熟，以獲得地方人民的認同和合作，則工作之進行當較順利。

在建國大綱第十條到第十三條規定，每縣開創自治之時應做的事情，莫重於土地問題的解決，也就是做好平均地權的工作。公共資源，則為地方政府所有，由地方政府經營。然後用私人土地之歲收，公共資源之收益，來興辦育幼、養老、濟貧、救災、醫病等社會福利事業。縣內天然富源及大規模之工商事業，本縣財力無法開發經營者，則由中央政府協助之，獲利由中央與地方各佔其半，而每縣應以歲收的百分之十到百分之五十，繳中央政府為中央歲費（其比率每年由國民代表規定之）。

在〈地方自治開始實行法〉一文，孫中山指導我們辦理地方自治的六項基本工作為：①清戶口、②立機關、③定地價、④修道路、⑤墾荒地、⑥設學校。我們且分析此六項工作的內容：

1. 清戶口——就是「戶政」工作，凡百庶政，戶政如果做得不確實，其他工作必不能做得完善，這是淺顯的道理。中國過去人口，一向沒有一個正確的統計數字，其他行政未能做好，乃事之必然。地方上每一個人，不論男女老幼，有了戶籍，則享受權利和負擔義務，才有依據。孫中山認為未成年人悉有享受地方教育之權利；而年老之人悉有享受地方供養之權利，還有殘障疾病同胞，也有享受地方醫治供養之權利。孕

婦於孕育期間，可免除一年的義務，而有享受地方供養之權利。至於其他青壯男女則必當盡義務，方能享權利，不盡義務，則停止一切權利[152]。從這些觀念看來，可以知道孫中山是想把社會福利事業放在地方（縣市鄉鎮）來做的！這種觀念與西洋福利國家的思想完全一致！而要把社會福利事業做好，則戶政工作必先釐清才行。

2. 立機關──就是組織自治機關，成年男女都有行使四權的參政權利。不過自治才開始，則先行辦理選舉，由地方上的人民選舉立法及執行機關的人員。執行機關究竟設那些專門負責服務的行政單位？則可因地制宜。不過，他認為「糧食管理局」最重要。每縣須依照人口數量，儲備至少足供一年的糧食。因為地方自治單位是政治組織，也是經濟組織，地方之農產必先供應地方之需要，如有餘糧再出售外地，所以他主張糧食應由地方自治單位的公家機關來買賣，亦即這種民生必需物資，不准有中間剝削行為，須先求自足（自耕自食）而後由公家機關轉售外地，其收益則歸地方公有，以充興辦地方公益事業之經費。「衣」、「住」、「行」三種需要的生產興造機關，亦由地方政府設局管理。至於人民對地方自治團體之義務，須立法規定，不出勞力者則納同等代價於自治機關[153]。

152.《國父全集》第 2 冊，頁 170，「地方自治開始實行法」。
153.同前註，頁 170-171。

3. 定地價——由於上述二項工作辦妥之後，地方必日趨繁榮，地價必定上漲，有土地者可能不勞心、不勞力，無思無維而坐享其利。孫中山認為這並不公平，故須先定地價，地主照價納稅（稅率可斟酌），但是地價可由地主自定，以地價的百分之一為地方自治經費。此後如公家收買土地，悉照此自定之地價，不得增減。土地之買賣，亦由公家經手，易言之，土地可以自由買賣，但不得私相授受。土地漲價，則歸地方公有。如此，則社會愈發達，地價愈增加，公家愈富有，大家努力的結果，可共享利益之成果。不公平的土地壟斷，和資本專制，乃可免除。社會革命及罷工風潮亦可消弭於無形。他特別強調：「此定價一事，實吾國生民根本之大計，無論地方自治或中央經營，皆不可不以此為著手之急務也[154]。」由此指示，吾人必須記取：關於土地問題，孫中山是主張不得私自買賣的！關於地價稅之徵收，他並未確定由地方或中央辦理，不過，如由地方辦理，則全縣應負擔以前對中央所納之「地丁錢糧」，所餘則悉歸地方自治之用。如由中央辦理，則除現收「地丁錢糧」之外，應撥八九成為地方之用，而以一二成歸中央[155]。

4. 修道路——孫中山認為「道路者，文明之母也，財富之脈也。」又說：「吾人欲由地方自治以圖文明進

154. 同前註，頁 172。
155. 同前註。

步，實業發達，非大修道路不為功。凡道路所經之地，則人口為之繁盛，地價為之增加，產業為之振興，社會為之活動。道路者實地方之文野貧富所由關也[156]。」他上李鴻章書中亦以「貨能暢其流」為「富強之大徑、治國之大本」的四事之一。交通為經濟建設之母，其重要性在此無須浪費筆墨解說。

在地方自治行政區之內，交通的規劃為地方自治機關之職責，他認為道路可分幹路和支路兩種：幹路應能同時往來四輛自動車（即汽車），一如今日的高速公路。支路則同時能往來通過兩輛自動車。他認為這些車道應縱橫遍布全境，並連接鄰境。建好之後，並應分段保養，不使稍有損壞。我認為他這種觀念可能受日本之影響，因為日本人就是這麼做的！他認為：「道路一通，則全境必立改舊觀，從此地方之進步，必有不可思議者矣[157]。」這句話是完全正確的，今日臺灣各縣境內交通，尚有待加強規劃和建設，我是覺得鄉間道路太狹窄了。

5. 墾荒地——對於「墾荒地」之遺言，孫中山有下列重要指示，所謂「荒地」有兩種，一種為無人納稅的荒地，當由公家收管開墾；一種為有人納稅而不耕之地。他認為這種廢耕地應課以重稅——以價百抽十。至開耕完竣之後為止，如三年後仍不開墾，則當充

103

公，由公家開墾。至若山林、沼澤、水利、鑛場，則悉為公有，由公家開發。開發後如何支配？他認為，能一年收成者，如植五穀、蔬菜之地，應租與私人自種；如數年或數十年乃能有收成者，如森林、果、茶等土地，則宜由公家管理。至於開荒之工事，則由義務勞力為之。他認為這樣做，數年之後，自治區域當可變為桃源樂土，錦繡山河[158]！

6. 設學校──受教育為自治區域之少年男女應享之權利，也是義務。在教育方面，孫中山認為「學費、書籍及學童之衣食，當由公家供給。由幼稚園而小學而中學，逐級而登，以至大學而後已。此外，應設公共講堂（演講廳）、書廳（圖書館）、夜校（夜補校或社區大學）為年長者求知場所。其經費來源，他認為可由人民一月的義務勞動而得。在自治境內長於農事者為公家墾荒；長於織造者為公家織布；長於建築者為公家造屋。他認為少年之衣、食、住皆可由人民之義務勞動而得到供應，不必一定要籌集款項，始能從事自治。生產機器可由輸出外國之糧食原料換取，則可增加生產，充裕財富。在教育方法方面，孫中山主張除讀書的智育而外，須注重雙手萬能，力求實用。訓練學生製造精良的生產機械，可助實業發達。只有辦好地方教育，地方自治才能進步。因為學校是文明

---

158. 同前註，頁 172-173。

進化之來源[159]。

　　以上六件事，是開始辦理地方自治，各縣所必須努力以赴的要務。這是 1920 年，孫中山對地方自治開始實行時，教導我們的要領。近年來社會變遷科技進步資訊發達已不同往昔。孫中山這些觀念，固可適用當時中國農業社會，但已不一定合於今日工商社會。因之，我想在此略為發抒個人看法：

　　首先，作者對於「修道路」的交通問題，認為孫中山之觀念尚可合用於今日臺灣。其他各項，在臺灣則早已改觀，如戶政問題，日治時期即已頗上軌道，自治機關問題，地方自治政府亦已建立執行與立法機關。地價問題，今日臺灣由政府訂定公告，且隨工商進步，數年調整一次，亦至為合理。吾人認為處今日臺灣社會宜考慮者有下列幾點——

　　1. 關於自治經費問題：各縣普遍感到捉襟見肘，這是由於中央與地方的「財政收支劃分法」不盡合理有以致之。地方建設事事須仰賴省政府及中央政府補助，在為民服務造福的效率上，已打了折扣；孫中山在當時提倡義務勞動之構想，處今日工商社會已行不通。所以地方教育經費，在義務教育階段（國小國中）雖不必繳學費，但仍收書籍費，至於衣、食、住，除軍警學校之外，則各級學校都無法做到由「公家供給」的理想。各縣鄉鎮圖書館亦並未普及設置。近年設立文化中心，空有建築尚無實質，這都是有待我們努力之

159.同前註，頁 173。

處。至於縣市地方政府想做其他社會福利事業，更不必提了。所以，當今地方自治之急務是設法充裕地方自治經費。

2. 關於土地徵收問題：民生主義並不否定人民「私有財產制」，公共設施需用土地，徵收私人所有之土地乃事所必需。惟如依孫中山當年主張，依自定（或今日的公告）地價徵收私人土地，顯然是不公平的。其主要癥結在於今日臺灣，並未禁止土地私自買賣，由於這一點未做到孫中山的主張，以致發生地價有兩種：一是「公告地價」，一是「實際市價」。政府徵收私人土地，如以「公告地價」徵收，等於損少數人以利多數人，這是非常不合社會正義的！依照常理，損多數人以救濟少數人，庶為正常，因為人人損失一點利益，即可幫助少數人解決問題，這是合乎道德的。如損失一人之利益而使多數人蒙受利益，國家對此一受損之人便有了虧欠！如果他的土地是多年勞力積蓄所得而購買，今因市地重劃而被劃為公共設施用地，他以「市價」買得的土地，竟然被政府以「公告地價」收買而去，試問這樣做對這位地主公平嗎？損他一人之利益給大眾全體享受，無論如何，是不合道德的。如官商勾結，假公益之名，徵收私人土地以飽建商與貪官私囊，則已是暴政。是以，吾人認為，在土地未禁止私人買賣之前，凡徵收私人土地以做公共設施用地，則土地補償費用，應有較公義之設計。

3. 關於荒地（廢耕土地）問題：當年孫中山主張私人納稅而不耕之地，當科以價百抽十之稅，至開耕完竣之後為止；如三年後仍不開墾，則當充公，由公家開墾。此一遺教亦已不合時代和不切實際。因為今日是工商業社會，農民子弟多被工商業吸收，在農業勞動力不足且老化的情況之下，農耕工資上漲，農民投資種田，可能收穫不抵支出，廢耕情形因之發生，這在臺灣已成事實。如地方政府依孫中山關於「墾荒地」之遺教，對廢耕土地課以重稅，這對農民而言不是反而成為殘酷的剝削嗎？又如三年不耕即充公，這算合於公義嗎？是以，吾人認為，此一時也，彼一時也，我們實行地方自治及民生主義土地政策或財稅政策時，應顧及實際狀況的演變，千萬不得膠柱鼓瑟，引喻失義，死守孫中山在百年前的教導，運用在今日工商社會的農民身上，以免違背孫中山原有地方自治及民生主義為民造福之根本精神和義理！

　　上述三點，乃是本人研究孫中山「地方自治」之實施所得到的感想。下面繼續探究孫中山實施地方自治的其他觀念。他認為六事如辦有成效，則地方自治團體，應辦理①農業合作、②工業合作、③交易合作、④銀行合作、⑤保險合作等事[160]。可知他很重視在地方辦理各種「合作事業」。

　　吾人認為所謂「合作」，應指滅絕任何公家或私人壟斷之意，任何事業，只要是資本壟斷，那就可能產生勞資糾紛

160.同前註，頁 173-174。

及貧富不均現象。貧富不均是社會革命之根源，孫中山革命目的之一即在打破人民經濟上的不平等，提倡均富，但不主張平頭的平等，仍保留個人努力所應得的報酬和利潤，所以，他提倡各種合作事業，當包括勞資之合作，資本之大眾化，公營與民營並行，做合理競爭之義理在焉。

此外，他認為對自治區域以外的運輸、交易，自治機關應設專局以經營[161]，這樣做可減少中間剝削的機會，而有益於地方農工生產民眾的福利。地方自治機關之職務大致如此。

但是，地方自治工作不能不顧及各地特殊環境及實際需要。所以，1916 年 8 月 24 日孫中山在寧波演講「地方自治為社會進步之基礎」時，就特別以①「振興實業」、②「講求水利」、③「整頓市政」[162]三事來勉勵該地人士。由此可知，實行地方自治，就工作事項而論，是應該因地制宜的。

第四項　地方自治的組織

在「地方自治開始實行法」中，孫中山指導我們所要做的第二件事，就是「立機關」，也就是建立「地方自治組織」之意，本項即專用來討論這個問題。當然，建立地方自治組織與地方自治人才是不可分的，而自治人才又不限於執行機關之人員，立法機關之議員也是自治人才，這些自治人才與地方人民之間是何種關係？人民用什麼方法來使這些自治人員為他們謀福利，這就屬於地方政府組織結構和民權行使的問題了。

161. 同前註，頁 174。
162. 《國父全集》第 2 冊，頁 368，「地方自治為社會進步之礎石」。

　　1916 年 7 月 17 日，孫中山在上海演講「自治制度為建設之礎石」時，曾舉 1913 年美國克利浮萊城（Cleveland, Ohio）的「最新之地方自治制度」，他說：這種制度「今已成效大著，謹為介紹國人[163]。」可見他很欣賞這種「最新之地方自治制度」。然則，這種制度的組織如何？他曾繪一圖以說明之[164]：

　　美國克利浮萊城的自治組織是這樣的：

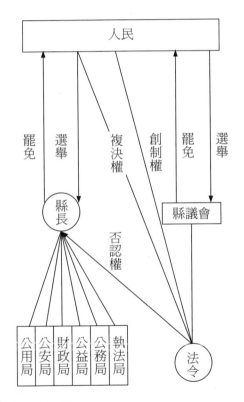

163.《國父全集》第 2 冊，頁 355。
164.本圖採自鄭彥棻：《憲法論叢》（臺北：東大圖書公司，1980 年 9 月）頁 24。《國父全集》第 2 冊，頁 354 之圖似有錯誤！在「人民」與「法令」之間缺漏一條表示「複決權」的連接線。

圖中最高者為人民，表示主權者是人民。其下分為兩個機關：一為縣議會，由人民選舉議員二十六人，以行使其立法權，縣議會所制定的法令，該城七十萬人共同遵守之（該城人口與臺灣的一個中型縣人口差不多）。一為縣長，也是由人民選舉。其職責是根據議會所制定的法令，支配縣政府之下的六個單位，執行縣自治行政。縣長支配的六個單位是：

1. 執法局──掌理依法逮捕人犯，及提起公訴等事。

2. 公務局──綜理庶務。

3. 公益局──掌理地方公益之不以利益收入為目的者（如道路、教育、收養、醫院等是）。

4. 財政局──掌理有關財稅收支的一切事宜。

5. 公安局──掌理警察及衛生等項業務。

6. 公用局──掌理地方公益事業之有利益收入者（如電車、電燈、煤氣、自來水公司等是）。

以上六個單位中的「公益局」、「公用局」職掌內容似乎特別多。當然，這些地方執行機關的設置，只能提供我們參考而已，我們並沒必要一定效法他們的作法。但是，在此特別要指出的是，孫中山雖然認為軍事外交應屬中央之職權，但他認為「每縣各得有國民軍」[165]，而美國警政亦屬地方職權，英國的警察權也在地方政府控制下[166]。孫中山所說的「國

---

165. 《國父全集》第 2 冊，頁 357。「自治制度為建設之礎石」。

166. Ian Budge, David Mckay, et al: *The New British Political System Government and Society in the 1980s* (London and New York: Longman Group Limited, 1983. Second impression 1984) p. 215. The police remained largely under local control.

民軍」，就是我們今日臺灣的「後備軍人」。吾人認為還鄉的各縣「後備軍人組織」及「警察權」應隸屬各縣政府指揮監督。後備軍人在戰時可回軍中，在平時應由地方政府重組為協助警察制服「黑道」的正義力量。

比較重要的是，我們要瞭解地方人民如何控制地方自治機關，使他們只為人民服務，而不致危害人民利益。依據孫中山之觀察，認為該城的自治制度，民權特別發達。以前人民對縣長及議員只有選舉權，今並有罷免權。以前議會所制定的法令，雖違反人民意志，人民並無法取消。甚至議員受資本家賄賂，將有益公眾之事，擱置不予討論，這都是非常危險的事。如今，則七十萬人中，如有七萬人（即公民人口的十分之一）贊成署名，可開國民大會（即縣民大會）。有三十五萬人以上之贊成，即可成為法律，這就是人民直接立法權的運用，亦即人民享有法令的創制權。反之，如議會制定違反人民意思的法令，人民亦可以同樣方法予以取消，這就是人民享有法令的複決權。至於縣長對議會的立法，則僅有否認權，所謂「否認權」也就是「複議權」，他可把他不同意的法令，交給議會複議，以更多數表決之。本來一般法令只須簡單多數（過半數）通過即可，但經縣長提出複議的法令，議會則須以三分之二或四分之三絕對多數表決通過，才能成為法律。孫中山認為，必須如此，而後可言「主權在民」[167]。美國北達科他州（North Dakota）憲法規定，州長對

167.《國父全集》第 2 冊，頁 355-356。

人民創制或複決通過之法案不得行使否決權，而且立法機關，也不得廢止或修改此等法案[168]。

在此，個人有一感想，目前臺灣各縣市長與縣市議員皆出自民選，但是議會制定之法令，不但人民沒有複決權，縣長也沒有覆議權（否認權）。議會不制定之法令，人民也沒有創制權。我們不能不承認：目前臺灣所實施的縣市地方自治，是代議政治，而不是「全民政治」。因為人民並未享有對法令的創制、複決權，亦即人民直接立法權。

關於實施直接民權的地方自治，孫中山說：「歐洲除瑞士外，無行此制者[169]。」瑞士各地方政府已實行直接民權制六十年（至今已一百六十餘年），其中央政府則始於 1891 年才實施，自此，瑞士人民對憲法也享有創制權。但 1874 年人民即享有對聯邦法律的複決權[170]。比地方政府較晚。至於美國已有一百多個城市採用複決權來表決市憲章的修正案，疆界之變更及地方政府形態的改變等[171]。不過，由於創複兩權之行使，手續複雜，且浪費不少時間和財力，所以 1918 年後，除西海岸三州及東部之麻州之外，已日趨衰微之中[172]。儘管如此，吾人認為，仍應訓練人民有行使創複兩權之能力，並制定創制複決法，以便人民需要時，有所遵循。何況，人民直

---

168. *The Encyclopedia Americana*, International edition, 1979 Vol. 23, p. 298.
169. 《國父全集》第 2 冊，頁 356。
170. Bryce, James. *Modern Demoracies* (New York: The Macmillan Company, 1921) Vol. I p. 374.
171. 陳春生：《孫中山政權思想研究》（臺北：五南出版社，1981 年 4 月）頁 229。
172. 涂懷瑩：〈六十年來各國實施創制複決的經驗與趨勢〉（載《憲政思潮》第 16 期）頁 4。

接立法制度，自德國威瑪憲法採用之後，又普及各國。如果人民在地方自治中不會使用此一制度，如何能在全國性法案中行使呢？又孫中山認為「欲行此制，先定規模，首立地方自治學校，各縣皆選人入學，一二年學成後，歸為地方任事。次定自治制度：一、調查人口；二、清理地畝；三、平治道路；四、廣興學校（亦即戶政、地政、交通、教育四項工作），而其他諸政，以次舉行。至自治已有成績，乃可行直接民權之制矣[173]。」

關於地方自治組織人力的問題，吳相湘教授在 1980 年 1 月 26 日的中國時報有一篇專論，題目是：「從定縣經驗談臺灣基層建設」，此文提到「中華平民教育促進會創始人——晏陽初博士，於 1929 年秋在河北省定縣，全面使用「三種方式」——學校、社會、家庭推行「四種教育」——文藝、生計、衛生、公民教育，相互連貫，分工合作。1932 年全國內政會議決議採取其經驗制定法令。1936 年湖南衡山、四川新津等縣仿效定縣的經驗辦理地方自治基層建設，也迅見成效。1954 年晏博士且將此經驗推行於菲律賓、泰國以及中南美與非洲若干國家，績效顯著。當時西德荷蘭諸國且自動派人到菲律賓訪晏陽初博士，願捐助鉅款擴大推行。吳相湘教授認為今日全球約有三分之二人民完全生活於貧窮、疾病、愚魯、散漫狀態，容易遭受國家野心家煽動。故定縣經驗所提示的使用「三種方式」推行「四種教育」，的確是醫治全球多數

173.《國父全集》第 2 冊，頁 357-358，「自治制度為建設之礎石」。

人愚弱貧苦無組織諸病的良藥。他也認為：「孫中山以縣為自治單位，而一縣是若干大小鄉鎮的聚合。故基層建設實即『縣』與『鄉鎮』的建設。」而「定縣推行縣政鄉鎮建設經驗有一重大啓示，即行政人員與學術人員相互結合。如清華大學、燕京大學、金陵大學、協和醫院、河北省立醫學院等著名教授都參加定縣工作。各有關學系三四年級也必須在定縣工作若干時間才完成學業，故中國縣政建設一向最感缺乏的『人才』問題得以解決[174]。」我認為這種作法，正好合乎孫中山提倡「實用教育」，訓練學生「手腦並用」的教育主旨。不過孫中山主張在每縣所設立的地方自治學校，培養出來的青年，可能只是基層工作人員，何況今日臺灣根本未有這類學校。而定縣經驗，則借重專家──大學教授及學生們。這一點似乎可做為孫中山地方自治理論的補充。因為地方自治所需的人才，種類既多，亦必須具有相當高的知識水準，地方可能無法供應這批人才，諸如測量、土木、建築、都市計劃、財稅會計、社會工作、文化工作、教師、醫師、行政管理……等等人才，高中、高職程度是不夠的，所以，我們應該提倡「人才下鄉」，「知識青年回鄉參加地方建設」的行動。

　　定縣經驗的方法是：在進行縣政建設之前，先舉行社會調查，瞭解地方實況。在縣政府則特設「縣政委員會」，不必多花錢，使各縣都能獲得學術專家的幫助，同時為各種專

174.吳相湘：〈從定縣經驗談臺灣基層建設〉（載 1980 年 1 月 26 日中國時報第二版）。

門大學的學術專家，開闢一條實地找尋問題帶領學生來研究的道路，這是行政與學術研究的創舉。委員會共十一名委員，除縣長及各科長外，其餘聘請各大學專家擔任，是名譽職，參加委員會提供計劃，給與學識技術上的幫助。吳教授認為：各縣縣政委員會委員名額可酌量增加，一方面延聘在國內各大專的各本縣籍專家（如本縣無此項專家，則外縣籍亦歡迎）。酌送交通費，經常按時開會，不致妨害課務，而有益地方。另外延聘若干海外本縣籍專家在每年寒暑假回鄉參加縣政委員會。平常如有特殊問題，可通信商討。所需經費應由省政府呈行政院自每年國建會經費中移用一部分。這種「縣政委員會」是縣政府內部組織，不過是行政人才與學術人才互相結合。對本縣建設作設計、定案、擬預算等工作，然後送縣議會審議實行。作者看到吳教授此文，至感興奮，因個人思考國政問題時亦曾認為在各部會設置「顧問委員會」聘請大學教授或專家參與國家建設規劃工作，以便行政與學術結合，是一條絕佳途徑，但是今日我們的顧問名位恐怕有名無實吧！

此外，吳教授亦認為：「定縣經驗最重要的是：農村建設的實際工作，才是縣政建設的真實內容。……當時定縣在縣政委員會之下，特設農村建設輔導員六人至十二人（按鄉鎮大小），他們除隨時傳遞縣政府的政策政令，以督促訓練農村工作人員外，最主要的在不斷的接受縣政委員會的學術訓練，循環傳遞轉遞訓練農村建設技術人員。如是上下相遞，有師生傳習的關係，容易發生上下一心首尾相應的作用。」

同時，定縣又設立各「鄉鎮建設委員會」，也是秉行政與學術相結合的原則。在這一「鄉鎮建設委員會」下，復設各鄉鎮「公民服務團」。兩者關係恰如人身的手腦與手足。既有切實穩健的頭腦的委員會，又有健全力行的服務團。鼓勵地方居民熱心自動參加自己能力（出力或出錢）所能做的地方工作。吳教授認為：這樣，公民服務團就是最根本最緊要最富有生命的細胞。真正是培養民力、組織民力、應用民力以從事基層建設。

　　而吾人亦覺得此一作法，與孫中山主張以「縣」為地方自治單位；以「鄉、鎮、城（今日臺灣的縣轄市）」為地方自治團體的理念，也至為切合。孫中山在三民主義「自序」中，曾言：他的三民主義演講，「既無暇晷以預備，又無書籍為參考，只於登壇之後，隨意發言，較之前稿，遺忘實多。雖於付梓之先，復加刪補；然於本題之精義與敘論之條理及印證之事實，都覺遠不如前。尚望同志讀者，本此基礎，觸類引伸，匡補闕遺，更正條理，使成為一完善之書[175]。」關於地方自治的重要文獻，最主要者為 1916 年的「自治制度為建設之礎石」一篇演講，1924 年的「建國大綱」及 1920 年的〈地方自治開始實行法〉一文，資料有限。而孫中山雖是一位手不釋卷的好學者，然亦為奔走革命的運動型思想家，他建立民國的藍圖，深望大家「觸類引伸，匡補闕遺，更正條理」，對地方自治理論的建構，當亦不例外。是以，吾人認

175.《國父全集》第 1 冊，頁 1，「三民主義自序」。

為吳相湘教授所介紹的晏陽初博士在河北省定縣所實驗的基層建設經驗，應可做為孫中山地方自治實施要領之重要參考。何況 1932 年，國民政府全國內政會議，也曾決議採取此經驗制定法令，這已顯示晏陽初博士的實驗有其可貴價值。我們何不在臺灣地方自治上繼續努力呢？

　　總之，地方自治的實行，除了「人才」之外就是組織「機關」，所以，孫中山說：「欲使民意易於發現，非有良善之機關不可[176]。」而他介紹美國俄亥俄州克利浮萊城的自治機關給我們，並認為是「最好之民權制度」[177]、「最新自治制度」[178]。倘然，我們再參酌晏陽初博士的「定縣經驗」，使地方自治行政人才與學術人才相結合，以便切實做好地方基層建設，則吾人深信中華民國地方自治事業，將會大放異彩，光照寰宇！

第五節　政黨政治理論

　　探討孫中山的政府思想，而不提到「政黨政治」及「文官制度」，便無法窺知孫中山政府論的全貌。蓋前面四節之中，第一、二兩節所分析的「權能區分」及「五權分立」理論，係屬於中央政府的組織結構方面的，「權能區分」著重於人民與政府關係（也就是民主與效能）的探討；「五權分立」著重於中央政府（治權──或管理權）橫面的職權分工，

176.《國父全集》第 2 冊，頁 356。
177.同前註。
178.同前註。

也就是如何建立一個廉能精英的中央政府職權分配問題之研究。至若第三、四兩節所分析的「均權主義」及「地方自治」理論，則為中央政府與地方政府的縱面關係理論，及地方政府制度之理論。換句話說，第一、二節是從政府組織觀點看孫中山的政府論；第三、四節是從政府職權觀點看孫中山的政府論。

現在，第五節及下一節可以說是從政府人事觀點看孫中山的政府論。可是，許多學者忽略了人事問題。事實上，政府組織結構及其職權功能是需要人來運作的，研究孫中山政府思想而忽略了人事問題的探究，好像只研究一個有機體的軀殼，而忘了研究它的靈魂生態一樣；也好像研究一架機器，知道這架機器的各部門構造和它的作用，卻不知道應該由怎麼樣的人才或技術專家來操作一樣，那就太危險了！自然也就不能算是對這個有機體或機器，有充分的理解和認識。我個人思考過孫中山政府論的問題好久，深切感到關於「政黨政治」及「文官制度」理論的探討，對孫中山政府思想的研究，至為重要！本節，先行分析孫中山的政黨政治理論；下一節再接著分析孫中山的文官制度理論。

關於孫中山的政黨政治理論，個人曾做過深入的研究，而出版《國父政黨思想研究》一書。本節擬把最重要的幾個觀念，試作剖析。茲分下列三項說明之：（一）政黨政治的必要；（二）政黨政治的競爭；（三）政黨政治的制度。

第一項　政黨政治的必要

孫中山在民權主義第六講中曾經說過：「現在的政治家和法律學者，都以政府為機器，以法律為工具。此刻的民權時代，是以人民為動力，從前的君權時代，是以皇帝為動力，全國的動作，是發源於皇帝[179]。」在君權時代，政治以皇帝為動力，所以不必要有政黨；但是，在民權時代，非有政黨不可。何以故呢？

在 1912 年 8 月 13 日的「國民黨宣言」中有一段話：「今夫國家之所以成立，蓋不外乎國民之合成心力。其統治國家之權力，與夫左右此統治權力之人，亦恒存乎國民合成心力之主宰而綱維之。誠以共和立憲國者，法律上國家之主權在國民全體，事實上統治國家之機關，均由國民之意思構成之，國民為國家之主人翁，固不得不起而負此維持國家之責，間接以維持國民自身之安寧幸福也。惟是國民合成心力之作用，非必能使國民人人皆直接發動之者。同此圓頂方趾之類，其思想知識能力不能一一相等，是故有優秀特出者焉，有尋常一般者焉。而優秀特出者，視尋常一般者恒為少數。雖在共和立憲國，其直接發動其合成心力之作用，而實際左右其統治權力者，亦恒在優秀特出之少數國民。在法律上，則由此少數優秀特出者，組織為議會與政府，以代表全部之國民。在事實上，則由此少數優秀特出者集合為政黨，以領導全部之國民。而法律之議會與政府乃不過藉法律，俾其意思與行

179.《國父全集》第 1 冊，頁 141。

為，為正式有效之器械，其真能發縱指示為議會或政府之腦海者，則仍為事實上之政黨也[180]。」然則，何以這些「少數優秀而特出者」會出而組織政黨呢？因為在民主政治制度之下，參加競選的候選人必須獲得足以當選的票數，始能成為組織議會與政府的人員。凡熱心公務或有政治興趣者，必聯絡志同道合之士，使政見相同的人當選，以左右統治權力，實行自己的政見，這也就是政黨所以產生之原因。

美國康奈爾大學教授羅斯特（Clinton Rossiter）說：「政黨與民主政治間的關係，是無法劃分的，正如我們所知的事實，民主政治澎湃的浪潮，賦予政黨以生命；而政黨又是民主政治發展過程中的先驅，是以在美國，政黨與民主政治孰先孰後，頗難確定[181]。」鄧公玄先生也說：「政黨是近代民主政治的附帶產物，同時也是近代民主政治的重要條件，兩者原是孿生的弟兄，相依而生，相輔而成，不能偏廢[182]。」這兩位中西學者，對政黨的看法頗為相似。誠然，一個民主國家的政府，想為人民解決公共的難題，或為人民謀取福利，沒有政黨來做為政府與人民之間的橋樑是不行的。孫中山雖然批評代議政治，但並不否定其存在的價值，可見政黨政治在民權時代實不可少。英國學者浦萊斯（James Bryce）亦認為「像美國、法國、英國，那樣人口眾多的國家，如果沒有政

180.《國父全集》第 1 冊，頁 793。

181.Rossiter, Clinton. *Parties and Politics in America* (New York: Cornell University press, 1960) p. 60.

182.鄧公玄：「政黨政治的要素與形態」（載於「政黨政治論集」，臺北：中華文化出版事業委員會，1956 年 10 月）頁 65。

黨的組織，如何能喚起公論，並教育和指導他們，而使之達成特定之目的呢[183]？」何況中國有十億人口，臺灣也有二千三百萬人口。是以，中外政治學者莫不公認，政黨是民主政治不可缺的要素，民主政治既是公意政治，也是政黨政治。

孫中山在 1912 年 9 月 15 日演講「政黨之目的在鞏固國家安寧社會」時說：「民國初建，應辦之事甚多，如欲積極進行，不能不賴政黨。政黨者，所以鞏固國家，即所以代表人民心理，能使國家鞏固，社會安寧，始能達成政黨之用意[184]。」1913 年 3 月 13 日在日本神戶演講：「黨爭乃代流血之爭」時說：「民主之國有政黨，則能保持民權自由，一致而無亂；君主之國有政黨，亦能保持國家秩序，監察政府之舉動。若無政黨，則民權不能發達，不能維持國家，亦不能謀人民之幸福，民受其毒，國受其害。是故無政黨之國，國家有腐敗，民權有失敗之患[185]。」又說：「有政黨，則可以一致不亂，無政黨則積滯難行。各政黨之中，若逢政策與自己黨見不合之事，可以質問，可以發揮黨見。逐日改革，則無積滯，無積滯即無變亂之禍患。變亂云者有大小。大則流血革命，小則妨礙治安。是故立憲之國，時有黨爭，爭之以公理法律，是為文明之爭，圖國事進步之爭也。若無黨爭，勢必積成亂，逼為無規則之行為耳[186]。」1913 年 3 月 15 日在日本橫濱演

183.Bryce, James. *Modern Democracies* (New York: The Macmillan Company, 1921) Vol. I p. 119.
184.《國父全集》第 2 冊，頁 274。
185.《國父全集》第 2 冊，頁 340。
186.同前註，頁 342。

講：「政黨與政府之重要關係」時說：「夫國家之成立，必賴乎政治，而民國之政治，若普問於國民之可否，豈不是行極繁之手續？故欲簡而捷，必賴政黨。今與二三政黨商量妥協，而國之政治即舉[187]。」

以上列舉孫中山言論，可以證明他對政黨政治的重視。其實，政黨的出現，也只有一百多年的歷史，以英國而論，在 1832 年大改革之後，才開始有現代化的政黨，美國也是在 1830 年代，政黨才開始發展地方性的組織，法國則在 1848 年革命以後，一些在政壇上比較活躍的朋黨，才逐漸轉變為有群眾基礎的現代化政黨，而亞洲第一個移植西洋政治制度的國家——日本，亦遲至 1867 年明治維新以後，甚至第一次世界大戰時，才有現代意義的政黨發生[188]。從這些民主國家的政治發展史看來，政黨政治確實與民主政治不可分。美國布克萊加州大學政治學教授里普遜（Leslie Lipson）認為：「政黨之作用在主持政府向人民負責（執政時）和代表人民批評政府（在野時）[189]。」又說：「政黨是民主制度的橋樑，把社會和國家連接起來」，「政黨是政治的核心和中堅」[190]。芝加哥大學教授紐曼（Sigmund Neumann）認為：「民主政黨要能完成組織混亂的公共意志和教育私人性質的市民，使其履行政治義務的這兩個先決功能之後，才能負責扮演連結政府與公

187. 《國父全集》第 2 冊，頁 344。

188. Joseph Lapalombara and Myron Weiner (eds.), *Political Parties and Political Development* (New Jersey: Princeton University press, 1966) p. 6.

189. Lipson, Leslie. *The Democratic Civilization*. (New York: Oxford University press, 1964) p. 306 "The parties contribute responsibility to the public and criticism on behalf of the public".

190. Ibid., p. 309.

意之角色的第三個責任，因為民主政治是從基層建築起來的金字塔（Pyramid），在民主政治的雙行道上，領導者與群眾之間的連接物乃成為一件必需品，而第四功能才是選擇領袖[191]。」他的見解實令人欽佩！

吾人研究孫中山的政黨政治理論，覺得與今世中外政治學者之看法相當接近。是以，政黨既為近代人類社會之產物，其發生係基於人類對民主政治之要求，而孫中山革命建國目標，亦係以民主共和為理想。是則，凡是懷抱淑世精神而有志從政者，必須經由政黨途徑，參與自由選舉，憑著高明的政見，取得人民的選票支持，然後去施展你的抱負；斷不可存有古中國社會升官發財心理，尤不得以非法或暴力手段，造成社會動亂不安！

總之，政黨政治在民主社會有其客觀上的必要性。從國家目標而言，要實行民權主義，就必須有政黨，當今各民主國家莫不有政黨，沒有政黨，民權不能發達。在正常情況下，人民透過民主政黨間的和平選舉，伸張民權，參與國政。不過，在共產主義及法西斯主義國家，雖有政黨，但因人民並無自由選舉的實質，故民權不能發達。此外，從政治理論而言，要使國家政治運行順利，更不可沒有政黨，因為政治之推動必賴「中心勢力」，這個「中心勢力」就是政黨，否則「人人要管」國事既屬不可能，「人人不管」國事，亦甚危險[192]！

[191.]Neumann, Sigmund (eds.) *Modern Political Parties* (Chicago: The University of Chicago press 1956) p. 397.

[192.]陳春生：《國父政黨思想研究》（臺北：再興出版社，1978 年 4 月）頁 70。

第二項　政黨政治的競爭

　　政黨政治既然是民主政治的必要條件，然則，孫中山對政黨政治之運作，有何看法呢？1913 年 3 月 1 日在日本東京演講：「政黨之要義在為國家造幸福為人民謀樂利」時說：「黨之用意，彼此助政治之發達，兩黨互為進退，得國民贊成多數者為在位黨，起而掌握政治之權。國民贊成少數者為在野黨，居於監督之地位，研究政治之適當與否。凡一黨秉政，不能事事皆臻完善，必有在野黨從旁觀察以監督其舉動，可以隨時指明。國民見在位黨之政策不利於國家，必思有以改絃更張，因而贊成在野黨之政策者必居多數。在野黨得多數國民之信仰，即可起而代握政權，變而為在位黨。蓋一黨之精神才力，必有缺乏之時；而世界狀態，變遷無常，不能以一種政策永久不變，必須兩黨在位在野互相替代，國家之政治方能日有進步[193]。」這一段話，告訴我們國家重大政策的制定過程，必須得到國家多數人的「自願同意」（greenly given consent），政策執行過程，尤須不能有所偏差，否則於在野黨監督之下，即可能受到指責，民眾在下次選舉就不會再支持執政黨了。國家政治，在政黨彼此競爭為國家利益和人民福利打算和服務的情況下，必然進步神速！所以，在 1913 年 5 月 20 日的「國民月刊出世辭」中，孫中山勉勵國民黨人說：「今吾黨既以鞏固中華民國、圖謀民生幸福為務，則所欲鞏固者與圖謀者皆永遠之業，非一時之事也。外瞻世

---

[193]《國父全集》第 2 冊，頁 334。

界之大勢，內察本國之利弊，以日新又新之精神，圖民生之幸福，吾黨而永遠以公理為目的，則自得國民永遠之贊同；非然者，雖今日成功，後日亦必失敗[194]。」可知，如果執政黨只為黨的私利打算，而不顧全民幸福著想，則不可能長期獲得執政的機會。孫中山這種觀念，恰與美國布克萊加州大學政治學教授里普遜（Leslie Lipson）所言：「一個為少數人利益服務的政黨，不可能贏得多數人的支持[195]。」完全一致！

　　不過，孫中山與里普遜教授的觀念，是就正常的「政黨政治」而言。在「一黨專政」國家，就不一定適用了。因為「一黨專政」的國家，不容許其他政黨存在，而由自己獨佔政權。誠如陳茹玄先生所言：「他們杜絕其他政黨公平競爭的機會，則政策已無可觀摩，選民亦無可選擇，一枝獨秀，舉國群空，政黨政治誕生的條件早就消滅，又何從談起呢？所以極權國家如蘇俄各國的共產黨，是以暴力攘奪政權的集團，而不是以政治主張來號召選民的政黨，不能與自由世界的政黨相提並論[196]。」共產黨如影隨形控制政府及社會機構，各級政府部門都有同等級的共產黨組織。事實上，政府中的某些重要職位只許由共產黨員擔任，所以，共產黨是「政府中的政府」（The government of the government），行政、立法、司法機關都有黨的組織，政府的所作所為正是黨的領袖

194.《國父全集》第 4 冊，頁 1416。

195.Lipson, Leslie op. cit., p. 330 "A party devoted to a minority interest could not win majorities"

196.陳茹玄：〈論兩黨政治〉（載《政黨政治論集》，臺北：中華文化出版事業委員會，1956 年 10 月）頁 20。

所要做的。共產黨在國家中是大腦與神經系統[197]。誰想佔據此一領袖地位，則必須經過一番或明或暗的鬥爭，鬥來鬥去都是共產黨執政。這種獨黨政治，並不是真正的政黨政治。關於前蘇聯共產黨與蘇維埃政府的關係，美國俄亥俄州立大學甄克教授（Harold Zink）所著：《現代各國政府》（*Modern Government*）一書有一圖示，讀者可以參閱[198]。

　　但是，在真正實行政黨政治的民主國家，無論是行總統制或內閣制，政黨數目起碼必須兩個以上，定期透過自由選舉的競爭，以產生行政首長及國會議員。各黨提出的候選人以各該黨的政見，訴諸選民，進行論辯，由選民來決定取捨。內閣制國家，其議員當選席次多的黨，便起而執政，像日本或英國，定期選舉勝利的黨，不但掌握立法機關（議會），也組織行政機關（內閣），執政黨的黨揆則自然被國王任命為首相，而反對黨則站在監督政府的地位。哈費（J. Harvey）所著：《英國如何統治》（*How Britain is Governed*）一書有一個圖[199]很可以說明他們的「政黨政治」的特質，茲附如下：（圖中 MP 即是國會議員 member of parliament）。

---

197. Ranney, Austin. *The Government of Men* (Taiwan press, August, 1958) p. 337.
198. Zink, Harold. *Modern Government* (Taiwan press, February 1958) p. 572.
199. Harvey, J., *How Britain is governed* (third edition) (Macmillan Education LTD, 1983. Reprinted 1985) p. 58.

HOW BRITAIN IS GOVERNED

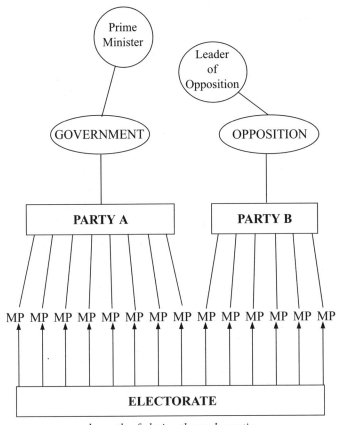

the path of choice through parties

　　1923 年 2 月 20 日，孫中山在香港大學演講「革命思想之產生」時說：「中國對於世界他處之良好事物皆可模仿，而最要之先著，厥為改變政府。現社會中最有力之物，即為組織一良好之政府。中國則並無良政府，數百年來祇有敗壞一切之惡政府。黨人今仍為求良政治而奮鬥，一俟達此目的，中國人民即將滿足而安居。吾人必須以英國為模範，以英國

式之良政治傳播於中國全國[200]。」這裡所謂「英國式之良政治」究係何所指？吾人研究結果，認為並非指英國「內閣制」政府制度，更非指英國「君主制度」，而是指上圖所示的「政黨政治」。

或有人以為孫中山在袁世凱稱帝，國民黨於 1914 年 6 月，在日本重組「中華革命黨」進行二次革命之後，即不再主張「政黨政治」了。所以建國成功之後，也應由國民黨執政，不必實行「政黨政治」。甚至有人舉 1924 年 1 月 20 日，孫中山在廣州中國國民黨第一次全國代表大會演講：「組織國民政府案之說明」中的一句話：「現尚有一事，可為我模範，即俄國完全以黨治國，比英美法之政黨，握權更進一步[201]。」而「註」明說：「可知總理此時已主張一黨專政[202]。」但卻未引下一句話：「我們現在並無國可治，祇可說以黨建國。待國建好，再去治他。當俄國革命時，用獨裁政治，諸事均一切不顧，只求革命成功[203]。」可知孫中山當時主張以俄國為模範，並不是為了實施「一黨專政」，而是「要把國民黨再來組成一個有力量有具體的政黨。」再「用政黨的力量去改造國家[204]。」他說要以俄國為模範這句話時，是革命尚未成功的時候，中國還在各軍閥的割據統治下，自然不可能實行「政黨政治」。1923 年 12 月 9 日，孫中山在廣州大本營對黨員演

200. 《國父全集》第 2 冊，頁 515-517。
201. 《國父全集》第 2 冊，頁 619。
202. 中央文物供應社編：《國父遺教類編》（中央文物供應社發行，1979 年 2 月四版）頁 207。
203. 同註 201。
204. 《國父全集》第 2 冊，頁 614，「革命成功在乎革命黨員有團體」。

講「黨員應協同軍隊來奮鬥」時，早就明言：「吾黨此次改組，乃以蘇俄為模範，企圖根本的革命成功，改用黨員協同軍隊來奮鬥[205]。」足見 1924 年的國民黨改組，是為革命成功而以俄國為模範，這只是一種革命的手段。但革命成功以後呢？1924 年 4 月 13 日，建國大綱第二十五條明定：「憲法頒布之日，即為憲政告成之時，而全國國民則依憲法行全國大選舉。國民政府則於選舉完畢之後三個月解職，而授政於民選之政府，是為建國之大功告成[206]。」

　　然則，「大選舉」是否由國民黨一黨獨選？繼續學俄國共黨的「一黨專政」？是又不然！他力求革命徹底成功，實乃嚮往「民主共和」之理想，而有感於在軍閥、官僚淫威下，「中華民國」這招牌已名存實亡，才毅然要以黨之力量配合軍事力量來掃除軍閥、官僚等革命之障礙。此一覺悟可說受到 1922 年 6 月 16 日凌晨三時陳炯明叛變的影響！所以才改組國民黨，並在 1924 年 6 月 16 日正式成立「國民黨之黃埔軍校」，以期用黨軍把革命進行到底。在此，我可以引證一些資料，來說明孫中山在革命成功之後絕不要「一黨專政」，而要實行三民主義「民主政治」。

　　1. 1916 年 9 月 30 日演講：「心堅則不畏大敵」時說：

　　　　「吾人自計平生功業，其可指數者，無大於建立此共和制。此共和一日存，在吾人一日為有不朽之業，一

---

205. 《國父全集》第 2 冊，頁 578。
206. 《國父全集》第 1 冊，頁 753。

日傾覆，則吾輩真為一無所就矣[207]！」

2. 1921 年 7 月演講「五權憲法」時說：「在南京訂出來的民國約法裡頭，只有『中華民國主權屬於國民全體』的那一條，是兄弟所主張的，其餘都不是兄弟的意思，兄弟不負那個責任[208]。」

3. 1923 年 1 月 26 日「為中俄關係與越飛聯合宣言」中，第一項「孫逸仙博士以為共產組織，甚至蘇維埃制度，事實上均不能引用於中國，因中國並無可使此項共產主義或蘇維埃制度實施成功之情形存在之故。此項見解，越飛君完全同感[209]……」

4. 1923 年 1 月 29 日「中國革命史」文中明言：「中國歷史上之革命，其混亂時間所以延長者，皆由人各欲帝制自為，遂相爭相奪而不已。行民主之制，則爭端自絕。……故余之民權主義，第一決定者為民主，而第二之決定則為民主專制必不可行，必立憲然後可以圖治[210]。」

5. 1924 年 1 月 31 日「中國國民黨第一次全國代表大會宣言」，關於「國民黨之主義」中明言：「近世各國所謂民權制度，往往為資產階級所專有，適成為壓迫平民之工具。若國民黨之民權主義，則為一般平民所共有，非少數者所得而私也[211]。」關於「國民黨之政綱」

207. 《國父全集》第 2 冊，頁 372。
208. 《國父全集》第 2 冊，頁 425。
209. 《國父全集》第 1 冊，頁 865。
210. 《國父全集》第 2 冊，頁 182。
211. 《國父全集》第 1 冊，頁 882。

的「對內政策」，第（四）項：實行普通選舉制，廢除以資產為標準之階級選舉。第（六）項：確定人民有集會、結社、言論、出版、居住、信仰之完全自由權[212]。」

6. 1924 年 11 月 23 日，在「上海丸」輪船上接受長崎日本新聞記者談話：「記者問：外國宣傳廣東政府同俄國親善，將來中國制度，有改變沒有呢？」「先生答：中國革命的目的，和俄國相同；俄國革命的目的，也是和中國相同。中國同俄國革命，都是走一條路。所以中國同俄國不只是親善，照革命的關係，實在是一家。至於說到國家制度，中國有中國的制度，俄國有俄國的制度。因為中國同俄國的國情，彼此向來不相同，所以制度也不能相同。」「記者問：中國將來的制度是怎麼樣呢？」「先生答：中國將來是三民主義和五權憲法的制度，可惜日本人還沒有留心[213]。」

現在，且來研究這些資料的真義：上列第①點，說明孫中山平生革命功業，目標在建立「共和」政體，也就是說不要「君主」政體，不要保留皇帝制度。所以第②點，他強調「中華民國主權屬於國民全體」，這就是反對「君主主權」論，而提倡「國民主權」（主權在民）學說。第④點，證明民權主義之重心是「民主」，也就是呼應第①點的「共

---

212. 《國父全集》第 1 冊，頁 886。
213. 《國父全集》第 2 冊，頁 872-873。

和」，所以民權主義之實質，乃在於建立「民主共和國」。他還特別強調：「民主專制」必不可行。

然則，何謂「民主專制」？吾人認為這是與「君主專制」相對待之名詞，也就是表面上雖沒有「君主」皇帝，雖實施「共和」政體，但實質上卻是不折不扣的「專制」行徑。何以實施沒有「君主」的「共和」政體，也會產生「專制」政治呢？很明顯的，這是因為實行「一黨專政」之結果。如實行「政黨政治」，有兩個以上的政黨自由競爭，讓選民決定執政者，就不可能有專制政治發生。所以說民主政治就是政黨政治。像前蘇聯、中國，都沒有皇帝，也都有憲法，但他們由共產黨「一黨專政」，不允許其他政黨存在與之公平競爭，人民沒有第⑤點所說的言論、出版、集會、結社的「完全自由權」。因此，第③點與越飛聯合宣言，才明白表示：共產組織，甚至蘇維埃制度均不能引用於中國。換言之，孫中山想學俄國革命的方法，推翻君主專制政府，消滅軍閥統治，卻揚棄他們的「無產階級」共產黨「一黨專政」制度。當然也不主張法西斯主義的「一黨專政」；對西洋民主國家限制納多少稅的資產階級，才享有選舉權的作法，也不敢苟同，而主張廢除「階級選舉」（不論是資產階級或無產階級），實行「普通選舉」制，建立民主共和新國家。

既然主張「普通選舉」制，則任何不同政見的人，只要擁護「民主共和」的政體，不主張恢復帝制和暴力專制，大家都可組織政黨或政治團體參與自由選舉。所以，在 1925 年 2 月 10 日（當時孫中山已於 1924 年 11 月 4 日離粵，經上海

假道日本北上。）的「中國國民黨反對善後會議制定國民會議組織法宣言」中，說：「顧欲求國民會議之完全實現，必備下列條件：（一）構成分子須如本黨總理宣言所列，現代實業團體、商會、教育會、大學、各省學生聯合會、農會、工會、各軍（反對曹錕、吳佩孚的各軍）、各政黨，然後國民會議始得名稱其實。（二）選舉方法務求普遍，形式務求公開，予選舉人以充分之選舉自由，嚴禁一切包攬把持營私和舞弊等事。（三）會議之際，務求國民意思得充分表現，無論何種勢力均不得有干涉會議之嫌疑[214]。」這不是充分的表明：國民黨的政治主張是「全民政治」而不是「階級政治」嗎？不是充分表明：國民黨反對任何勢力的操縱嗎？但是「一黨專政」恰是反其道而行的政治制度！國民黨人怎能說，1924 年起，孫中山「已主張一黨專政」這種違背孫中山政治思想真精神的語言呢？

或許，有人以為 1920 年 5 月 16 日，孫中山在上海演講「要造成真中華民國」時說：「現在的中華民國，只是一塊假招牌。以後應再有一番大革命，才能夠做成真中華民國。但是我們以為無論何時，革命軍起了，革命黨總萬不可消，必將反對黨完全消滅，使全國的人都化為革命黨，然後始有真中華民國。真中華民國，由何發生？就是要以革命黨為根本，根本永遠存在，才能希望無窮的發展[215]。」我們不能忘記孫中山說這話，也是在革命尚未成功時說的。而其中所言「必

214. 《國父全集》第 1 冊，頁 927。
215. 《國父全集》第 2 冊，頁 387。

將反對黨完全消滅」，其實是指「反革命黨」，如主張復辟的、恢復君主政體的一派人，而不是「政黨政治」意義上的「反對黨」（Loyal Opposition）。因為他們這一派人及軍閥、官僚、政客，是反對革命勢力，是建設三民主義「民主共和國」的障礙，當然是孫中山所要革命消滅的對象。而所謂「使全國的人都化為革命黨」係指「要本黨的主義實行，全國人都遵守本黨主義，中國然後才可以治。簡而言之，以黨治國，並不是用本黨的黨員治國，是用本黨的主義治國，諸君要辨別得很清楚[216]！」這不正是反對「一黨專政」嗎？

民權主義是沒有「一黨專政」思想的。如果誤以為必須使全國的人都入革命黨或國民黨，那就如薩孟武教授之名言：「倘令一個政黨能夠容納全部國民，則黨籍與國籍無異，黨員與國民無異，名為政黨，實則非黨[217]。」是以，吾人認為，革命時代的革命黨以及憲政時代的國民黨，都為了建立真「中華民國」而存在的。倘然，憲法公布後，還拒絕「政黨政治」的和平競爭，五權分立制度的精神，也可能被破壞無遺，那就失去了孫中山革命要實行三民主義五權憲法的本義，可能反而成為被革命的對象了。是以，1924 年 3 月 2 日，孫中山在「通告黨員釋本黨改組容共意義書」中說：「顧有好造謠生事者，謂本黨改組後，已變為共產黨；此種讕言，非出諸敵人破壞之行為，即屬於毫無意義之疑慮。欲明真相，則本

216.《國父全集》第 2 冊，頁 538-539。

217.薩孟武：《政治學》（臺北：三民書局，1983 年 1 月增訂初版一刷）頁 501-502。

黨之宣言政綱具在，覆按可知。故為上說者，不特不知本黨之主義，並未識本黨之歷史，亦徒見其謬妄而已[218]。」然則，三民主義的精神如何？「就是要建設一個極和平、極自由、極平等的國家，不但在政治上要謀民權的平等，而且在社會上要謀經濟的平等[219]。」

　　吾人上述申論，無非為了證明孫中山政治思想中，有關「政黨」方面的觀念並沒有「一黨專政」的思想，我們斷不可把手段當成目的！這是非常重要的一點。所以，不憚其煩，深入引證申論之。

　　然則，「政黨政治」如何進行呢？在建國成功之後，人民得到充分的民權自由，孫中山對政黨政治的運作，也有許多想法。首先，我們回憶前面討論「權能區分」與「五權分立」理論時，知道孫中山對政府組織的構想，是要在中央政府之上設置一個代表人民行使中央統治權（即政權）的國民大會，國民代表由每縣選出。中央政府則分為行政、立法、司法、考試、監察五院。其中，立法院的「代議士」也是由各縣人民選舉；行政院則由每縣人民投票選舉總統之後，由總統組織之。其他司法、考試、監察三院皆為官，而不是「民意代表」。所以，我認為，在五權憲法中的中央人事，由人民直接選舉的有：

　　1. 總統。（副總統他未提到）總統選出後，任命行政院長組織行政院，行政院下各部會首長，似應由行政院

218. 《國父全集》第 1 冊，頁 889。
219. 《國父全集》第 2 冊，頁 845，「與戴季陶關於社會問題之談話」。

長與總統磋商決定人選。至於總統任命行政院長是否須得立法院同意，他也未提到。——這是行政系統。

2. 立法院委員。就是代議士，就是國會議員，也是由人民直接選舉；立法院長就是議長，似應由立法委員互選產生。無疑的，一定是多數黨的黨員當選。——這是立法系統。以上兩種系統的人事，除一般常任文官之外，皆須經由「政黨政治」自由選舉產生或被委任。而二者又皆屬於「治權機關」範圍，總統雖屬國家元首，對外代表國家，但對立法機關並無指揮監督之權。行政權反而是立法權的監督對象。

3. 國民大會代表。屬於「政權機關」，由各縣人民直接選出。專司憲法之修改，及制裁公僕之失職。並代表人民參與中央政事，反映民意、輸送民意給中央政府。此外，對國家政治除選舉權之外（可見總統由國大代表選舉，不是孫中山本意），其餘同等權（如罷免、創制、複決三個人民政權）則人民付託於國民大會之代表以行使之。但並未說明如何行使法。

上述三種中央人事，顯然皆應定期透過「政黨政治」的自由選舉之競爭來決定。各黨推出人選，提出政見，在選民之前，公開辯論，徵求選民之認同和選票的付託，而掌握國家政治機關的操作權。

至於政黨競爭之方法如何？孫中山有許多寶貴的看法：

　　他認為：「天下事非以競爭不能進步，當此二十世

紀，為優勝劣敗生存競爭之世界，如政治、工業、商業種種，非競爭何以有進步？譬之弈棋取樂，亦為娛樂之競爭，皆欲佔勝，雖敗亦不足為憂，皆由於自己手段不高之過耳。敗得多則見地愈深，學識愈多[220]。」因此，競爭可以獲得進步，黨爭亦不例外。然而，「黨爭必有正當之方法，尤必具有高尚之理由，而後始得謂之黨爭。一般人以黨爭為非，實誤以私爭為黨爭也[221]。」有人聞黨爭之說，即非常畏懼，這是不知黨爭真相的緣故。其實，「一國之政治，必賴有黨爭，始有進步……假使本黨實施之黨綱，不為人民所信任，則地位必致更迭，而本黨在野，亦當盡監督責任，此政黨之用意也。互相更迭，互相監督，而後政治始有進步。是以國家必有政黨，政治始得進步，而黨爭者，絕好之事也。須知所爭者，非爭勢力，乃爭公道，可見黨爭實不可少。譬云親愛之友，相對圍棋，而各人必求自己勝利，此亦爭。國家欲求政治發達，爭之一字，豈可忽視之乎[222]！」

　　孫中山把黨爭看做親愛的朋友之間，相對圍棋一樣。這個看法，正如浦萊斯（James Bryce）在其名著《Modern Democracies》一書中，把黨爭譬喻為體育運動競爭一樣。Bryce說：「英美政黨的競選活動，就像群眾看牛津與劍橋的划

---

220. 《國父全集》第2冊，頁342，「黨爭乃代流血之爭」。
221. 《國父全集》第2冊，頁323-324，「政黨宜重黨綱黨德」。
222. 《國父全集》第2冊，頁324，「政黨宜重黨綱黨德」。

船比賽或耶魯與哈佛的足球比賽一樣能激發同樣的熱情[223]。」所以，我們實無必要把政黨間的選舉活動看得太緊張！更不宜以卑劣行為去爭取勝選。

然則，何謂「正當之方法」？他說：「黨爭須在政見上爭，不可在意見上爭，爭而出於正當，可以福國利民，爭而出於不正當，則遺禍無窮。兩黨之爭，如下棋然。不用詭謀以求自己之勝利，只以正大之方法相對待，假使手段不高，眼光不大，以致失敗，敗而出於正當，則勝者固十分滿足，敗者亦甘心不悔[224]。」這裡所謂「詭謀」應係指威逼利誘，挑撥離間或其他造謠舞弊手段而言，利用這種卑劣方法就是沒有「黨德」，「無黨德之政黨，聲譽必墮地以盡，國民必不能信任其政策，何能望其長久存在呢[225]？」

何謂「高尚之理由」？孫中山說：「謀以國家進步國民幸福而生之主張，是謂黨見。因此而生之競爭，是謂黨爭。非然者，為少數之權利計，為私人之安樂計，若是之見，是為私見，若是之爭，是為私爭。黨爭可有，而私爭不可有。黨見可堅持，而私見不可堅持[226]。」質言之，政黨之選舉競爭，必須基於謀國家進步及國民幸福之立場，以本黨高明之政見主張，來與其他政黨相詰難，相辯爭，在公開的和平競

223. Bryce, James. op. cit., Vol I, p. 112 "The same sort of passion as moves the crowd watching a boat race between Oxford and Cambridge or a football match between Yale and Havard, is the steam which works the great English and American parties".
224. 《國父全集》第 2 冊，頁 335。
225. 同前註。
226. 《國父全集》第 4 冊，頁 1417，「國民月刊出世辭」。

選活動中，爭取選民的支持。在議會之中，也以同樣態度問政，而不得結黨營私，朋比為奸，為自己的利益打算。否則，就不夠資格被稱為「政治家」，而只是一個自私的「小政客」而已！是以，「政黨競爭，當以國家為前提，不當以黨派相傾軋。且各黨尤當互相磨礪，交換意見，否則固守私見，藉政黨之名行傾軋之實，報復無已，國家必隨之而亡[227]。」可見政黨間的溝通協調，在政黨政治上是很重要的！

總之，孫中山為了避免二千年來，中國每逢政權鼎革之際，就發生流血革命的慘劇，所以他認為實行「政黨政治」的自由和平選舉競爭，可以代替過去歷史上的流血之爭，而且可以促進國家政治進步，與人民生活的幸福！這個觀念，與 James Bryce 所言：「在政治競爭中選票已經取代了子彈[228]。」完全一致。

第三項　政黨政治的制度

民主政治是政黨政治，但並不是說一個國家有「政黨」就是「民主」。那麼，什麼是「民主」呢？蕭公權教授說：「我們簡單的答覆是：人民有說話的機會，有聽到一切言論和消息的機會，有用和平方式自由選擇生活途徑的機會，有用和平方式選擇政府和政策的機會，——而且這些機會，不待將來，此時此地，便可得著，便可利用——這就是腳踏實

---

227. 《國父全集》第 2 冊，頁 828，「政黨競爭當以國家為前提」。
228. Bryce, James. op. cit., Vol I. p. 111 "ballots having replaced bullets in political strife."

地的起碼民主[229]。」可見民主政治的實質是須有言論自由與政黨間的和平競爭，讓人民有機會選擇生活方式，選擇政府和政策。要如此，則一個國家倘然只有一個政黨，人民便沒有選擇的機會。所以，政黨政治的制度的討論，關係到民主政治問題至為深切。像法西斯主義、共產主義的一黨獨裁制，是不能叫做「政黨政治」的！

政黨只是一部分國民所組織的團體，則其主張當然不能代表國民全體，而只能代表國民一部分的意見，因之往往只能得到一部分國民的贊成。由此可知，政黨的主張不能得到全體國民的贊成，可以說是勢之必然的正常現象，如果全體國民均贊成某種主張，就不必再待政黨出來提倡，要是必待政黨出來提倡的，則這個主張必為一部分國民所反對，這個反對的人也許是當時的統治階級，一個主張得到全民贊成，而乃因為統治階級反對，而致不能實行，則政治已經不是民主政治，而是專制政治了[230]。是以，凡是沒有政黨自由的國家，就不是貨真價實的民主國家。

孫中山主張建立民主共和國，也主張實行政黨政治的自由競爭，所以，並不主張「一黨專政」的政黨制度，這個解析已在上一項討論得很詳盡了。然則，他到底主張應有幾個政黨呢？1912 年 8 月 21 日下午，孫中山在煙臺社會黨同盟會聯合歡迎會上演講時，曾說：「此次光復由於人心趨向革命，同盟會不過任發難之責而已。但國中政黨，只當有進步、

[229].蕭公權：《憲政與民主》（臺北：聯經出版公司，1982 年）頁 178。
[230].薩孟武：《政治學》（前揭）頁 502-503。

保守二派。此次同盟會與各黨合併,即欲使國中只存二黨,以便政界競爭[231]。」又 1912 年 7 月在上海與獨立雜誌李佳白的談話,亦說:「不管政府是民主的或是君主的,政黨是經常存在的,而且政府轉變的方向是從此一黨到彼一黨。中國已經有了他的政黨。事實上,中國的黨、社,已經過多了,最好他們能聯合為兩個或三個有力的大黨[232]。」由此可見,在孫中山之意,並不喜歡一個國家之中,政黨太多,而形成政黨林立的現象。

1912 年 8 月 13 日「國民黨宣言」中,明言:「一國政黨之興,只宜二大黨對峙,不宜小群分立。方今群言淆亂,宇內雲擾,吾人尤不敢不有以正之,示天下以範疇。四顧茫茫,此尤不得不以此遺大圖艱之業,自相詔勉者耳。爰集眾議,詢謀僉同。繼自今,吾中國同盟會、統一共和黨、國民公黨、國民共進會、全國聯合進行會、共和實進會,相與合併為一,舍其舊而新是謀,以從事於民國建設之事,以蘄漸達於為共和立憲之政治中心勢力,且以求符於政黨原則,成為大群,藉以引起一國只宜二大黨對峙之觀念,俾其見諸實行[233]。」他之所以主張「兩黨制」,可能受到當時英美兩國政黨制度之影響。當時英國的兩大黨是「自由黨」和「保守黨」。在美國則為「共和黨」和「民主黨」。他認為英國和美國是「世界最完全政黨之國」[234],因為「英美兩國政黨所爭持者,皆是

231.《國父全集》補編,(中央黨史會,1985 年 6 月 30 日)頁 127-128。
232. 同前註,頁 211。
233.《國父全集》第 1 冊,頁 795。
234.《國父全集》第 2 冊,頁 260,「提倡國家社會主義」。

極要問題。至於議院之議案，兩黨各以是非為依歸，不以黨見相傾軋。若黨中先有意見，提議一案，先聯屬黨員，私自運動，本黨提出之議案，雖知無益，亦必通過；他黨提出之議案，雖知有益，亦必反對，此種政黨，純乎私見，必與國家無益[235]。」

他們的議會議員在表決議案時，確實不以黨的利益出發，所以，黨紀對議員之約束力至為鬆弛。但是，黨紀鬆弛正表示政黨給予黨籍議員以充分的尊重，當議員認為他黨提出之議案比本黨提出之議案，對國家較有利時，他們就拋開黨的私見而支持他黨的高見。他們有充分的是非觀念，而不以本黨利益為優先。易言之，當他們覺得「黨的利益」與「國家的利益」衝突時，不會昧著良心，去投違反國家利益的議案的贊成票。這是他們──尤其美國政黨政治可愛之處。

孫中山對政黨政治運作的看法，在上一項中，作者已經論及，即他認為黨爭須有「高尚之理由」！為國利民福著想，而不為一黨之私利打算。是以，民國初成，他勉勵北京共和黨員與國民黨「兩黨諸君，以英美先進國為模範。倘以公理為依歸，將來必有發達之望，若不以公理為依歸，雖人多勢眾，終必失敗，此一定之公理也[236]。」

即使在今日，美國政黨政治，仍保持這種傳統精神，即共和黨議員可能贊同民主黨的提案，民主黨的議員可能贊同共和黨的提案。在美國參眾兩院中的國會議員，無論共和黨

235.同前註，頁 260-261。
236.同前註，頁 261。

或民主黨均未能各自予以嚴厲的黨紀約束。這種作風，對黨可能不利，可是對國家卻有好處。

　　反觀中國，由於政黨政治是自西洋輸入的新事物，可能有人把政黨看成古代幫會一樣，認為須「重氣節」。其實政黨完全是政見相同的人的結合，而政見是會隨時代變遷和知識的進步而改變的！所以，孫中山於 1913 年 3 月 1 日在日本演講「政黨之要義在為國家造幸福為人民謀樂利」時，曾說：「中國人多不明白黨字之真義，就是已入政黨的黨員，也不能人人知道政黨之作用。以為一入政黨，必須袒護本黨，攻擊異黨，不顧國家大局，徒爭一黨之勢力。不知黨與黨之關係，非仇讎，是對黨。人之入黨，當視其自己之心志如何？今日贊成第一黨之政策，即可入第一黨，明日贊成第二黨之政策，即可入第二黨，均屬正當之事。故今日入共和黨，明日入國民黨；今日在國民黨，明日在共和黨；祇要與自己所抱之宗旨相合，並非於氣節上有所損失，蓋極為尋常之事。日本政黨之黨員，時常變更，歐美各國，莫不如是，固毫無足怪[237]。」所以，在民主國家，政黨是可能由大變小，也可能由小變大的！如果黨綱、黨德受到人民的信任，這個黨即使小黨，亦可能變為大黨；反之，如果黨綱、黨德得不到人民的信任，這個黨即使是大黨，也可能變為小黨。在民主國家，此種情形乃是極其自然的現象。所以一個政黨要力求發展，必須獲得民心。一個政黨要繼續得到選民支持，必須展佈合

237.《國父全集》第 2 冊，頁 334-335。

於時勢和選民需要的政策。

不過，美國「兩黨制」政黨政治，由於議員與其政黨間紀律關係的鬆弛，而有變為「四黨制」（four-party System）的可能。所謂「四黨」，即是「國會民主黨」（Congressional Democrats）、「國會共和黨」（Congressional Republicans）、「總統民主黨」（Presidential Democrats）、「總統共和黨」（Presidential Republicans）[238]何以會發生這種現象呢？主要原因是，議會中與總統同黨的議員有支持總統政策的，但也有與在野黨同聲一氣，反對總統政策的；而在野黨中的議員，也同樣有此情形，他們有支持執政黨總統政策的，也有反對的！民主黨與共和黨在參眾兩院之立場已不明顯。因之，有人建議「責任黨政府」（responsible party government）在此一制度下，總統與他在國會的同黨議員要緊密的合作。參眾兩院議員，在立法上也要以支持其黨的立場為榮！如此，則在選舉的時候，投票人才能有個明顯的抉擇[239]。可見，如政黨太多，確實不易匯集民意，制定國家政策。這也顯示政黨紀律的適當運用，亦有其價值了。

在英國方面，如眾所皆知，1945年工黨崛起後，已取代了自由黨的地位。目前是以「保守黨」和「工黨」為兩大黨。但是，由於情勢變遷，英國「兩黨制」，也有走向「多黨

---

[238] Milton C. Cummings, JR & David Wise, *Democracy under Pressure: An Introduction to the American Political System* (third edition).(Harcourt Brace Jovanovich, Inc. 1977) p. 472. cited in James MacGregor Burns, *The Deadlock of Democracy* (Englewood cliffs, N.J.: Prentice-Hall, 1963) p. 6.

[239] Ibid., p. 472.

制」（Multi-party System）的趨勢。其「兩黨制」在 1970 年代已遭到挑戰。

其一、是威爾斯和蘇格蘭（Wales and Scotland）的民族主義黨（Nationalist Parties）及北愛爾蘭的議會代表（the parliamentary representatives of Northern Ireland）。支配北愛爾蘭的烏爾斯特聯盟主義者（Ulster Unionists）為了達到其政治目的，乃附隨下議院的保守黨議員，他們在北愛經常至少可得到十二議席中的八席。但自 1974 年 2 月以來，烏爾斯特聯盟主義者與保守黨已斷絕關係。如今，北愛的議員不再與任何英國政黨結盟，但也沒有英國的政黨在北愛參選。因此，北愛議員遂可視同另外一個「政黨」了，因他們在眾院分配的席次在 1979 年以後的下次普選時，已從十二席增加到十七席[240]。

由蘇格蘭與威爾斯產生的政黨，是蘇格特民族主義者（Scottish Nationalists），他們在 1970 年代，獲得驚人的進展，只在 1979 年普選戲劇性地落後，但這是選舉系統誇大其詞，因為他們仍獲得六分之一蘇格特選民的支持，雖然他們僅得到兩個席位[241]。

其二、是自由社會民主黨聯盟（the Liberal － SDP Alliance）的具體化。此一聯盟，期盼建立在自由黨的支持上。他們想改變英國選舉制度為「比例代表制」中的一種方式——「單記比例代表法」（Single transferable Vote），他們認

---

[240].Bogdanor, Vernon. *Multi-Party Politics and the Constitution* (Cambridge University press, Great Britain, 1983) p. 12.
[241].Ibid., pp. 12-13.

為採此一選舉制度有利於他們兩個小黨。「選舉改革」
（Electoral Reform）這份自由社會民主黨聯合憲政改革委員
會第一次報告的文件，已於 1982 年 7 月出版[242]。

選舉制度的改革，將會對英國確立「多黨政治」造成影
響，因為這將加強議會中政黨代表與其選民做更密切的聯繫。
事實上，戰後英國並無任何政黨能獲 50%選票，保守黨曾在
1955 年及 1959 年分別得 49.7%及 49.4%最近半數的選票。
1970 年以後，再沒有那個黨能得到 45%選票。如果實施比例
代表制，將強化對「兩黨制」的挑戰者地位，而屆時，兩個
大黨，將不再能保持他們的支配權[243]。

自 1900 到 1945 年之間，一黨優勢的政府只有十年。那
是 1905 年 10 月～1910 年 1 月；1922 年 11 月～1924 年 1 月；
1924 年 10 月～1929 年 6 月。1980 年代及未來的 1990 年代，
英國將面臨著與過去不同的政情，而主要因素是「社會民主
黨」與「自由黨」聯盟的形成，這可能產生「三角鼎立的政
黨制」（Tri-polar party System）[244]。

吾人檢視英美政黨政治現況，發現政黨政治的制度並不
是人規定的！而是隨著時代和環境的需要產生的！孫中山先
生所處的時代，適為英美「兩黨制」政黨制度流行的時代，
他看到他們這種制度，可以避免中國歷代因為爭奪政治領導
權而發生流血鬥爭的慘劇，乃希望把「兩黨制」引進中國，

---

[242]. Ibid., p. 15 See. footnote, "Electoral Reform: First Report of the Joint Liberal/
SDP Commission on Constitutional Reform."
[243]. Ibid.
[244]. Ibid. p. 83.

這是值得敬佩的！事實上，英美及其他實行政黨政治的民主國家，確實已避免了武力革命的災難。

但是，吾人有一個感觸：民主與否與政黨多少關係不大，除非像共黨國家及納粹法西斯國家，利用暴力手段，實施一黨專政統治，絕不能使人民過自由民主的生活而外，只要讓人民有言論自由、集會結社自由和選擇政府及政策的機會，那就算是真正的民主政治了。誠如密契爾（Michels）的名言（Opening dictum）：「組織是弱者對付強者的武器」[245]如果只准自己有組織，而不准別人有組織，那可能違背人類平等的精神。如果能讓不同政見的人也有組織，再透過和平方式的自由選舉競爭，則不符合大眾需要的政見，自不能得到人民的支持，其組織自然萎謝。所以，吾人非常同意喜爾特（Derek Heater）在其所著《當代政治理念》（*Contemporary Political Ideas*）一書中所言：「民主政治的本質是自由、平等和參與：要充分發展人類的人格，需要自由和平等，而參與則為保證政府不致否定自由和平等的必要方法[246]。」

第二次世界大戰後，非洲殖民地紛紛獨立，他們反對歐洲文化模式，而產生了非洲「獨黨民主政治理論」，他們的

---

[245] Richard H. Hall, and Robert E. Quinn (edited): *Organizational Theory and Public Policy* (Sage publications Inc., California, 1983) p. 24 "Organization is the weapon of the weak in their struggle with the strong."

[246] Heater, Derek Benjamin. *Contemporary Political Ideas* (Second edition) (London and New York: Longman Group Limited, 1983) p. 89 "That the essentials of democracy are freedom, equality and participation: that the full development of the human personality requires freedom and equality and that participation in a necessary method of ensuring that the government does not deny them."

獨黨政治與共產主義、法西斯主義的極權政治不同。因為非洲的土著是一個無階級的社會（共產黨已形成新階級），傳統的非洲社會，每人都是工人，沒有其他賺錢謀生的方法。森厚（Senghor）描述他們的「部落民主」（Communal democracy）理論，說是：「歐洲人從西到東，經常對我們談民主政治，每人都有不同的方式。但是我們有我們自己的民主觀念，非洲人的觀念並不比歐洲人的觀念差……黑人與巴巴里人間的交涉對話（palaver），或說是討論，人人可以表示他的意見，當每人都表達過他的意見之後，少數服從多數，因此全場一致無異議。而這全場一致無異議的意見，就嚴格執行[247]。」他們人人有表達意見的機會，這是學自古代非洲土人與貿易商人之間的談判洽商方式而來的。既如此，則建立「一黨政府」又何害於民主政治？所以，我認為「黨內民主」對民主政治是相當重要的。

　　耐爾（Nyerere）的觀點和森厚很相似，他著有〈一黨政府〉（One-party Government）及《民主與政黨制度》（Democracy and the Party System）兩篇論文，他認為：「基本上，民主是討論的政治，反對武力政治，且是人與人之間或他們選出的代表之間的討論，而非經由世襲派閥的壟斷。在這部落制度下，無論有無首長，非洲社會早就是平等的社會，而以討論為方法經營生意。」顯然非洲民主政治，也是強調參與討論和意見一致。吾人認為這種民主觀念與盧梭的

[247].Duncan, Graeme (ed.) *Democratic Theory and Practice.* (Cambridge University press. 1983) p. 100.

「總意志」（the general will）思想至為接近。誠如何金（Thomas Hodgkin）所言：「盧梭是非洲人民民族主義的精神祖宗[248]。」目前，尚比亞、坦尚尼亞、象牙海岸、塞內加爾、肯亞，都實行「一黨民主」（One-party Democracy）制度。

不過，話又說回來，非洲是「部落」社會，大都是文明尚未發達的國家，工商科技都還在開發階段，他們這種學自傳統的「部落民主」生活方式，似可試用在臺灣基層部落社區，但是絕對不合乎我國當今工商社會的需要的！吾人所以提出討論，乃在加強說明「民主政治」之精神特質，實在於重視人類的人格尊嚴，和自由參與的價值而已！

1913 年 1 月 11 日，孫中山演講：「本黨同志應努力建設」時說：「國基初定，百端待理；今後之興衰強弱，其樞紐全在代表國會之政黨。各政黨集一般優秀人物組織而成，各持一定之政見，活動國內，其影響及於國家政治，至遠且大。惟是政黨欲保持其尊嚴之地位，達利國福民之目的，則所持之黨綱，當應時勢之需要，以合乎世界之公理。而政黨自身之道德，尤當首先注重，以堅社會之信仰心。」又說：「吾中華積數千年專制之惡習，一旦改革，千端萬緒，不易整理；而今後立國大計，即首在排去專制時代之種種惡習，乃能發現文明國家之新精神，此亦國民不可不注意之事。吾國民黨現在國內能佔優勢，固全恃乎群策群力。但政黨之發

---

[248] Ibid., p. 102 "Rousseau was the spiritual ancestor of African popular nationalism."

展，不在乎一時勢力之強弱，以為進退，全視乎黨人智能道德之高下，以定結果之勝負。使政黨之聲勢雖大，而黨員之智能道德低下，內容腐敗，安知不由盛而衰。若能養蓄政黨應有之智能道德，即使勢力稍弱，亦有發達之一日[249]。」諄諄之言，苦口婆心，凡是國民黨黨員，特別是其高層，能不警惕？

第六節　文官制度理論

在現代國家的政府體系中，從運作政治機器的人事觀點看，有政治與行政兩種性質，所謂政治的部分，係指法規或政策的制定部門，這應包括立法機關的立法人員及行政機關的決策人員。這些人員的輪替和補充，無疑的，在民主政治發達的國家，是透過「政黨政治」的競爭而產生的。所謂行政的部分，係指法規或政策的執行部門。這一部門的人員，多數國家已建立良好的「文官制度」，透過考試，甄拔社會精英分子來充任，他們並不受政黨輪替或因政策制定人員的改換而失去職位，他們受到國家的保障，超然於政黨競爭之外，嚴守中立態度，依法行政，依法裁量。

在三權分立的國家，主要的文官可包括司法官員及常任行政官員。至於經由政黨政治而產生的民選國會議員及與他共進退的助理人員，以及行政機關的民選首長──如總統及與他共進退的政務官員、機要人員，並不在本節所討論的文

[249]. 《國父全集》第 2 冊，頁 322。

官範圍，而應屬於政治性人物！在我國，則實行五權分立制度，文官的範圍恐怕就更廣大了。由於司法、考試、監察三院人員，依孫中山之意，皆應獨立於行政權、立法權之外，因此，吾人認為，即使是大法官、考試委員、監察委員，皆不宜有濃厚的政黨色彩，而應有「國士」的風格！亦即不宜由任何執政黨來操縱或把持。惟其如此，方能發揮「五權憲法」的政府作用。所以，即使這些有任期的特任高級官員，不一定係經由文官考試途徑而進用，但其所任職務，恐怕也不是屬於政治性質，而是超然其上的！

　　本節乃繼上節「政黨政治」理論之後，來探討孫中山對文官制度的看法，並做學理上的分析。茲分項說明之：

第一項　文官制度的起源

　　誠如桂崇基教授在其所著：〈中國傳統考試制度與文官制度〉一文中所言：「中國文官制度，為世界最早肇始之制度，遠在周代即已完備，嗣後各代相沿遞嬗，源遠流長久達兩千餘年。惟歷朝皆有變革，皆各具特色。西歐各邦，諸如法國、德國、英國，至晚近十八、九世紀，始有文官制度之建立。許多英文書籍、論文，甚至議會文獻等，皆坦承英國文官制度係襲自中國[250]。」又說：「遠在周代（西元前1111—556年），官員的任用，即採取選拔與荐舉兩種方式，惟其來源只有一個，即皆來自學堂。換言之，則彼等全部係

---

[250]桂崇基撰，王軍譯：〈中國傳統考試制度與文官制度〉（載《中華學報》第 6 卷第 1 期，1979 年 1 月）頁 1。

由學堂選拔與荐舉的。周代設有大學與小學（古代凡家塾、黨庠皆為小學，小學所授有五禮、六樂、五射、五馭、六書、九數，蓋古代之普通教育也）。十三歲入小學，二十歲入大學。政府不僅在京城設立學校，同時亦在各地區、鄉村，以及家族聚居之地設堂授學。學校種類繁多，諸如女校、師範學校、農校、工校、商校、甚至軍事學校等。學校的課程，除特別科目外，更教之以六德：知、聖、仁、美、忠、和；六行：孝、友、睦、嫻、任、恤；六藝：禮、樂、射、御、書、數。大學三年屆滿，成績優良的學生，即由學校推荐參加公職考試[251]。」可見中國古代文官考試制度與教育制度關係至為密切。但在歐美各國，教育制度與考試制度，彼此並非直接關聯。例如（1978 年以前）美國的「文官委員會」（the civil service commission）必須舉辦某類考試時，美國各學校，並不挑選優秀學生推荐到該委員會參加考試[252]。其實，我國今日所實行的高普考試或各類特種考試，參加人員只要合於應考資格即可自由報名參加，並無類似周代由學校推荐的規定。

中國文官考試制度由來已久，不過，依據鄧嗣禹教授所著：《中國考試制度史》一書所言：「科舉之制，肇基於隋，確定於唐[253]。」然則，無論如何，中國在世界上是採用文官公開考試最早之國家，這是不難斷言的。至於外國，正式

---

[251].同前註，頁 4-5。

[252].同前註，頁 4。

[253].鄧嗣禹：《中國考試制度史》（臺北：臺灣學生書局，1967 年 2 月臺一版）頁 16。

的文官考試制度，法國係於 1791 年開始採行，德國則約於 1800 年左右；印度始於 1855 年；而英國則於 1870 年始將印度的制度完全適用於其國內[254]，建立公開競爭考試。

　　現在且簡介中國歷代文官考試制度。中國唐代，應考人員通過禮部考試者，再轉送參加吏部的考試。吏部不再考經典詩賦，但並非所有一切官員皆為吏部選任，只有六品以下始由吏部選任，六品以上的官員，則帝王諮詢宰相後直接任命。不過他們通常是由六品以下的官員中選拔，或直接將其擢升為六品以上的官職。宋代，考試制度與唐代相似，亦經由科舉取士與選官。進士考試科目有詩賦、文章、策論、論語、綱鑑、禮記。因此，進士甚受尊敬，很多宰相皆為進士出身。

　　明代，進士出身者多居要津，永樂以來，一切政府政策，皆由內閣大學士決定，天順年以後，非進士不得入翰林院，非翰林不得入內閣擔任內閣大學士。明代共有宰輔一百七十餘人，90%皆為翰林院出身。中央及地方其他一些重要官職，亦多由進士中選拔。考試中，甚著重經典的詮釋，而以朱熹之註釋做為標準。這種方法，記憶力好的比較容易取勝，但所包含的才智不多。於是「八股文」應運而生，採用「八股文」，也許在使知識份子專心致志於此，而除了遵守與順從規則之外，不再想及其他。

　　滿清以外族入主中國，仍未改變明代遺留的「八股文」

254.同前註，頁 397。

取士制度，例如鄉試與會試，包括三場。第一場試三篇論述四書的論文，四篇論述五經之一的論文。第二場試論一篇，詔、誥、表一篇，制五道。第三場試經、史，時務策五道。乾隆年間加試詩賦[255]。

對於中國歷代考試制度，孫中山雖認為「所試科目不合時用」，但「制度則昭若日月」。「朝為平民，一試得第，暮登臺省，世家貴族所不能得，平民一舉而得之。謂非民主國之人民極端平等政治，不可得也[256]！」可見他是很欣賞中國文官考試制度的！這種優良的制度，以今日眼光看之，不僅保障人民應考試服公職的權利，也可以促進社會流動，打破社會不平等。

文官制度的建立，在中國政治制度史上，確實有其不可磨滅的貢獻！固然，由於君主世襲，使政權的轉移往往未能建立和平的規範，以致形成易姓革命，改朝換代，一治一亂的惡性循環慘劇。中國人民，不幸而遭此時際，則難免受池魚之殃！但是在政局穩定下來之後，有些新政權竟能維持百年以上之久的王朝，這與文官考試制度實有相當密切的關係。依據鄧嗣禹教授之研究，他認為歷代在位者喜歡採行科舉制度，其動機之一，「則為牢籠人心也[257]。」漢高帝責成郡國貢舉之目的，非為從事國家公共事業，乃以虛榮爵祿特權，籠絡才智之士，使其長久世世奉宗廟不絕也。至於唐朝，王定

---

255. 桂崇基，前引文，頁 14-15。
256. 《國父全集》補編，頁 190。
257. 鄧嗣禹，前揭書，頁 20。

保亦曰：「文皇帝撥亂反正，特盛科名，志在牢籠英彥[258]。」但是，這種採行科舉以取士用人之法，在李唐也曾發生良好作用，那就是掃除門第之習。從此平民始有參與政治的機會。因「九品中正法」而形成的「上品無寒門，下品無世族」之階級制度，乃得賴以剷除焉[259]。這無異奠立了社會安定的基礎，而使政治獲得穩定。由此一角度看來，中國政治傳統裡的考試制度確是一個偉大的制度，因為它幫助鞏固中國政治結構。傳統中國政治的結構是建立在不平等的基礎上面的，但就如現代著名的社會學家 Robert Bellah 所說，這種政治結構在傳統社會究竟是必要的，因為穩定比無政府狀態還要重要[260]。

中國文官考試制度，已被視為選拔公務員的最有效途徑，不論我們是否完全同意此一觀點，這仍然是人類所能想到的最佳制度。不過，問題不在考試本身，而在考試如何舉行，以及考那些科目。今日我國高普考試及各類特種考試，除甄拔公務員之外，還有專業人員考試，考試科目也大抵與學校所學相當一致。顯然，我們不能把它與古中國的「文官制度」相提並論，而在民主時代，考試取才制度之動機，顯然也異於往昔。

由於中國文官考試制度，起源歷史悠久，而具有其政治制度上的優點，西洋傳教士或學者曾紛紛讚揚並主張仿效。

258.同前註，頁 21。
259.同前註，頁 19-20。
260.參閱李弘祺：〈從布衣到卿相─考試制度在中國傳統社會裡扮演的角色〉（載臺北：《中國時報》，1980 年 1 月 26 日、27 日）

英人葛慈酒夫（Charles Gutzlaff）在《開禁之中國》（1838年倫敦出版）一書中曾謂：「在我們本國對興辦考試機關的人，從無一種法度來授予他，俾其能自最優秀的青年中選拔政府官吏。而在中國則惟有才智者始能晉陞，不問其身分如何。這一個原則是很崇高的，且很值得其他國家採行[261]。」

麥杜思（Meadows）於1847年出版《留華劄記》，也曾於1846年說，他已擬好一本推行英國考試制度的計劃書，但因環境特殊，致未能連同「留華劄記」的原稿寄回本國出版。據他說：「這樣做的主要目的，就是要為全英國臣民促成建立一種公職競爭考試制度，以謀大英帝國政府之進步[262]。」並認為「中國的國脈所以能歷久不墜，純粹而完全是由於政治修明，政治所以修明，則在於能起用賢能與有功績之士[263]。」他還在結論中強調：「英國如不採行一種公正無私之制度，以提高殖民家的地位與榮譽而符君主之意，則英國將喪失所有之殖民地，必無疑義。」這是1847年英國畏懼俄國時所說的話。自此以後，麥杜思，得了當時英國領事麥克格乃哥（Macgregor）的同意，為了招考書記，就已在廣東實行競爭考試。1855年，英國乃通過文官制度之原則，且於1870年付諸實施[264]。

---

261. 參閱鄧嗣禹，前揭書，頁411-412。
262. 參閱同前註，頁412，引見：Meadow, Thomas, Taylor, *The Chinese and Their Rebellions*, (London, 1856) XXII et seq-Desultory notes on the government and people of China and on the Chinese Language, (London, 1847) pp. 124-129.
263. 同前註，引見 Desultory notes, p. 124.
264. 同前註，頁412-414。

孫中山在「五權憲法」的演講中，曾說：「現在各國的考試制度差不多都是學英國的，窮流溯源，英國的考試制度原來還是從我們中國學過去的[265]。」這句話，在此完全得到證實。其他國家如美國、法國的文官考試制度亦直接間接受到中國文官制度的影響。如今，文官制度幾乎已在各民主國家普遍流行。牛津大學中文教授（Neumann）亦承認「中國的政府制度是東方各國中最優越的制度[266]。」而他所指的政府制度，即指文官考試制度而言。

第二項　文官制度的類型

文官制度的存在，是國家推動政令所不可缺的體系，無論是民主國家或專制國家皆然。而由於二十世紀以來，福利國家的出現，各國行政機關之組織和職權日趨膨脹，這是不可否認的事實。做為政府機關的官僚，其角色不但重要而且日漸專業化。然則，這對民主政治到底是福是禍呢？人民權力和自由是否可能受到威脅？在第二次世界大戰結束時，美國社會科學界曾掀起一場大爭辯，問題的中心是官僚機構過份膨脹，會不會影響到民主政治以民選政治家監督行政官員的基本原則？經過十數年的辯論之後，多數政治學家和行政學家，認為控制現代化的官僚機構確實不是一件容易的事，但並不是不可能的。他們認為，只要能夠堅守民主政治幾個

265.《國父全集》第 2 冊，頁 423。
266.參閱鄧嗣禹，前揭書，頁 414，引見 Downing, Charler Toogood, The Fanqui in China in 1836-1837, London, 1838. Examinations described and praised in II, p. 255.

最主要的支柱，如公平選舉，獨立的司法和言論自由等，則強有力的官僚制度並不足為患[267]。這個結論，很意外地，恰好與孫中山不怕政府萬能的觀念一致！

在民權主義第五講之中，孫中山把政府譬喻為機器。他說：「機器的本體，就是有能力的東西，譬如十萬匹馬力的機器，供給了相當的煤和水之後，便可以發生相當的能力，什麼是有權的人呢？管理機器的工程部，就是有權的人。無論機器是有多少馬力，只要工程師一動手，要機器開動便立刻開動，要機器停止便立刻停止。工程師管理機器，想要怎麼樣便可以怎麼樣[268]。」文官體系就是官僚組織，雖然在制度上，給予職權，但是任何組織要能行使其職權，最重要的兩種「能源」蓋為絕對不可缺少，這兩種「能源」就是「人力」和「經費」。如果一個機關而沒有「人力」和「經費」，任憑它在法律上有多大的職權，也發揮不了作用。如果把文官體系比做「機器」，這兩種「能源」，就是「煤」和「水」。一架機器而缺了能源，它還能動嗎？任憑它本質上具十萬匹馬力，它也動不了的！

在民主社會，實行有競爭的「政黨政治」，舉行公平的選舉，司法且不受行政的指揮，且超然於政黨政治之上，民選的政治家並不可能左右司法。所以，「司法獨立」和「政黨政治」一樣，都是民主政治的重要支柱。此外，則為「言論自由」，人民有言論自由，才能表現真正民意，而「輸

267.江炳倫：〈論官僚制度〉（載《憲政思潮》選集之一──《比較憲政制度》，臺北，國民大會憲政研討會，1981 年 12 月出版）頁 175。
268.《國父全集》第 1 冊，頁 142。

入」政治系統。文官制度為政治系統之中，執行政策和法規的「輸出」機關，與人民日常生活關係最為密切。如果他執行的政策有了偏差，則可能就是「違法失職」，在孫中山設計的「五權憲法」政府體系中，就可能被監察機關所彈劾，糾正；也可能受立法機關所質問，遣責。立法機關對各行政機關還掌有「財政權」，為人民看著「腰包」，行政機關的人力編制和經費運用，既然都掌在民選的政治家手中，而民選的政治家，不但有一定任期，人民也隨時可以罷免，自然，強而有力的官僚制度就不足為患了。現代西洋社會科學家們的顧慮，早在 1924 年，孫中山就想通了。所以，他說：「我們要另外造出一架新機器」[269]這架新機器──就是「權能區分」的「五權分立」政府。在此新政府之中，官僚組織不足為患！乃勢之必然。

　　不過，今日世界，並不都是民主國家，各國統治形態也有差異，在文官制度的運用上，乃形成不同的官僚政治類型。關於這個問題，范索（Merle Fainsod）在其〈官僚政治與現代化──俄羅斯與蘇維埃成案〉（*"Bureaucracy and Modernization: The Russian and Soviet Case"*）一篇論文中，曾把官僚政治，因其與政治機構之間的不同關係而分為五種：(1)代議官僚政治、(2)黨國官僚政治、(3)軍人專權的官僚政治、(4)統治者專權的官僚政治、(5)官僚當權的官僚政治[270]。茲分別簡

269.《國父全集》第 1 冊，頁 146。
270.Merle Fainsod, *"Bureaucracy and Modernization: The Russian and Soviet Case"* in Joseph La palombara (ed.) *Bureaucracy and Political Development* (Princeton: princeton University press, 1963) pp. 233 ff.

介如下：

（一）**代議官僚政治**（representative bureaucracies）──
是指終極的政治權威乃決定於競爭性的政治程序。這類官僚
政治職權的推動，係以政黨制度為基礎。「如有創議，必須
透過協調一致的確認，方能施行；如有變革，則須經過政治
上的競爭程序」[211]如政黨制度未能形成穩定的而和諧的政局，
則官僚政治乃能表現其特殊重要地位。如法國第四共和，因
多黨林立，倒閣之風時起，官僚政治對各種政策性的法規制
定，遂有舉足輕重的地位。但其缺點是有力黨派團體可能利
用一切手段，使官僚結構中的文官淪為附庸，以當做政治資
本，達到政治目的。而英國係二大黨輪政，內閣、議會與多
數黨三位一體，即成為孫中山所說的「一權政治」，官僚政
治乃能發揮其執行政策的效率。

（二）**黨國官僚政治**（Party-state Bureaucracies）──這種
官僚政治形態，可說是「極權政權（totalitarian regimes）及其
他一黨專政（One Party-dominated）政治制度的副產品」[212]。
1977 年前蘇聯新憲法第六條規定：「蘇聯共產黨是蘇維埃社
會之領導和指導力量，是蘇維埃社會政治體系、國家和社會
組織的核心，蘇聯共產黨為人民而存在，並為人民服務。」
這便是蘇聯共產黨「一黨專政」合法化的註腳。雖然，表面
上最高蘇維埃是蘇聯最高權力機關，國家法律須由它通過，
但所有主要政策的決定皆源於共產黨，各級官僚機構只是它

211.Ibid. p. 235.
212.Ibid. p. 235.

執行政策的工具而已。部長會議是國家權力最高執行及管理機關，其委員形式上自最高蘇維埃選出，實際上其名單係由黨的最高領袖所決定[273]。人事與政策既都操在共產黨一黨的少數高層頭子手中，而且沒有其他政黨存在，政策錯誤或官員失職皆不必向選民負責。所以，蘇聯政府也就是蘇聯共產黨的政府，真正做到了黨國一家。共產黨謀求的理想黨員，必為虔誠服從黨的領導的人[274]。共產黨是發號施令的專政機構，在蘇聯政府中工作的官僚，對黨的指令，必須惟命是從。甚至，也「沒有司法獨立」（No Independence for the judiciary），蘇聯法院明確地是執行共黨政策的一隻手臂而已[275]。

（三）**軍人專權的官僚政治**（Military-dominated bureaucracies）──是指軍人及其組織在官僚政治體系中佔有舉足輕重的地位和影響力，亦就是說，軍人握有超過文官的權力，范索認為此種類型的官僚政治，如不是保守的，就是追求現代化的。而賴以維持此一政治形態的力量，則為軍官的訓練及其思想[276]。我想，孫中山所謂「軍政時期」，所要建立的戰地政務體系，應可說是追求現代化的一型。

（四）**統治者專權的官僚政治**（ruler-dominated bureaucracies）──這可以說是一種「官僚政治帝國」，統治者透

273.Carter, Gwendolen M., and Herz John H., *Major Foreign Powers* 4th ed. (Harcourt Brace & world Inc. New York and Burlingame 1962) p. 280.

274.Neumann, Robert G., *European and Comparative Government*, 2nd ed. (The McGraw-Hill Book co. Inc. press, 1955) p. 530.

275.Hoffmann, Erik P. and Robbin F. Laird. (ed.) *The Soviet Polity in the Modern Era*. (New York: Aldine Publishig Company. 1984) p. 778.

276.Josoph La palombara, op. cit., p. 236.

過官僚政治或官吏的分區管轄以進行其國家統治[277]。也許古中國各王朝的君主專制統治下的官僚政治可列入此一類型。但以其文官之來源，係採用考試制度，而具有特殊意義而已。

（五）**官僚當權的官僚政治**（ruling bureaucracies）──這種官僚政治與軍事專權的官僚政治，所不同的，只是掌握大權的不是軍人而是文職的官僚集團。殖民地統治的官僚對當地居民多少具有絕對權威[278]。

以上五類為范索（Merle Fainsod）對官僚政治的分類。在今日，新興國家的官僚制度，依江炳倫教授〈論官僚制度〉一文中[279]指出，可分為下列三種形態：

（一）**常遭受政治勢力干擾的官僚制度**──在這種形態下的官僚，受民選的政客所控制，即官僚機構之外有一個比它更有力的領域可以監督它，但由於政治尚未上軌道，政客們不自愛，官僚也不能發揮作用，以致行政效率和效果都與理想差得很遠。

（二）**喧賓奪主的官僚制度**──在這種形態下，官僚機構，獨佔國家最高權力寶座，可以壓倒其他非官僚的領域，各級官僚只知有上司而不知有人民，沒有真正的責任可言，自然也不會講究行政效率。

（三）**獨黨政治下的官僚制度**──在這種形態下，官僚

---

277. Ibid., pp. 236-237.

278. Almond and Powell 著謝延庚譯：〈政府的職能與結構〉（載《憲政思潮選集──比較憲政制度》，國民大會憲政研討會，1981 年 2 月）頁 129，並參閱：Ibid., p. 237.

279. 江炳倫：〈論官僚制度〉（原載《憲政思潮》季刊第 11 期，收載《憲政思潮選集──比較憲政制度》頁 174-189）此處參閱：頁 188-189。

在理論上向政黨負責，但因為政黨本身組織欠嚴密，紀律鬆弛，造成黨棍與官僚狼狽為奸，相圖私利，而不把國家利益，人民福祉放在心上。

他認為前述第二種形態，即雷格斯教授所稱的「官僚政體」（Bureaucratic polity），有根深柢固的歷史背景，改變的可能性最渺茫，這種政權惟一新陳代謝的辦法是靠週期性的政變。每經過一次政變，一批新權貴上臺，便在經濟建設方面刷新一番，但日子久了，朝氣便逐漸消失，而視鞏固自己的政權與維護既得利益為首要工作，最後仍然釀成另一次政變，周而復始。過去的「官僚政治帝國」演變的歷程莫不如此，而現在的「官僚政權」走的正是這條路線。

至於獨黨政權下的官僚機構，他認為也沒有真正革新改進的大希望。通常一個政黨初獲政權，還有一點朝氣和理想，若不能乘勢有所作為，等投機份子紛紛投奔旗下，而使主義理念變成濫調時，再企圖翻身振作起來，那就不容易了。這種政權演變結果，最後常是政黨與政府分辨不清，而走上前述第二種官僚政治的路線，充其量不過是因社會上多一層控制網，壽命或許可以稍為延長一點而已。

第一種形態的官僚制度，雖然表面上腐敗無能與其他兩類相似，但因為在開放社會，人民是國家的真正主人，可讓胡作非為的政客去職，加上自由輿論和自由團體的批評糾正，在政治和行政兩方面都可逐漸改進[280]！

---

[280].同前註，頁 189。

　　然則，孫中山政府思想中，要建立的文官制度，到底屬哪一種？我認為比較接近范索所分類的第一類型──「代議官僚政治」。各級常任文官透過考試制度選拔，不但有知識，也有道德。加上監察權所發揮的功能，以及政黨政治的和平競爭，政客要與官僚狼狽為奸，隨時都有被主人揚棄的可能。在孫中山的心目中，文官是人民的公僕，是人民用納稅錢請來造就福祉，建設國家的精英之士和有技術的專門家。如果五權憲政和政黨政治能夠正常運作，文官制度也必然能夠健全的建立起來，如果五權憲政和政黨政治不能夠正常運作，文官制度便發揮不了應有的功能！而可能走向腐化的「官僚政治」之路。

第三項　文官制度的建立

　　誠如張金鑑教授在其所著《中國文官制度史》序言所說：「健全之法制必賴優良之人員以執行之，始能達成目的，揮宏功能。良以法律者白紙黑字之呆板物也，其效用如何，端視有無忠誠稱職之官吏作切實有效之推行，以為斷耳，故曰『徒法不能以自行』。古稱為政之道，首重得人，人存政舉，人亡政息，得人者昌，失人者亡。因之，如何選用賢能，建立完善之文官制度，使人盡其才，事竟其功，遂成為唐代明君賢相所孜孜努力精心擘劃之要政，昭著史冊，而構成中國珍貴之文化遺業[281]。」

---

[281].張金鑑：《中國文官制度史》（臺北：中華文化出版事業委員會，1955年2月初版）序言。

　　而林紀東教授在其〈五權憲法上的一個重要問題〉文中，亦強調，「蓋注重人的因素，為五權憲法的特色之一，既注重人的因素，則如何選拔好人？自然是五權憲法上重要的問題。甚至是其中畫龍點睛之筆[282]。」吾人至表同意，不過，林教授之意，認為所謂「官員」一語，非僅指狹義的官吏而言，而泛指公職人員而言。直至孫中山逝世的前一年止，猶主張公職候選人考試制度，且正式規定於建國大綱之中[283]。換言之，孫中山要建立萬能政府，則人才的甄拔，至關緊要，非僅一般「事務官」須經考試及格，即連公職候選人也須經考試及格，不論他候選之公職是行政首長，抑或民意代表。上一節所研討的「政黨政治理論」中，所指謂的「政務官」後經由政黨政治運作被委任。本節所談的「文官」之意，則偏向於非經選舉產生之「事務官」。

　　孫中山在「孫文學說」第六章中說：「國民大會及五院職員，與夫全國大小官吏，其資格皆由考試院定之[284]。」在〈中華民國建設之基礎〉文中更進一步主張：「為人民之代表與受人民之委任者，不但需經選舉，尤須經考試。」又「建國大綱」第十五條規定：「凡候選及任命官員，無論中央與地方，皆須經中央考試，銓定資格者乃可[285]。」由這三項文獻資料看，孫中山主張須經由考試以取得資格者為：(1)國民大

282.林紀東：〈五權憲法上的一個重要問題——公職候選人考試制度〉（載《憲政思潮》季刊第 56 期，1981 年 12 月出版）頁 154-155。

283.同前註，頁 155。

284.《國父全集》第 1 冊，頁 464。

285.《國父全集》第 2 冊，頁 180 及第 1 冊，頁 752。

會及五院職員，(2)全國大小官吏──無論中央或地方的、無論是候選及任命的「官員」。(3)人民之代表與受人民之委任者。由此觀之，則上自總統五院院長及其所屬各部會首長等政務性官員及各級民意代表，似皆一律須經考試院考試及銓定資格。

問題是：考試院委員由誰來考試及銓定他的資格？這是作者至感疑惑的──是以，吾人寧願主張孫中山所說的「全國大小官吏」係指中央與地方公務員及公職人員（自然包括民選的中央與地方行政首長及議員），而國民大會代表則屬於政權機關，應不在其內。因為事實上，國民大會代表絕非「職員」或「官吏」。此外，吾人認為立法委員以外的四院──如司法院大法官、行政院長副院長及其下各部會首長、政務委員，考試、監察兩院委員，在資格上應在憲法或組織法加以明定，而不必經考試及格，因為畢竟這些人工作性質與一般公務員不同。否則，總統候選人要不要經考試及格呢？怎麼考法呢？所以，我認為他所說的「中央與地方」「凡候選及任命之官員」與「全國大小官吏」，應只限於非政務性官員及民意代表而言。至於總統，則無論直接或間接民選，因當選的只能一人，此人而能當選，其才識德望必為被全國大多數人民所肯定的！所以，孫中山並未言明總統須經考試院考試及銓定資格，也未說明考試委員或考試院長到底由誰來考試和銓定其資格。我想，在孫中山之意，五院之中，除為了提高經由民選的立法委員及各級議會議員之素質起見，須經中央考試機關考試銓定其候選資格之外，總統及其指派

的行政院長，部會首長，則執政黨應該負責保證「品質」，而不必經過考試。

至於司法、考試、監察三院委員或大法官，其資格條件及產生辦法則應規定於憲法，其工作性質、權力職掌、任用途徑及任期比較特殊，並非執政黨所可任意變更的！所以，吾人認為，對於孫中山所言「全國大小官吏」「凡候選及任命官員」須經考試的主張，無須墨守太嚴格的說法，否則難免膠柱鼓瑟，在政府體系的人事晉用上，發生窒礙難行之毛病。所以，我比較同意蕭公權教授的看法，即總統、國大代表（及省縣民代表──不是議員）不必經過考試，而可以參取歐美的文官制度，把政府官員分為「政務」與「事務」兩大類，前者不必，後者卻必須經過考試[286]。政務官雖不必經考試，但由政黨負責「品質管制」。「品質」不好，亦有監察機關「檢驗」，故無庸顧慮也。

然則，孫中山何以如此重視「文官制度」的建立呢？在1894 年「上李鴻章陳救國大計畫」中，他說：「教養有道，則天無枉生之才；鼓勵以方，則野無鬱抑之士；任使得法，則朝無倖進之徒；斯三者不失其序，則人能盡其才矣。人能盡其才，則百事俱舉，百事俱舉矣，則富強不足謀也，秉國鈞者盍於此留意哉？」又說：「今使人於所習非所用，所用非所長，則雖智者無以稱其職，而巧者易以飾其非，如此用人，必致野有遺賢，朝多倖進。故為文官者，其途必由仕學

---

[286]參閱蕭公權：《憲政與民主》（臺北：聯經出版公司，1982 年）頁138-139。

院；為武官者，其途必由武學堂。皆就少年所學而任其職。總之，凡學堂課此一業，則國家有此一官，幼而學者即壯之所行，其學而優者則能仕，且恒守一途，有陞遷而無更調。夫久任則閱歷深，習慣則智巧出，加之厚其養廉，永其俸祿，則無瞻顧之心，而能專一其志[287]。」可見，孫中山很重視教育與職業的配合，亦即注意「學以致用」的問題。不過，他所說的「有陞遷而無更調」，應指在工作不同性質範圍而言，亦即學農則用在農官，學工則用在工官，學文則用在文官，學武則用在武官，而不得學武反而當文官，學文反而去當武官，這就不對勁了。我想孫中山之意是要建立專業文官制度，在同一專業範圍同一專長職位，應可更調的。如此，用其所長，則野無鬱抑之士。經過考試取才，則朝無倖進之徒。

此外，如果不能建立專業文官制度，則可能影響政治的穩定性。如 1906 年，孫中山在「三民主義與中國民族之前途」的演講詞中，曾批評美國只有政黨更替而文官制度未能建立的惡果。他說：「美國共和黨、民主黨，向來是迭相興廢，遇著換了大統領，由內閣至郵政局長，不下六七萬人，同時俱換。所以美國政治腐敗散漫，是各國所沒有的[288]。」這當然是指「分贓制度」（Spoils system）而言。在此制度下憑著政治的裙帶關係而選擇政府工作人員[289]。

---

287. 《國父全集》第 3 冊，頁 2-3。
288. 《國父全集》第 2 冊，頁 206。
289. MacManus Susan A. et. al., *Governing A Changing America* (New York: John Wiley & Sons, Inc. 1984) p. 379 "Spoils system-selecting government employees on the basis of their political connection."

　　關於這個問題，廖仲愷先生在其《全民政治》譯序之中，有很生動的描述。他說：「美國雖為民主，與英國國體不同；然而代議制度，及其他政治上要素，皆隨其民族根性移植於新大陸。顧代表議院之不足為民意之反射，與夫民權之埋沒於政黨之污垢，較英國尤甚。考其千八百二十年所頒法案，規定數種文官任期為四年。其目的在總統選舉獲勝，可舉數千受國家俸給之地位，為政客酬庸之具。總統更迭之際，官界一空，等於屠祭（Hecatomb）。而政客美其名曰『戰利品之均分』（Division of spoils）。至霞利遜（Harrison）被選為總統（1840），政客以共和黨奪還政權，已功莫大。追隨總統國務員之後，要求席位者，街衢為之壅塞。總統白館（按：即白宮）待見之客，滿至無可立錐。由日出以至日昃，無所間斷。有不及見者，則度夜於迴廊，以俟黎明再見。霞氏年老耄，就任僅一月，遂以煩擾而死。直至加爾斐爾特（Garfield）為總統，被求席位不得者暗殺以死（1880），全國人心，深受刺激[290]。」乃於1883年通過共和黨著名政治家Charles Summer仿英國1855年所公布的「文官競爭試驗法」（按：亦即The Pendleton Act），從前行政上之積弊，乃得稍以矯正[291]。可見，代議制度及政黨政治，倘無「文官制度」加以補偏救弊，則民主政治斷然無法實現。是以，作者深覺「政黨政治」與「文官制度」恰如鳥之雙翼，

[290]. 威爾確斯著，廖仲愷譯：《全民政治》（臺北：帕米爾書店，1957年11月）譯序，頁14-15。刺客是：Charles J. Guiteau 他要求去當巴黎總領事（general consul to Paris）參見：同註289。

[291]. 同前註，頁15。

車之兩輪也！

　　密勒（John Stuart Mill）在其所著論《代議政治》（*Considerations On Representative Government*）一書中，也早就主張：「在一個民主政治組織中，良好政府的重要原則是，行政官員不宜由民選產生，既不應由人民自己選舉，也不應由人民的代表去選舉。所有的政府事務，都需要專業技能，而其資格，則只有具備那些條件和實際經驗的人，才能適當的判別[292]。」這些話，顯示政府中執行政策的行政官員是應該建立考試制度，而不宜由人民選舉或由議員任用。密勒並特別指出，政府所有官員中，其任用最不應該由普選介入的，就是司法官。他認為法官的絕對公正，以及不與任何政客發生關係，是比其他任何官員更為重要[293]！而且，職業文官除非經證實有嚴重不法行為，就不得隨意排除，剝奪他們過去服務的全部功績[294]。換句話說，密勒也認為文官地位應有所保障，不應因政黨更迭而去職。這也就是所謂「文官中立」（政治中立）的理論。一個國家，而沒有這些專業文官的繼續任職，國家的政務是無法持續推行的！誠如威瑪憲法第一三〇條規定：「官吏是社會的公僕，不是政黨的傭役[295]」這明顯的否認「政黨國家」（Party-State）的思想。此一條文之實際價值，即在禁止政府依政黨關係，任免官吏。蓋政黨與政府實不能

---

292. John Stuart Mill, *Considerations On Representative Government* (London: Longmans, Green, Reader, and Dyer 1878) p. 104.

293. Ibid., p. 106.

294. Ibid., pp. 107-108.

295. 參閱薩孟武：《孟武自選文集》（臺北：東大圖書公司，1979 年 10 月）頁 194。

混為一談。

不過，話雖如是說，而美國總統雷根（Reagan）仍任命三千名官員，我們可看到總統有權任用他的同黨在內閣及白宮當職員[296]。依據 1883 年通過的 The Pendleton Act，美國效法英國建立「文官委員會」（The Civil Service Commission）以公開競爭考試的方法，於功績的基礎上，甄拔公務員。因此運用了一萬四千個職位，佔聯邦文官 12%。迨至 1978 年，90%以上的聯邦政府職位已在功績制度（Merit System）[297]下用人。然而，近年來幾乎每位總統都要帶一群新的工作人員，在文官掩護下增加政府工作名額，以安插私人。許多人仍夢寐以求的希望在總統大選之後，得到政府工作職位。

1978 年，吉米卡特總統時期，國會通過「文官改革法案」（The Civil Service Reform Act of 1978），取消原有的「文官委員會」，而改設兩個組織，一是「人事管理處」（The office of Personnel Management），根據聯邦公務員的知識技能和成就負責招募考試、訓練和升遷的工作。此一單位的主管，直接對總統負責。另一個組織是「功績制度保護局」（The Merit Systems protection Board）負責保障聯邦公務員的權利[298]。

美國「文官改革法案」通過的最大意義是：(1)使聯邦公

296.Macmanus Susan A. et al, op. cit., p. 379.
297.Ibid., P. 379 "merit system, a government employment system based on three principles: open competition for available jobs, occupational ability, and political neutrality."
298.Ibid., p. 381.

務員的進用與訓練過程現代化。(2)建立聯邦勞工關係機關，以協助增進勞工與管理間之關係。(3)建立一套新的基於功績原理的「成就評估制度」（A New Performance-rating System）。(4)提高薪級，使公務員待遇不再落於私人機構之後[299]。由此可見，美國人已知道建立健全「文官制度」的重要性了。

　　然則，孫中山早在民前六年（1906 年）就主張「將來中華民國憲法，必要設獨立機關專掌考選權，大小官吏必須考試，定了他的資格，無論那官吏是由選舉的、抑或由委任的，必須合格之人，方得有效。」他認為這個方法「可以除卻盲從濫舉及任用私人的流弊[300]。」所以，「期望能根據這種辦法，最嚴密、最公平地選拔人才，使優秀人士掌管國務。」而不要像「一般共和民主國家，卻將國務當作政黨所一手包辦的事業，每當更迭國務長官甚且下至勤雜敲鐘之類的小吏也隨著更換，這不僅不勝其煩，而且有很大的流弊[301]。」民國二年（1913）4 月，「國民黨政見宣言」「對內政策之主張」第四項「主張整理行政」之中，亦明言：屬行官吏登庸考試。因為當時任用官吏往往用違其學，或毫無學識，僅由私人吸引者，故政治日趨腐敗。惟有屬行官吏登庸考試，庶得各盡

299.Ibid., p. 380, p. 381 (1) streamlined the procedures for firing or disciplining a federal employee, (2) established the Federal Labor Relations Authority to help improve relations between labor and management, (3) established a new perfomance-rating system based on nine merit principles, (4) upgraded the pay scales for G S (ie. general service-"Competition-based") 13 to 15 (upper management) employees.

300.《國父全集》第 2 冊，頁 206，「三民主義與中國民族之前途」。

301.《國父全集》補編，頁 184。

所長，拔取真正人才，以為國用[302]。「則國人倖進之心必可稍稍歛抑[303]。」否則，一朝天子一朝臣，安得天下不再亂耶？

此外，有一問題須在此一併澄清者，有人或以為孫中山設計考試院，只為了考選文官及公職候選人資格。所以，關於「銓敘」事務，則應劃歸行政權掌理。對於此一看法，作者不敢苟同。我們且翻閱民國三年（1914）7月8日的「中華革命黨總章」，其第二十六條規定：「凡屬黨員，皆有贊助總理及所在地支部長進行黨事之責，故統名之曰協贊會，分為四院，與本部並立為五；使人人得以資其經驗，備為五權憲法之張本。其組織如左：(1)立法院，(2)司法院，(3)監察院，(4)考試院[304]。」又第三十一條規定：「考試院之職務如下：(1)考驗黨員才幹而定其任事資格；(2)調查職員事功而定其勳績；(3)籌備考試院之組織[305]。」其中第二項即是人事行政上的「考績」之意。當時「中華革命黨」在黨內試行五權之治，「備為五權憲法」之張本，有關考試院之職權已包括了「銓敘」行政事宜。

戴季陶先生亦認為「歷代的治亂興衰，沒有不是以人事制度的好壞為轉移。人事制度紊亂、國家就衰亡，人事制度嚴明，國家就強盛，代代如此，屢試不爽[306]。」所以，「沒有一個完整的人事制度，任何建設，都不會有成就。」以故，

---

302. 《國父全集》第 1 冊，頁 801。
303. 《國父全集》第 2 冊，頁 364，「採用五權分立制以救三權鼎立之弊」。
304. 《國父全集》第 2 冊，頁 943。
305. 《國父全集》第 2 冊，頁 944-945。
306. 中央文物供應社，《革命先烈先進闡揚國父思想論文集》（1965 年 11 月 12 日出版）頁 656。

必須建立「公務員保障制度」，「保障制度的目的，原是為進賢去不肖而設，如果失卻這一種精神，便變了清朝末的結果[307]。」五權憲法中考試權的獨立，正為了建立公務員保障制度，各機關公務員的進用須經考試及格，而保障公務員進用之權，亦應操在考試院，否則行政院在行憲時期，政黨更異時，就難保執政黨排除異己，而任用同黨，那麼，文官（人事）制度就建立不成了。所以，考試院掌握全國公務員之「考選」之外，仍須掌握公務員之「銓敘」，以保障行政機關及其他各院文官，均具備公務員任用資格，及不被無故排斥。

金鳴盛先生也認為「考試院是治才所從出，是養成公務人員的機關，如果光是考試錄取人才，沒有銓敘的權柄，便有兩種弊端：第一、考試院不明考取之人是否合用，則將來考試方針必難訂定；第二、考取人員與考試院脫離關係，即因違法犯罪而免職之人，第二次必仍能混入考試，以入仕途。故考試院的銓敘權與甄錄權，實互相關聯，不可分割[308]。」他甚至認為考試院對不合格之公務員得以否認其任黜，對於不合法之被降免人員，得以保持其原職[309]。吾人深思之，頗覺有其道理。蓋必如此，乃可保障文官中立制度之實現，而不致墮入美國歷史上「分贓制度」（Spoils System）之泥淖中不能自拔也。

307.同前註，頁 657。
308.金鳴盛：《五權憲政論集》（上海：中華書局，1936 年 5 月）頁 35。
309.同前註，頁 140。

第七節 結論

關於孫中山政府思想之理論，吾人從政府組織、政府職權、及政府人事三個觀點加以分析，深入探討權能區分、五權分立、均權主義、地方自治、政黨政治、文官制度等六個理論命題。而他在「孫文學說」第六章及「中國革命史」之中，有一句相同的話，是這樣說的：「憲法制定之後，由各縣人民投票選舉總統，以組織行政院；選舉代議士，以組織立法院；其餘三院之院長，由總統得立法院之同意而委任之。但不對總統及立法院負責，而五院皆對於國大會負責。各院人員失職，由監察院向國民大會彈劾之；而監察院人員失職，則向國民大會自行彈劾而罷黜之。國民大會職權，專司憲法之修改，及制裁公僕之失職。國民大會及五院職員，與夫全國大小官吏，其資格皆由考試院定之。此為五權憲法。」這就是孫中山規畫的「中央政府組織」之輪廓。從這一段話，吾人得到下列幾點結論：

（一）孫中山主張總統由全國人民直接投票選舉產生，不設副總統，總統的任務是組織行政院。顯然，行政院長由總統提名上任，並未提到須經立法院同意才任命。

（二）代議士（立法委員）也是由人民選舉產生，以組織立法院（國會）。看來孫中山是主張「單一國會」，而不設參議院及眾議院二個國會機關。

（三）其餘司法、考試、監察三院之院長，由總統提

名，經由立法院之同意而委任之。但他未提到三院院長以外的考試委員、監察委員及大法官如何產生？可能由三院院長依據組織法來聘任各院之委員或大法官，也可能是與各院院長一樣，由總統提名經立法院之同意後任命。依吾人之看法，孫中山似主張由各院院長自行去找適格的人才。否則他應寫明「三院之院長其委員」數個字。

（四）孫中山認為司法、考試、監察三院院長雖由總統提名經立法院（國會）之同意而委任，但不對總統及立法院負責。顯示三院人員係獨立行使職權，不受總統之指揮，也不受國會之監督。換言之，經由政黨政治選舉產生之，總統及國會不得干涉三院人員之獨立行使職權。三院人員在職權之行使上是沒有政黨色彩的，其神聖任務是秉持法律與公義行使職權，不受任何政黨所控制。

（五）行政、立法、司法、考試、監察五院皆對國民大會負責。換言之，行政院長及其內閣，雖由民選產生的總統所組織，立法委員雖由人民直選產生，司法、考試、監察三院人員雖由總統提名經立法院同意而委任，但五院人員（甚至包括總統）都對國民大會負責。可知國民大會是人民選出，在中央政府監督總統及五院的機關。本質上，國民大會不是政府機關，而是「政治主權」之代表機關。而國大代表之任免，則為其選區的公民之權利。依此設計，全國公民只需看好國民大會是否代表人民行使「直接民權」即可，而不必在為生活奔勞之時，參與中央政事之管理，可謂輕鬆愉快之至。

（六）最後，孫中山又說：「各院人員失職，由監察院

向國民大會彈劾之；而監察院人員失職，則國民大會自行彈劾而罷黜之。」這表示官派的監察官，是可以由他對失職的國會議員（立法委員）提交給國民大會加以彈劾的。初看起來好像不合法理，但仔細思考，則並非無道理，蓋立委選出，人民已管不了他，監委是只論是非不論黨派的，他可以代表人民監督各院人員之失職。監委本身則由國民大會監督之。

（七）國大代表係由各縣人民選舉產生，其職權為修改憲法，但這不是日常事務，更重要的職權是「制裁公僕之失職」。公僕是誰？是包括總統以下，包含立委之中央五院人員（政務官及司法、考試、監察三院之高級中立性文官）。這顯示「政治主權」機關──國民大會在中央政治系統中的重要性。至於國民大會及五院職員全為「事務官」，連同地方公務員，其任用資格皆須經由考試院之銓定。這樣即可建構一個廉能的精英政府。

以上七點，是對中央政府組織、職權及人事甄補的構想，但我國憲法並未完全依照孫中山之政治理想而設計。孫中山構想的藍圖，依作者之研究，也發現盲點，這是孫中山未及思考到的，即是他極力主張的「政黨政治」因素，在「五院制」政府中發生的作用。例如：

1. 總統可否兼任黨主席？立法院長可否兼任黨職？

2. 考試、監察及司法三院之院長，總統提名的都是他同黨的「同志」，而立法院又是與總統同黨者居多數議席，則這個中央政府便成為「獨黨政府」或「一黨政府」，全面執政，全面腐化，欲其發揮互相之作用，

可能是緣木求魚。

3. 反之，如果立法院多數議席與總統不同政黨，總統所提名的監察委員名單，立法院不予審查，總統改換名單，一樣予以杯葛，讓監察院懸空，造成憲政危機，也毫無辦法。雖有人提出釋憲案，而釋憲結果出來，監委之任期已過大半，這完全是政黨不理性鬥爭之惡果。

4. 總統與行政院原為立法院所監督的機關，立法院與行政院是國家立法施政的二大柱石，缺一不可，但總統與國會議長（立法院長）理念不同，兼任黨主席之總統居然透過政黨運作，鬥爭同黨的立法院長，這是否合憲？

5. 監察院職權本來即在於監督行政院及總統，但因為總統是黨主席，監察院長之職位，又是黨主席所「恩賜」，感恩唯恐不及，哪裏好意彈劾總統及其組織的行政院？

由此可知，孫中山的五權政府理論，尚須「更正條理」，有待進一步研究。

第四章　孫中山政府思想之制度

　　思想是行動的指導力量；理論要能付諸實用，亦必須建立制度，庶幾可行。本章之重心，乃在探究以孫中山政府論為依據所建構的政府制度之底蘊。在整個孫中山政治思想中，最難研究者蓋為五權憲法的政府組織，因為在這方面的資料有限，而他也沒有為我們留下明確的政府組織藍圖。民國約法這份文獻，他明白告訴我們：「我們民國的約法，沒有規定具體的民權，在南京訂出來的民國約法裏頭，祇有『中華民國主權屬於國民全體』的那一條，是兄弟所主張的，其餘都不是兄弟的意思，兄弟不負那個責任[1]。」當然，臨時約法就不能做為我們研究政府制度的根據。1913 年 10 月，袁世凱當選總統後，實行獨裁，蓄意破壞國會，以逞一己之私，遂啟十餘年南北紛擾的局面。

　　此後，國民政府於 1925 年 7 月 1 日正式成立於廣州，這是遵奉孫中山遺教以施行革命建國及以黨治國的政府，一切法制，我們只能看做是過渡時期的措施，所以也不能做為政府制度的研究根據，充其量只有參考價值而已。以故，我們必須在一些出自孫中山口中的相關言論及出自他手中的相關

179

---

1. 《國父全集》第 2 冊，頁 425，「五權憲法」演講。

文字，做為研訂「中華民國憲法」政府制度的依歸。作者在
第三章的研究內容，乃成為本章主題的重要基礎。也希望如
孫中山在三民主義自序中所言，能夠「本此基礎，觸類引申，
匡補闕遺，更正條理，……造福於吾民族、吾國家。」當
然，在探討孫中山心目中的「五權憲法」政府制度時，五五
憲草與現行憲法，是兩種比較重要的文獻，尤其現行憲法的
重要性更大。此外，在臺灣制定的相關法規及國民黨大會憲
政研討委員會有關修改憲法各案的研討結論，既然是各方精
英研討之結果，自也受到作者的重視。明乎此，本章之研究，
實為憲法學的研究，勢必須採取法學研究法，但是研究範圍
則集中在政府制度這一部分。這是開始討論之前，作者必須
說明的。

其次，1921 年，孫中山演講「五權憲法」時，有一個
「治國機關」圖，必須附錄於此。雖然，此次演講，他是從
側面來觀察的，我們並不能從圖中看出來各機關的性質和組
織關係，但如配合他的言論著述，加以思考，則尚有參考的
價值。茲附圖如下[2]。

2.參閱同前註，頁 424。

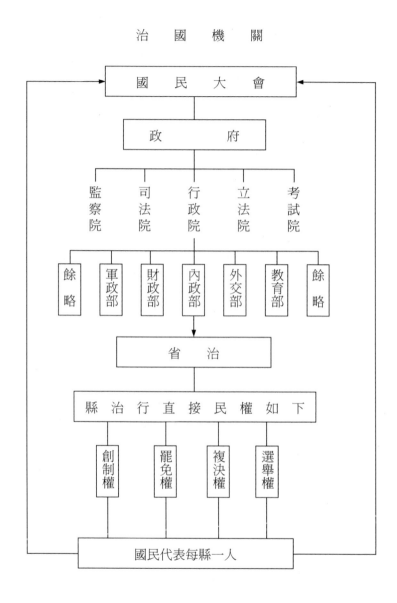

治　國　機　關

國　民　大　會

政　　府

監察院　司法院　行政院　立法院　考試院

餘略　軍政部　財政部　內政部　外交部　教育部　餘略

省　治

縣　治　行　直　接　民　權　如　下

創制權　罷免權　複決權　選舉權

國民代表每縣一人

　　吾人在研究孫中山的政府思想之理論後，認為在探討他構想的政府制度時，必須分為以下各節來討論：（一）政權機關──也就是他發明的「國民大會」。（二）治權機關──在這一節可分別討論「大總統」及「五院制」的問題。（三）政治機關相互關係。在這個主題下，須包括：①國民大會與大總統之關係，②國民大會與五院之關係，③大總統與五院之關係，④五院之間相互關係。此外，還須討論（四）中央與地方之關係。這些討論，可以說無法離開第三章所研究的「權能區分」、「五權分立」、「均權主義」、「地方自治」、「政黨政治」與「文官制度」等六項理論基礎。茲分別探究之。

第一節　政權機關─國民大會

第一項　國民大會的性質

　　「國民大會」這個名詞，首先出現於 1916 年 7 月，「自治制度為建國之礎石」這篇演講。他說：「今則七十萬人中，苟有七萬人贊成署名，可開國民大會。有人民三十五萬人以上之贊成，即可成為法律[3]。」而此處所說的「國民大會」顯然不是一個「機關」，而是實施縣自治時，行使直接立法權的「集會」。然則，七十萬人如何集會法？那是不可能的。因此，吾人認為在此所謂「國民大會」是指縣公民「總投票」而言。在這篇演講中他又說：「今此三千縣者，各舉

3.《國父全集》第 2 冊，頁 356。

一代表；此代表完全為國民代表，即用以開國民大會得選舉大總統。」三千代表的「集會」自然是可行的，但他們也可以做為發動國民「總投票」的機關，以便行使「全民政治」的直接民權。所以，此處所謂「國民大會」更可解釋為公民「總投票」。試查閱 1923 年元旦「中國國民黨宣言」中所提：「以人民集會或總投票之方式，直接行使創制、複決、罷免各權[4]。」一項，即可知曉孫中山之意思：人民行使直接民權時，能集會就集會，不能集會就以總投票之方式行之。是則，建國大綱第二十四條所謂的「國民大會」自亦可做為全國公民「總投票」解釋了。

再看 1921 年「五權憲法」演講中，提到的那一個（如前）「治國機關」圖，在上面者為「國民大會」，這個「國民大會」是每縣選出國民代表一人而組成的有形機關，事實上是「國民代表大會」。此觀建國大綱第十四條規定：「每縣地方自治政府成立之後，得選國民代表一員，以組織代表會，參預中央政事」可知。1922 年「中華民國建設之基礎」一文中說，欲實行民治，其方略如左：（一）分縣自治。（二）全民政治。以上二者皆為直接民權，前者行於縣自治，後者行於國事。亦即人民對地方和全國事務，皆行「直接民權」──包括四權。（三）五權分立。（四）國民大會。特別註明「由國民代表組織之」。可見上述「治國機關」圖中的「國民大會」，確實是「國民代表大會」。他還說：「以上二者皆為間接民權。」換句話說，由於中國乃廣土眾民之

4.《國父全集》第 1 冊，頁 860。

國，人民與聞中央政事，每縣選出國民代表一人到中央政府所在地「集會」，是謂「國民大會」。在縣自治舉行「人民直接立法」總投票時，也叫「國民大會」，可見「國民大會」是行使直接民權之專用名詞，但這個地方性質的「國民大會」是無形的；在中央政府所在地的「國民大會」是有形的機關。

　　不過，值得注意的是他的理想，乃是：人民「行於縣自治」或「行於國事」，都要實行「直接民權」──亦即人民有直接選舉權、罷免權、創制權、複決權。「行於縣自治」者叫「分縣自治」；「行於國事」者叫「全民政治」。他很重視這兩件事。所以他說：「其實行之次第，則莫先於分縣自治。蓋無分縣自治，則人民無所憑藉，所謂全民政治，必末由實現。無全民政治，則雖有五權分立、國民大會，亦終末由舉主權在民之實也[5]。」這一句話相當重要，也就是說，要實行民權主義以舉「主權在民」之實，則須先由「地方自治」做起，讓人民在地方懂得如何行使四權之後，再行「全民政治」，以便對國事行使直接民權。而地方自治工作，早該在訓政時期就得辦好的，全民政治則可待憲政時期實施。由他所言：「無全民政治，則雖五權分立、國民大會，亦終末由舉主權在民之實也。」此一句話，我們應有一個基本的認識：那就是設立「五權分立」的中央政府，為全國人民服務，及設立「只盡其能、不竊其權」的「國民大會」，用以反映民意，監督中央政府，這是政治上必要的作法。雖然他

─────────
5.參閱《國父全集》，頁 179-180。

們皆為行使「間接民權」的機關，然則，其所以與「官治」不同者，蓋在有「分縣自治」及「全民政治」；而這兩件事皆行「直接民權」。由此可知，「國民大會」之地位，並不是孫中山心目中的「國會」性質。而其對中央政府官員及中央法律，究竟如何替人民行使「政權」，庶幾不違背民意以達到「只盡其能，不竊其權」之實質，則為頗值得研究的重要問題。

我國憲法第二十五條規定：「國民大會依本憲法之規定，代表全國國民行使政權。」如何行使呢？關於這個問題學者間有不同之看法。謝瀛洲博士在其所著《中華民國憲法論》一書中說：「中國之國民大會，若能本於遺教之見解，採用『授權命令』制度，則各縣人民於縣民大會開會時，即可以其所希冀之事項，經多數議決後，製成『授權命令』，使各該縣所選出之國民大會代表於國民大會提出之。若國民大會之代表，違反其選民之『授權命令』，不為提出，則原選民得行使罷免權以罷免之。如是，則國民代表僅為民眾之代言人，其言論主張，絕對不能違反民意，在民眾方面，事實上雖未參加國民大會，然各有其代言人，代為申述及支持其所希冀之事項，則結果與直接參加者，當無少異，照此設計，代表即等於人民，而國民大會所行使者，在精神上為直接民權矣[6]。」並謂「一般人徒以國民大會為代表所組成，遂

6.謝瀛洲：《中華民國憲法論》（臺北：米劍豪發行，1976 年 10 月十五版）頁 122。又，所謂「授權命令」（Mandate Imperatif）係指選民得以其所希冀之事項，以命令式授權於其所選出之議員，使於議會提出之，於此場合，受命之議員，在議會中，其言論與主張，應絕對遵守選民之意旨。（見同頁）

認為國民大會所行使者，係屬間接民權，此實未能瞭解遺教之真義也[7]。」其實，國民大會所行使者，確為間接民權，這是孫中山在「中華民國建設之基礎」一文中所明言的[8]。謝博士並謂：「國民大會為行使中央政權之惟一機關，此洒本於孫中山先生權能劃分之遺教，其政治理論之精華，即萃於是。故國民大會實為中央政制最重要之一環，缺此則整個政治理論，均失其價值。」又說：「孫中山先生嘗以機器喻治權，可以發生極大之能力，以工程師喻政權，可以駕馭機器，使其行止進退，皆受指揮。故無國民大會，則恍如汽車之失去司機，輪船之失其舵師，無從加以控制矣[9]。」其實，工程師也是工廠老闆請來的，汽車上司機之外還有車主，輪船上也還有乘客。工程師不聽話，固然可以開革，但計程車司機不見得人人是好人，也有壞人呀！如誤上賊車，怎麼辦？依孫中山之意，國大代表候選人似也須經由考試及格方可參選，但是如把國民大會代表比做司機或舵師，其開車船之技能也許可以考出來，但道德是考不出來的，他自己也曾說：「主權在民之規定，決非空文而已，如何而後可舉主權在民之實。代表制度，於事實於學理皆不足以當此，近世已能言之矣[10]。」所以，國會議員或代議士固然不能保證民主政治必然實現，即孫中山設計用來監督中央政府的「國民大會」代表，就何嘗能保民主政治之實現？這就是孫中山把「國民大會」行使

7.同前註。
8.參閱《國父全集》第 2 冊，頁 180。
9.謝瀛洲：前揭書，頁 116。
10.《國父全集》第 2 冊，頁 177，「中華民國建設之基礎」。

的政權，也看做是「間接民權」的道理。但是，依孫中山之意，人民之代表在間接行使人民之政權時，是要以人民為主體，以人民為自動者[11]。是以，吾人認為，謝博士採「授權命令」之說，即認為國民大會代表是「委任代表」（delegated repesentative），如能確實做到，是可符合孫中山「主權在民」的主張。然則，果能做到嗎？答案是否定的！

誠如劉慶瑞教授在其所著《中華民國憲法要義》一書中所言：「第一、一縣往往有幾十萬人口，以這樣多人，如何集會？如何將所希冀的事項，經多數議決後，製成授權命令？第二、假定縣民可以開會，製成授權命令，國民大會將如何表決議案？茲以罷免官員為例言之。如甲縣人民議決某中央官員的罷免案，授權該縣所選出之國民大會代表提出於國民大會，那麼國民大會要表決這個罷免案，每一個國民大會代表必須先請示其縣民製成授權命令，然後方能依這授權命令投票，其程序之繁雜，由此可見。至於創制法律，其困難程度更大。全國有二千餘縣，各縣紛紛提出法律案，國民大會將如何討論、表決？國民大會代表無自由討論和表決之權，事事均須請示縣民大會，要創制一個法律，縱非不可能，然不知須費多少年月？第三、如採授權命令制，國民大會代表苟須按照授權命令行事，不得以己意臨時變更，則行使四權之時，只要集合各縣之授權命令，加以統計足矣，何必設置國民大會？」因此，劉教授認為：授權命令的理想，雖然很

11.同前註，頁179。

高，但恐無法實行。況且現行憲法第三十二條規定：「國民大會代表在會議時所為之言論及表決，對會外不負責任」，故在現行憲法之下，授權命令制度亦無法採用[12]。因此，他認為「國民大會由國民選出的國民大會代表，代全國國民行使政權，故其行使的民權，仍為間接民權，決不能稱之為直接民權。蓋直接民權必須由國民直接行使，不能許由間接的代表代行[13]。」這個看法，與孫中山的遺教是切合的！即「五權分立」及「國民大會」的制度，皆為間接民權。

傅啓學教授在其所著《中國政府》一書亦言：「自 1919 年至 1933 年期間，德國實行威瑪憲法，規定人民直接創制直接複決，但事實上沒有行使，即因提案人不易得到連署的法定人數。現行西德憲法，放棄人民在中央行使創制複決兩權的規定，即因鑑於過去的缺失，不再維持不切實際的制度。孫中山先生深謀遠慮，洞見及此，故主張縣由人民行使直接民權，中央則由國民大會代表行使政權[14]。」授權命令制度，英國即不採用，因為英國議會議員選出後，係代表全國選民，並不代表其選區，他們是採「法定代表說」（representative theory, or theory of virtual representation）。法國第五共和憲法第二十七條規定：「一切命令之委任（即授權命令 mandate imperatif）為無效，國會議員之投票權屬於本人。」1948 年

---

12. 劉慶瑞：《中華民國憲法要義》（作者自刊，1960 年 9 月修訂版）頁 121-122。參見「（註）」。

13. 同前註，頁 121。
14. 傅啓學，《中國政府》（臺北：臺灣商務印書館，1973 年 5 月增訂初版）頁 240-241。

義大利憲法第六十七條亦規定：「一切國會議員代表國民行使職權，不受委任之拘束。」由此可知，授權命令為一種理想，並未被任何國家採用過。傅教授並在其《中山思想體系》一書中說，國民大會代表，係代表其選區，當然應尊重選民意見，否則選民自可依法予以罷免。若在選出代表時即予授權命令，尚可辦到，若開會時有重大問題討論，而必須靜候授權命令，時間上必定拖延。且授權命令，如何發出，更是問題[15]。惟依現行憲法規定，國大代表已與遺教不同，而採法定代表說，代表全國國民了。

　　不過，正如前面個人之淺見，認為孫中山創設的「國民大會」並不是西洋各國的「國會」。國民大會代表之性質，是反映各地民意輸入給政府的人民代表，而他行使四權，也須與民意相切合。然則，如何達成此一目標？確實令人傷神。關於此一問題，我發現一位與我見解相似的學者，至為興奮。金鳴盛先生認為：「原來民國的主人翁是全體人民，國民代表不過是人民派他去監督政府的公僕，決不能完全代表主人翁去行使主人翁的大權。」「要想使五權分治的原則確立不移，要想避免國民大會的各種弊端，惟一的根本辦法，祇有做主人翁的人民自己拿出權來，是什麼權呢？那就是選舉權以外的三種直接民權——創制權、複決權和罷免權。」「我們研究總理遺教，決不能咬文嚼字拿幾句話來做惟一的標準；我們必須融會貫通，拿總理的立法精義所在研究清楚，先把

15.傅啓學，《中山思想體系》（臺北：臺灣商務印書館，1985年2月初版）頁235。

五權憲法之大原則確定起來，再來討論其餘枝節問題[16]。」金先生並認為建國大綱中所定的「國民大會」實亦可作全國總投票解[17]。這個看法，與個人在本節開頭所提及的看法相同，因為公民在縣自治利用總投票的方式來行使直接民權，既可叫做「國民大會」；那麼，在參與國事的總投票時，當然更可稱為「國民大會」了。

　　但今日，憲法上的國民大會乃由各縣選出的代表組織。金鳴盛先生認為「五權制度下之國民大會，其性質似應做為人民與政府間之聯繫機關」，發現此一見解，作者有找到「道友」的喜悅！個人曾思考過「國民大會」，應為政府接收民意反映的重要管道，憑此管道，政府施政乃能隨時符合人民需要，而這個管道，絕不是西方式的「國會」執掌立法權之可比。它是「虎視眈眈」的為全國人民監視著中央治權機關的政策制定與執行的工作，倘然中央政府在制定政策、執行政策，稍有偏差時，它是要隨時指正並向其選民報告的；而選民之意向，也透過它的傳遞給中央政府。因此，吾人認為國民大會之門，應該是經常開著的。當然，國民大會場，也是政黨匯集民意及國家集中國民總意之處。各縣選出的國大代表，必須勤於蒐集真正民意，並且有責任把政府施政用意及現況隨時向其選民報告。孫中山在民權主義第五講中曾說：「總而言之，要人民真有直接管理政府之權，便要政府

16. 金鳴盛：《五權憲政論集》（上海：中華書局，1936年5月）頁218-219。
17. 同前註，頁219，按語。並參閱：頁260。

的動作，隨時受人民的指揮[18]。」但是，人民日常為生活而奔忙，對於中央政事，必無法隨時顧及，所以，有必要選一位（也許選二位較佳）代表到中央政府所在地去監督政府工作（包括立法工作）。如有意見，也可以隨時表示，「人民只要把自己的意見在國民大會上去發表，對於政府加以攻擊，便可以推翻，對於政府加以頌揚，便可以鞏固[19]。」所以作者認為國民大會的性質，應為直接民權的發動機關。如果「國民大會」這個機關不能展現這種角色，而以己意為民意，那就應廢除這個機關。而且科技進步日新月異，臺灣社會資訊發達，言論集會結社充分自由，國民大會之設計是否必要，是值得深入討論的。

依孫中山之意「國民大會」，事實上也可以說是一個「會場」。這個「會場」，在中央政府只有一個，那是國民大會代表集會的場所，人民是可以隨時上臺去發表意見的。不過幅員廣大之國，這種發表意見的「會場」，應在各縣市，甚至各鄉鎮普遍設置，有如英國海德公園一樣。這與孫中山重視人民言論集會結社的自由人權觀念，也是一致的。是以，國大代表果而真要「為民喉舌」，並不必令其選民浪費時間和金錢車資到中央政府所在地的「國民大會」會場發表意見，實可在其選區各鄉鎮普設會場（可命由基層政府設置），用為當地國民對地方事、國家事發表意見之需。亦即不管其意見是屬地方性質的或中央職權範圍的，皆可儘情發

18.《國父全集》第 1 冊，頁 152。
19.同前註，頁 143。

表。這也許是孫中山重視「國民大會」之意旨。

前述，謝瀛洲博士引孫中山先生之語說：「以工程師喻政權，可以駕馭機器。」當然，所指的機器即是政府，而工程師就是「國民大會」的代表了。國民大會代表須接受選民之意見，傳達給政府，就像工程師聽工廠老闆的話去駕馭機器工作一樣。顯然誠如金鳴盛先生之言，五權憲法下國民大會之性質是「只應該做一個國民與政府間的溝通機關。」「國民大會與各國代議機關之國會或蘇維埃大會頗有不同[20]。」

以故，金鳴盛先生認為：「總理所主張之國民大會，係國民代表所組成，並非全國國民同時投票之國民大會，為正名起見，自應改稱為『國民代表大會』。其職權為代表全體國民，監臨中央政府[21]。」「國民代表大會是一個上承國民下監政府的機關，嚴格的說，它並不是政府的一部分，卻超立於政府的上面，所以它的職務，以輔佐國民耳目所不周而止，不能兼掌任何之治權。因為我們大家已覺到代議政治的窮弊，同時又感到直接民治的不可逕行，才有這種最小限度的代議制。為什麼叫做最小限度的代議制呢？就是它的職權力求其縮小，至不能為害為止。所以它非但不應該集政治之大權，也不應該直接干涉立法事宜。如果它可以完全代表人民行使創制或複決之權，勢必變成兩院制或造成國民代表大會的一權政治，而立法院或且變為起草委員會或法制局的性質[22]。」

192

20. 金鳴盛：前揭書，頁 26。
21. 同前註。
22. 同前註，頁 28。

代議政治的流弊，大家都很清楚，孫中山主張直接民權正是救濟代議制度的良法，如果把人民管理政府的大權統統交給國民大會，豈非明知故犯？所以，個人相當同意金先生的上述見解。作者認為孫中山設計的國民大會根本不是議會，而是民權的發動機關。所以，也同意金先生「確定國民大會有各種民權的要求權，卻沒有各種民權的核定權」這個觀念。金先生主張：應該先把直接民權分做「要求」的權和「核定」的權兩種，要求權交給國民大會，核定權則人民自己掌握。他畫一個圖表示他的看法：

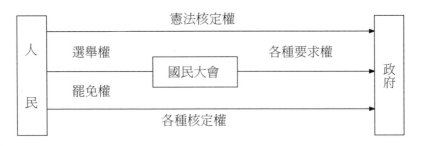

金鳴盛先生認為：這樣計劃的國民大會，就只做了人民的一個忠僕，決不至於反僕為主，大權獨攬。人民好比是東家，政府好比是工人，而國民大會則好比是監工的管家。大會自身不必去做工，卻在監工；工人不好，或工人之間發生了爭議，它有權去指摘，去排解，如果工人們不服，那便得告訴東家，由東家自己來判斷是非曲直[23]。質言之，他認為國民大會的性質，似應做為人民與政府間之聯繫機關，其職責

23.同前註，頁 57。

在輔助人民行使政權，而非代替人民行使政權。至於政府各種治權，自尤無侵越之餘地。本此定性，故國民大會對中央政府應只有各種「政權（參政權）」之要求或提議權，如提議罷免大總統，提議創制或複決法律等權，至於最後決定權，仍由人民自行之[24]。這種辦法，有好幾種優點：

（一）人民對中央政府到底隔膜太多，沒有工夫自己時常去監督，國民大會代他去負這個責任，便可放心。

（二）國民大會雖有一部分政權在手，但重大事情，還得由人民自己來決定，人民不至被代表所賣。

（三）人民對國家事或地方事有意見，只需在社區的「海德公園」或「公民會館」去表達。

（四）中央政府五院對國民大會固然負有直接責任，但仍對國民負有間接責任；五院不必絕對服從國民大會，但應絕對服從民意；執行經由公民投票核定民意。故國民大會可監制五院，卻不能宰制五院[25]。必如此，萬能政府方可能建立起來，而且建立在民權政治的基礎上。也就是說，這樣設計的五權憲法政府，才是兼顧到民主與效能的政府。

總而言之，依孫中山之意，並非把「國民大會」當做「國會」，而是把它當做純粹的民意反映及監制中央政府的機關。它代表國民在中央政府所在地行使四權，理論上必須完全遵照選民的授權命令。但此事不易做到，吾人認為應把國民大會當做民權的發動機關，對政府有各種要求權而無最

194

24.同前註，頁 255。
25.同前註，頁 58，綜合金氏與作者看法。

後的核定權，如此一來，便可更正五權憲法下國民大會制度的條理，確立民權主義政府制度的根基。然則，1957 年由於參加國際性的國會聯合會，而發生應以何機關代表的爭議問題，國民大會與立監兩院各執己見，經由大法官會議以釋字第七十六號解釋，認為「我國憲法係依據孫中山先生之遺教而制定，於國民大會之外，並建立五院，與三權分立制度，本難比擬。但就憲法上之地位及職權之性質而言，應認國民大會立法院監察院共同相當於民主國家之國會[26]。」因之，中華民國在修憲前乃成為世界上「國會」機關最多的國家。何以故？蓋因憲法之制定，並非完全合乎孫中山政府論之原意。

第二項　國民大會的組織

　　上項討論的是有關國民大會的性質問題，本項繼之研討國民大會的組織。依孫中山之意，國民大會係由各縣選出一人組織之。但我國現行行政區域之劃分，有「省轄市」的制度，其地位與縣相當。故我國憲法第二十六條規定：每縣市及其同等區域各選出代表一人，但其人口逾五十萬人者，每增加五十萬人增選代表一人，縣市同等區域以法律定之。目前並無「縣市同等區域」。關於代表之產生，原憲法規定除區域代表之外，並有少數民族、僑民、及職業團體、婦女團體之代表。

　　憲法第二十八條規定：國民大會代表每六年改選一次。惟因大陸淪陷，事實上無法按期改選。1966 年國民大會第四

26.鄭彥棻：《憲法論叢》（臺北：東大圖書公司，1980 年 9 月）頁 120。

次會議修訂臨時條款，規定：「對於依選舉產生之中央公職人員，因人口增加或因故出缺而能增選或補選之自由地域及光復地區，均得訂頒辦法實施之。」乃於 1969 年在臺、澎、金、馬自由地區辦理增補選。但以人口增加或因故出缺為要件，所以只能增選國大代表十人，補選五人，未敷充實中央民意機構之需要。故於 1972 年，國民大會第五次會議再修訂臨時條款，授權總統得訂頒辦法，在自由地區增加中央民意代表名額，並定期改選。同年，依據總統訂頒之辦法，選出增額國大代表五十三人。故當時在臺灣的國大代表有三種：

1. 於 1948 年選舉產生的第一屆國大代表，共選出二、九六一人，1954 年在臺北舉行第二次會議時，報到代表只有一、五七八人。這類代表，依據憲法第二十八條第二項有「每屆國民大會代表之任期，至次屆國民大會開會之日為止」之規定，因「次屆國民大會」未能依法產生及開會，視同「任期尚未屆滿」，而繼續集會，迄作者執筆時歷經三十八年，已創世界各國民意代表任期最長之紀錄。其間有自然凋零者，已事實上成為終身職民意代表。

2. 1969 年增選補選者共十五人，這十五人與第①類代表一樣，依法行使職權，在大陸尚未光復前，不必改選，迄作者執筆時已十七年。

3. 於 1972 年依「動員戡亂時期自由地區增加中央民意代表名額辦法」選舉產生的五十三人，與上述兩類國大代表共同依法行使職權。依憲法之任期規定，每六年

改選一次。

依 1980 年 6 月 11 日，總統公布的上述最新辦法第六條規定：「國民大會代表之增加名額」，依下列規定選出之。

一、自由地區每直轄市及縣市各選出代表一人，但其人口逾三十萬人者，每增加三十萬人增選代表一人（按：憲法原規定為人口逾五十萬人者，每增加五十萬人增選代表一人）。

二、自由地區山胞選出代表二人，內平地山胞及山地山胞各一人。

三、自由地區職業團體選出代表十六人（按包括農民、工人、工業、商業四團體各三人、漁民及教育二團體各二人）。

四、自由地區婦女團體選出代表七人（按：其中臺灣省五人、臺北、高雄兩院轄市各一人）。

在此，吾人想針對「職業團體代表制」表示個人看法。民國十三年（1924）11 月 10 日，孫中山發表的「北上宣言」中說：「本黨對於時局，主張召集國民會議，以謀中國之統一與建設。而在國民會議召集以前，主張先召集一預備會議，決定國民會議之基礎條件，及召集日期、選舉方法等事。預備會議以下列團體之代表組織之：一、現代實業團體；二、商會；三、教育會；四、大學；五、各省學生聯合會；六、工會；七、農會；八、共同反對曹吳各軍；九、政黨。以上各團體之代表，由各團體之機關派出之，人數宜少，以期待迅速召集。國民會議之組織，其團體代表與預備會議同。惟

其代表須由各團體之團員直接選舉，人數當較預備會議為多。全國各軍皆得以同一方法選舉代表，以列席於國民會議[27]。」又 1925 年 2 月 10 日，「中國國民黨反對善後會議制定國民會議組織法宣言」謂：「國民會議為解決時局之惟一方法，亦即國民意思之最高機關，自本黨總理提倡以來，已得海內外之一致響應[28]。」並在此項宣言中，重申孫中山先生主張開國民會議時，其構成分子須包括九個團體。

由此看來，孫中山及國民黨好像是主張「職業代表制」的。但是，我們必須有個認識：其中何以沒有「區域代表」？吾人認為是當時的中國尚未實施「地方自治」的緣故，全國各省、縣、市及鄉、鎮的戶口尚未釐清，當然只好先以各種人民團體選出的代表來制定國民會議組織法。「蓋惟人民團體所制定之組織法，乃能產生真正之國民會議也[29]。」是以，我們並不能憑此斷言，孫中山在行憲時也主張實施「職業團體代表制」，來組織國民意思之最高機關──國民大會。在「建國大綱」等重要文獻中，也找不到「職業團體代表制」的根據。今現行憲法規定的「職業團體代表制」，本可在新訂的辦法中予以揚棄，但仍因襲，是否妥當，值得研究。

這種不合時代潮流的制度，當時仍存在臺灣選舉制度中，識者皆認為頗不合理；不但區域候選人感到不公平，職

27. 《國父全集》第 1 冊，頁 921-922。
28. 同前註，頁 927。
29. 同前註。

業團體候選人也感受到競選茫然，不易找到選民之苦，如果選舉受人操縱，那就更糟了。這種連選務工作人員也覺得事務繁瑣的制度，非僅浪費人力物力，而且換來的是眾多的糾紛。因為職業團體所編造的有選舉權資格的會員名冊，不很確實，或名冊送達選舉事務所時，已逾越法定期限，致使選舉投票當天發生多起糾紛。1969 年辦理中央公職人員增補選時，臺北、新竹、嘉義等地，都幾乎釀成大禍，當時職業團體選舉，還只限於農民、工人兩種；1972 年反而擴大到漁民、商業、工業及教育團體，性質益為繁雜，發生的糾紛不勝枚舉。有人認為這是憲法的規定，沒辦法。但事實上，臨時條款早已凍結憲法第二六、六四、九一各條關於中央民意代表選舉的規定，吾人認為廢棄「職業團體代表制」易如反掌，只要授權總統修訂上述「動員戡亂時期自由地區增加中央民意代表名額辦法」即可，與憲法並無關係，而是政策問題。

職業代表制本為法國工團主義者（Syndicalist）及英國基爾特社會主義者（Guild Socialist）所提倡，係主張以職業團體為單位，選出代表參加議會的立法工作，這種制度並不是站在政治平等立場而設計的。所以，孫中山在建國大綱中便不提倡，且在「中國國民黨第一次全國代表大會宣言」的對內政策中明白表示：「實行普通選舉制，廢除以資產為標準之階級選舉[30]。」職業團體代表制就是以資產為標準的階級選

30.《國父全集》第 1 冊，頁 886。

舉，嚴重違反「一人一票等值」（One man, One vote, One
Value.）之民主政治及人類平等的基本精神[31]。

此外，婦女保障名額的規定，處在今日男女受教育機會
已一律平等的開放社會，有無存在價值亦值得研究。婦女保
障名額的制度，也是舉世絕無僅有的。至於僑居國外代表在
現行憲法有規定，但在增額辦法中，已刪除。吾人倒認為，
基於孫中山民族主義思想觀念，為了照顧少數弱小民族，保
障原住民代表名額，則頗富於社會公義精神，值得稱許。國
民大會憲政研討委員會有關修改憲法各案研討結論，關於國
民大會的組織，甲乙兩案併列：甲案因襲現行憲法，但增加
滿族代表及內地生活習慣特殊之國民代表之規定。個人則認
為如將來行政區劃兼採民族自治區制度，則可用「每縣市及
其同等區域」一詞以概括之。乙案採區域代表制，保留僑民
代表制。個人認為僑民代表制有值得檢討之處。蓋關於國籍
問題，許多國家採「屬地主義」，且否定雙重國籍制度。而
我國則採「屬人主義」，且承認雙重國籍。如發生角色衝突
怎麼辦？我們怎能選個具有外國人身分的人來當國大代表？
又，僑民是否都為國家盡過納稅服兵役之義務，如沒有，怎
可只享權利而不盡義務？而且僑民散居地球各角落，如何選
法？……等等都是尚待研究的問題。

至於國民大會設置常設機構及定期集會問題，吾人認為
現設秘書處可擴充編制，成為蒐集民意的常設機構。但國大

---

31. 關於職業代表制的利弊得失，可參閱：陳春生〈職業代表制應廢止理由
多多〉一文。（載 1983 年 12 月 28 日，自立晚報第四版「自立論壇」）

集會次數應每年一次，以聽取總統及五院的施政報告。國大代表任期與總統及立法院委員一致，改為五年或四年。

第三項 國民大會的職權

憲法第二十五條規定，國民大會是「代表全國國民行使政權」，所謂「政權」，依孫中山之意是指選舉、罷免、創制、複決四種參政權。準此，我國憲法第二十七條規定國民大會之職權為：「一、選舉總統、副總統；二、罷免總統、副總統；三、修改憲法；四、複決立法院所提之憲法修正案。關於創制、複決兩權，除前項第三、第四兩款規定外，俟全國有半數之縣市曾經行使創制、複決兩項政權時，由國民大會制定辦法並行使之。」但是，事實上，並未有任何縣市行使過創制、複決兩項政權，且尚未制定過地方自治的創制複決法。而國民大會已率先在 1966 年制定「國民大會創制複決兩權行使辦法」，並經總統公布。茲依上述各點分別論述如下：

（一）**選舉權**——國民大會行使的選舉權，以選舉總統、副總統為限。就國民大會此職權論，頗像美國的總統選舉團（Electoral college），不同的是美國「總統選舉人」（Presidential electors）以通信投票為之，我國國大代表則以集會投票為之。但美國總統選舉團，除行使選舉權外，別無其他職權；而國民大會則尚享有選舉權以外的其他三權。

國民大會有行使選舉總統副總統之權，這表示我國原憲法的總統選舉制度係採間接選舉制，這是否為孫中山的本意

呢？依照本節第一項之研究，吾人認為憲政時期，孫中山是主張實行「全民政治」的，所謂「全民政治」係指人民對全國事務實施直接民權，不但對中央政府要員有選舉權、罷免權；對中央法律也有創制權、複決權。國民大會應只是人民參與全國事務的中介角色，或人民與政府間的聯繫機關。準此以言，總統副總統應由全民直接選舉。我們翻閱建國大綱第二十五條，規定：「憲法頒布之日，即為憲政告成之時，而全國國民則依憲法行全國大選舉。國民政府則於選舉完畢之後三個月解職，而授政於民選之政府，是為建國之大功告成。」這一條所謂「行全國大選舉」，當然是指全民的選舉，選什麼呢？當然是選舉政府領導人──總統副總統。不然何以說：「國民政府則於選舉完畢之後三個月解職，而授政於民選之政府」呢？

不過，吾人亦承認：國民大會代表對「中央政府官員」有選舉權（建國大綱第二十四條規定有之），但此處所指「中央政府官員」，應非指經由全國國民直接選舉的總統副總統及立法委員，而應指經由總統提請同意任命的官員，如大法官（或可稱司法委員）、監察委員、考試委員等官員。同意權的行使也是需要經過投票程序的。國民大會行使此一權力，就不必經全民投票核定了，因為這些官員名單是由民選的總統提出，而且憲法如能保證這些官員不受政黨操縱的話，人民就可以放心了。

然則，總統副總統是否不能由國民大會代表去間接選舉而非由人民直接選舉不可呢？是又不然！我有一個看法，如

果實行「政黨政治」的話，則總統副總統，即使由國民大會代表間接選舉，在政黨紀律的約束下，其結果是和全國人民直接選舉一樣的！因為在「政黨政治」和平競爭中，佔有國民大會代表多數席次的政黨，必然成為執政黨，總統必然是屬於這一黨所推薦的候選人當選（副總統是他的搭檔）。因此，在「政黨政治」上軌道時，總統副總統由國民大會間接選舉，或由全民直接普選，也就變得不重要了。是以，吾人認為由國民大會行使總統選舉權，雖是一種間接選舉，但仍能表現直接選舉的實質。而由前章的理論研究，我們確定孫中山是主張實行「政黨政治」的！不過在修憲廢除國民大會之後，總統改由人民直接選舉，更符合孫中山政府論之意旨。

（二）**罷免權**——依修憲前憲法規定，國民大會行使的罷免權，也以罷免總統副總統為限。從國民大會有罷免權這一點說，這是國民大會與美國總統選舉人團不同之處，美國總統選舉人於投票選舉總統之後，即喪失資格，再沒有其他職權，我國國民大會代表則任期六年，還有其他職權。關於罷免權，在我國行憲史上，國民大會只對第一任副總統李宗仁行使過一次，當時國民大會因已有代表簽署提出罷免案，但監察院也通過向國民大會提出對李宗仁的彈劾案，後來由國民大會就監察院所提彈劾案討論後，決議依法予以罷免[32]。此外，我認為總統依法提請國民大會同意後任命的中央政府官員，國民大會亦得行使罷免權。

32.參閱鄭彥棻：前揭書，頁 123。

關於國民大會對中央政府的人事權，國民大會憲政研討委員會「研討結論」，擬修改為：「一、選舉總統、副總統、立法委員、司法委員、考試委員、監察委員。二、罷免總統、副總統、立法委員、司法委員、考試委員、監察委員[33]。」明顯的擴大國民大會職權。其中，選舉並罷免立法委員不知有何根據？如依孫中山之設計，他是把立法院當做「國會」，把立法委員當做「國會議員」的，只是不許立法院享有對政府官吏的監察權而已。孫中山之意似為希望立法院在立法功能上，多發揮作用。所以，立法院應視同為「三權分立」制國家的立法機關，立法委員為國民之「法定代表」應無疑義。如果連立法委員也由國民大會（國大代表應為「委任代表」）選舉和罷免，絕不可能組成主權在民的「萬能政府」，而國民大會遂變成「超級強人」的機關了。依個人超然的研究，敢肯定的說，這絕對不合孫中山政治思想。而站在「五權分立」與「政黨政治」的觀點看，司法、考試、監察三機關的「委員」如由國民大會選舉和罷免，則五權分立精神將被破壞無遺，必將形成「一權憲法」政府——國民大會多數黨的專制，而不是「五權憲法」的政府。吾人認為總統及五院固然須對國民大會負責，但我們不能遺忘：真正負責的對象是人民，而不是國民大會代表，此三院委員之產生方式憲法應另作規定，使他們超脫於政黨競爭之漩渦。立法委員並不是

33.參閱國民大會秘書處編：「第一屆國民大會實錄」第4篇第6章「臨時會議紀錄」附件一之（三），第二次全國會議通過「國民大會憲政研討委員會有關修改憲法各案研討結論」，（1966年11月）頁323。

「官員」，而是「議員」，其產生應由公民直接選舉，不宜由國民大會間接選舉。但國民大會對立法委員，應可擁有罷免要求權，至其是否罷免？則應問於其選區民眾之公意。

（三）**修憲權**——國民大會擁有修憲權，這是應該的。孫中山在「中國革命史」中的「革命之方略」部分說：「國民大會職權，專司憲法之修改，及制裁公僕之失職。」但憲法關涉到全國人民生活至為重大，因此，如依孫中山「主權在民」之民權主義理論，國民大會修訂過的憲法，必須交付全民投票公決認可始生效力。這是人民應享有的「強制複決」權，為現代國家通例[34]。

我國現行憲法第一七四條規定：「憲法之修改，應依左列程序之一為之：一、由國民大會代表總額五分之一之提議，三分之二之出席，及出席代表四分之三之決議得修正之；二、由立法院立法委員四分之一之提議，四分之三之出席，及出席委員四分之三之決議，擬定憲法修正案，提請國民大會複決，此項憲法修正案應於國民大會開會前半年公告之。」從這個條文看來，國民大會有修憲創制權和修憲複決權。此一制度與美國修憲制度類似，美國憲法第五條規定：國會兩院各有三分之二議員認為必要時，國會應提出修憲案；或基於三分之二各邦議會之請求，應即召集憲法會議（全國性的），以提出修憲案。所以美國憲法的修正案可由國會提

34.參閱陳春生：《國父政權思想研究》（臺北：五南出版社，1981年4月）頁 306。

出，亦可由全國憲法會議提出。但在實際運用上，過去美國所有修憲案都由國會提出，從未由國會召集憲法會議來提修憲案的[35]。而我國行憲以來，國民大會第一次會議即有代表提出修憲案六件，經綜合審查，認為行憲伊始，不宜即行修憲，但為適應動員戡亂需要，應依修憲程序，制定臨時條款，暫時凍結不能適應需要之條文。所以，事實上，等於已修改了憲法。其後第二、三次會議，仍有代表提出修憲案，惟均未討論，僅於第三次會議時，修訂臨時條款，設置機構加以研究。嗣經憲政研討委員會秉承蔣中正之指示，決議在光復大陸前不修憲，復經國民大會臨時會決議接受，此後乃不再有修憲案之提出。至於國民大會對憲法修正案的複決權，則因立法院迄未提出任何修憲案，而無行使之實例[36]。將來修憲時，個人主張應明文規定，人民對憲法修正案有最後的核定權，庶能表現「主權在民」之實際。2005 年 6 月 10 日總統公布憲法增修條文，增訂第十二條條文，規定新的修憲程序，改由立法院行使，並須經選舉人投票複決，有效同意票過選舉人總額半數即通過，原憲法一七四條規定已被廢止，不能適用。

（四）**創制權與複決權**──憲法對於國民大會行使法律的創制複決兩權之規定，有一限制：即須「俟全國有半數之縣市曾經行使創制複決兩項政權時，再由國民大會制定辦法並行使之。」此一限制，依個人之研究，是合乎孫中山之政

---

35. 羅志淵：《中國憲法與政府》（臺北：正中書局，1976 年 2 月）頁 461。
36. 鄭彥棻：前揭書，頁 123。

治思想的。蓋人民直接立法權之行使，應先由地方自治做起，如今，地方自治法規之中，未曾見人民有行使兩權之法律和經驗，國民大會不計及此，乃先於 1960 年在臺舉行第三次會議時，修訂動員戡亂時期臨時條款，設置研究機構，作行使兩權之準備。繼於 1966 年 2 月，在第一次臨時大會中，依據臨時條款第四款（現為第七款）制定「國民大會創制複決兩權行使辦法」，並由總統於同年 8 月 8 日公布實施，凍結了憲法第二十七條所規定的限制，從此，國民大會得以行使兩權。然而，臨時條款第五款（現為第八款）卻接著規定：「在戡亂期間，總統對於創制案或複決案認為有必要時，得召集國民大會臨時會討論之。」這表示：國民大會代表雖可行使法律的創制複決權，但其提出的法律創制或法律複決案，必須總統認為有必要時，才有討論的機會。羅志淵教授認為本款之立法「堪稱機巧之至[37]！」個人亦有同感！

關於國民大會行使兩權問題，薩孟武教授認為「依孫中山先生之言，政權屬於人民。既然屬於人民，應由人民自己行使。」又說：「我們須知創制與複決只是立法的程序。國民大會之創制及複決，就其性質說，與立法院之提案及議決沒有區別。何況國民大會只能提出原則，咨請總統移送立法院，依據原則，完成立法程序（兩權行使辦法第四條），這與德國威瑪憲法時代，代表各邦的參議院只得經由政府提出法案於眾議院（威瑪憲法第六十九條第二項），又有什麼區

37.羅志淵：前揭書，頁 465，註 6。

別？尤有進者，立法院立法委員提出法律案，只要三十人連署（立法院議事規則第十條），而國民大會要提出立法原則，尚需要國民大會決議，即須有國民代表三分之一以上人數之出席，出席代表過半數之同意（國民大會組織法第八條）。由此可知國民大會的創制權實在小得可憐。至於國民大會的複決權最多亦只可視為各國參議院對於眾議院通過的法案，有議決權而已。而國民大會的複決，尚不是必要的立法程序，而又須有國民大會決議……方得要求複決。大約制定『兩權行使辦法』的人未曾看到國民大會組織法第八條的規定。所以雖有『辦法』，其實毫無『辦法』。幸而沒有辦法，立法才不至延誤時期[38]。」由此可見，國民大會想行使創制複決兩權，還真不容易，何況，對國民大會提出之創制案及複決案是否有討論的機會，其主動權還操在總統手中。

在此，吾人仍然深信，國民大會應該只是反映民意，代表人民在中央政府所在地監督政府立法施政之機關，宜多充分發揮人民與政府間的橋樑角色，而不宜參與實際的立法工作為佳！吾人認為創制複決兩權之性質，猶如美國總統威爾遜（Wilson）所言，只像是「門後的槍」（Guns behind the door），可備而不用。傅啟學教授在其《中國政府》一書中言：「一種制度的價值，往往不在於制度本身，而在於制度造成的影響。創制權的作用，不在於人民創制法律，而在於議會畏懼人民創制，不敢不通過人民需要的法律。複決權的

---

38. 薩孟武：《中國憲法新論》（臺北：三民書局，1974年9月）頁176-177。

作用，不在於否決法律，而在於議會畏懼人民的複決，不敢
制定人民反對的法律。創制權和複決權的價值，就在控制立
法機關，使立法機關的代表，不能不尊重人民的公意[39]。」孫
中山力主人民行使直接民權，當亦此意，而國民大會只是民
意代表機關，不是立法機關，如果我們把它視為人民行使創
制權與複決權的發動機關，在必要時仍可發揮兩權之作用，
而最後的核定權，仍應操之人民手中。如此，則可保證立法
機關善盡職責，為人民制定好法律，不制定壞法律，促進政
府的良善和效能，又不失「主權在民」之要義！但是，2003
年 12 月 31 日總統公布的「公民」投票法，雖已還權於民，
而由於門檻過高，實際上無法使用。

　　（五）**領土變更決議權**——憲法第四條規定：「中華民
國領土，依其固有之疆域，非經國民大會之決議，不得變更
之。」關於領土之變更可分自然的變更，如滄海桑田，增廣
領土或國土陸沉，化歸公海等；及人為的變更，如因國際關
係的改變而增減國土，其情形不外割讓、取得、交換、合併
等。領土的增減為國家大事，關於領土的人為變更，其權力
究應誰屬，乃一重要課題。

　　憲法對領土變更的規定即是予領土變更以一大限制。世
界各國法制對領土變更的限制，有採憲法限制主義的，有採
法律限制主義的。所謂憲法限制主義，係指制憲或修憲機關
才能做變更領土的決定，行政或立法機關不得為之。所謂法

---

39. 傅啓學：《中國政府》（臺北：臺灣商務印書館，1973 年 5 月增訂初版）
　　頁 141-142。

律限制主義，係指惟立法機關依照立法程序通過領土變更案乃得為之。近世各國，如德國、捷克皆採憲法限制主義；義大利、比利時、及1875年法國公布的憲法皆採法律限制主義[40]。今吾國憲法明定非經國民大會之決議不得變更領土，當然是採憲法限制主義。不過，這些問題，並非孫中山這位行動型政治思想家所曾考慮及之的。

結語：國民大會是孫中山構想的「政權機關」，也即是「政治主權」機關，在研究其政府論時，不能不討論。但在修憲後我國已廢除國民大會，而將其職權交由國會行使，國家的「政治主權」直接掌握在人民手中，應知所珍惜。

第二節　治權機關──政府

第一項　政府制度的類型

本節討論的「治權機關」，也就是「政府機關」。關於政府組織的制度，主要的有五種類型，吾人認為在探討孫中山的政府制度理念之前，必須對這五種制度，先有個概括的認識。茲分別論述之：

（一）**內閣制**──內閣制肇始於英國，今日民主國家多數均採用內閣制。內閣制含有下列三個原則：

第一、元首不負政治上的責任。行政權法律上屬於元

　　　首，因之行政權之行使，法律上都是元首的行

40.參閱羅志淵：前揭書，頁464-465。

為，而元首對這行為不負責任。英諺所謂「國王不能為非」（The King can do no wrong）就是指此而言。

第二、元首行使行政權由內閣對議會負責。元首對政策問題既不負責任，為要實現公意政治，必須使內閣代替元首負責。而令內閣代替元首負責的方法是議會的不信任投票。所以，內閣進退不以元首個人愛憎為標準，而以議會信任與否為標準。

第三、元首行使行政權須有國務總理及國務員副署。元首不負責任，責任由內閣負之，所以元首行使行政權時，須有國務總理及國務員一人副署。沒有他們副署，元首不得行使行政權。英諺所謂「國王不能單獨行動」（The King cannot act alone）就是指此而言。

現在來說明內閣制的優劣點。在內閣制下，行政機關與立法機關互相結合，打成一片。組織內閣的人，常是議會的議員，所以內閣事實上成為議會的行政委員會。內閣與議會能夠和諧，則內閣提出的法案，容易通過於議會，而行政也順利進行。內閣與議會不能和諧，也有解決的辦法，不是內閣自己辭職，便是內閣解散議會，所以行政機關與立法機關，不會因意見衝突，而弄成僵局。但現今各國，政黨組織發達，議員常是政黨黨員，倘使議會之內只有兩個政黨，則多數黨

組織內閣時，內閣與議會當然能夠和諧。反之，議會之內，若是小黨林立，則只能成立於數黨妥協之下的聯合內閣（Coalition cabinet），難免翻雲覆雨，離合無常，就很難應付日趨複雜的現代時勢之要求，此乃德義兩國產生獨裁政治的原因。關於英國政府的權力流程，有圖可供參考（附圖一）[41]。

（二）**總統制**──總統制肇始於美國，美洲各國多採用之。總統制含有下列三個原則：

第一、元首為實際上的行政領袖。政策由元首決定，國務員由元首任免，行政權集中於元首一人。此制只可存在於共和國，不宜存在於君主國。因為君主國元首世襲，而為終身職，一旦發生專制，將無從挽救，除非革命。

第二、元首行使行政權無須國務員副署。國務員只是元首的屬官，奉行元首決定的政策，所以元首行使行政權時，不須國務員副署。

第三、元首不對議會負政治上的責任。議會不得因政策問題，對元首作不信任投票。國務員沒有決定政策的權，議會對他們當然更沒有不信任投票權。但共和國總統須對人民負責。人民可依選舉，使總統決策時不得不顧慮人民的意思。所以，總統雖不對議會負責，而公意政治並不因之破壞。

41.Harvey J., *How Britain is Governed.*──3rd ed. (Macmillan Education LTD. 1985) p. 21.

現在來說明總統制的優劣點。在總統制之下，行政機關與立法機關互相分離，政策由元首決定，縱令議會不同意，也不能強迫元首辭職。元首地位比較穩固，而又有行使行政權的自由，可提高行政效率。但總統制亦有一種缺點，因為議決法案（尤其預算案）的權屬於議會，倘使總統的同黨在議會不是居於多數，則總統與議會衝突時，一方不能解散議會，他方議會也不能強迫總統辭職，勢必陷入僵局，致使國家政務無法進行。

（三）**委員制**──委員制雖然肇始於古代國家，但行之最久，成績最好的莫如瑞士。委員制含有下列三個原則：

第一、行政機關以地位平等職權相同的委員組織之。沒有一個獨攬行政權的元首，也沒有一個徒擁虛位的元首及一個權力較大的內閣總理。固然也有總統，但在法律上沒有特權，只是行政委員會會議的主席。所以一切命令不用總統名義公布，而用行政委員會名義公布。

第二、行政委員會以合議制行使行政權。因為各委員職權平等，誰也不能指揮誰，為調和各委員意見並保持行政統一，所以事無巨細，均交全體委員討論，用多數決方法，決定取捨，各委員自無閒言。

第三、行政委員會須絕對聽受議會的命令。國家重要事務由議會決定，行政委員會不過是一個執行

事務的機關。因之，議會遂成為國家最高權力機關，其決議，行政委員會須絕對接受。

現在來說明委員制的優劣點。委員制與總統制內閣制都不相同，行政權不與立法權分離，也不得對抗立法權。在行政機關之內有許多地位平等職權相同的委員，公決一切國務，可以預防政府專制。但又有許多流弊，在非常事變發生時，行政機關不能臨機採取一切必要措施。同時，委員間責任無專屬，意見又難一致，難免有事互相推諉，有禍互相卸責，行政效率必因之而降低[42]。

（四）**蘇維埃制**──蘇維埃制肇始於前蘇聯。形式上類似委員制，實質上是獨裁制。蘇維埃制有下列三個特點：

第一、以最高蘇維埃（The Supreme Soviet）為政權機關，相當於民主國家的國會。包括民族院（The Soviet of the Nationalities）和聯邦院（the soviet of the union），兩院人數相等，各為七五〇人，由人民代表組成，任期五年。兩院聯席會議選出主席團三十九人，其中一人為主席，是名義上的國家元首，地位與民主國家的總統相似，卻沒有總統的權力。主席團有權任免三軍領袖，動員軍隊、簽訂條約、公布法律和宣戰，兼有行政與立法功能，但多數重要政務係由共產黨政治局討論後，再經最高蘇維埃主席

42.關於以上三種政府制度類型，參閱薩孟武：《政治學》（臺北：三民書局，1983 年 1 月增訂初版一刷）頁 178-193。

團制定政策。

第二、以部長會議（The Council of Ministers of the USSR）為國家政務最高執行及管理機關，其委員形式上由最高蘇維埃選出，並對最高蘇維埃負責，實際上其名單係共產黨政治局所決定。部長會議亦設有主席團十一人，置主席一人，其地位略似內閣制國家的首相（Premier），其餘十個副主席分別監督各部。政策法案表面皆由部長會議提出，再送最高蘇維埃討論，其實多出自共產黨主席團的意旨。1974 年共有部長六十人[43]。

第三、一黨專政。蘇聯雖未實行黨國合一主義，黨的機關與國家機關分開，但黨部遍佈全國各地，而又與各級國家機關平行設置，如鄉、市、區、縣、省、邦，均有黨部，由此而至於聯邦最高黨部，其權力自下而上，漸次集中於政治局（Polit-Bureau），美其名謂「民主集中制」（Democratic Centralism）[44]。其實，自史大林

43.以上參閱陳春生：〈認識蘇聯的統治方式〉（載於臺大《政治學刊》，第 8 期，1967 年 5 月）及 TIME, June 23, 1980. p. 19.
44.所謂「民主集中制」，其原則是①由最低到最高的各級黨領導機構，均由選舉產生；②各級領導機構應定期向其黨組織及上級黨機構提出報告；③嚴格黨紀，少數服從多數；④高級黨機構的決定，低級黨機構必須奉行。此一原則，在獨黨國家，變成表面民主，實際專制。因為各級黨組織開會時間少，無法監督其所選出的黨機構之工作，加以黨機構人選多係上級機構安排，選舉僅具儀式性質，黨員不能真正的做自由選擇。而在黨紀約束下，少數既無機會教育黨員，以爭取支持，少數自無變為多數的機會。關於「民主集中制」（Democratic Centralism）可參閱：Robert J. Osborn, *The Evolution of Soviet Politics* (Home wood, Illinois: The Dorsey Press, 1974) pp. 135-136.

掌權以後，此項「黨內民主」原理，已由「上級決定，拘束下級」的原則所取代，權力乃集中於黨的領袖──總書記（General Secretary）。史大林自 1941 年據此位直到他死亡，他有權威並不是因為他當部長會議主席團主席，而是因為他是黨的領袖。蘇聯共產黨在各工廠、各機關之內部設有黨部，而不許人民組織政治團體，只有共產黨的黨部設置於全國。所以，實質上是一黨專政。1977 年新憲法採用黨的「民主集中制」為國家組織及活動的原則（第三條），並規定共產黨在政府中的特殊領導地位（第六條）之後，黨政最高權力乃合而為一，布里茲涅夫（Brezhnev）以黨的總書記兼蘇聯元首，蘇聯正式成為名副其實的一黨專政極權國家。

現在來說明蘇維埃制的優劣點。優點是立法效率很高，以 1978 年 7 月 5 日至 6 日兩天的最高蘇維埃聯席會議為例：7 月 5 日上午十一時在克里姆林宮的聯席會議中，部長會議主席柯錫金（A.N. Kosygin）提出「蘇聯部長會議組織法」草案的報告，請予批准，經七位代表發言後休會，下午繼續討論，再經五位代表發言後，即由柯錫金對本案作終結報告，於是兩院聯席會議就全體一致通過此一法律草案，並通過決議，使之立即生效。7 月 6 日上午十時，外交部長葛羅米柯（A.A.

Gromyko）提出「蘇聯締結、執行及廢棄國際條約程序法」草案的報告，由民族院外交事務委員會主席卜諾馬芮夫（B. N. Ponomarev）向最高蘇維埃聯席會議提出兩院外交委員會及立法建議委員會共同審查報告之後，經八位代表發言支持，即全體一致通過此一法律草案，並通過決議，使之立即生效。7月6日下午四時，由共產黨中央委員會書記卡匹托洛夫（I. V. Kapitonov）提出「蘇聯最高蘇維埃選舉法」草案，經四位代表發言支持後，聯席會議即一致通過。就這樣在兩天之中，通過政府組織，外交關係及國會選舉等如此重要的法律[45]。可見其立法效率之高，堪得世界冠軍。

但是，缺點亦正在此，最高蘇維埃雖是蘇聯的政權機關，也是立法機關，但實際上只是共產黨領導人的橡皮圖章而已，絕對不能與民主國家的國會相提並論。很顯然地，蘇聯政府制度，沒有權能區分，沒有三權分立。行政機關人員由立法機關產生，但更重要的是他的黨員身分和地位。從他們的政治運作看來，是十足的「一權政治」。孫中山曾批評英國政治為「一權政治」，主要因為英國首相及閣員係由議會議員產生，此一情形和蘇聯一樣，但不同的是，英國是實行「政黨政治」的國家，政黨站在平等的立足線上，從事公平的競爭，選民有自由的選舉機會，而蘇聯人民卻沒有這種機會。民主與極權的分野在此。關於蘇維埃制，有圖可供參

45.參閱魏守嶽：〈蘇聯新憲法研究〉（載於《東亞季刊》第10卷第4期，1979年4月1日）頁20。

考（附圖二）[46]。

（五）**混合制**──混合制介於總統制與內閣制之間，具有兩種制度之優點，又稱為「半總統制」（Semi-presidential System）。依據法國政治學者杜瓦傑（Maurice Duverger）之說法，所謂「半總統制」是指在一個政治制度中，總統乃由全民直接選舉產生，具有若干重要而獨有的權力（國防、外交），如美國總統制一般；而另一方面，總理及各部會首長又須對國會負責，如內閣制一樣。現在除第五共和法國之外，實行「半總統制」之國家還有芬蘭、奧地利、葡萄牙、冰島及愛爾蘭各國[47]。茲以第五共和法國為例說明之。1958 年法國第五共和憲法規定，總統係由國民議會及參議院議員、省議員及縣市議會選出的代表共八萬多人間接選舉產生，1962 年戴高樂（Charles De Gaulle, 1890-1970）修憲改為由人民直接選舉產生。混合制的特徵有下列幾點：

（一）總統由全民直接選舉，採絕對多數當選制，任期五年，任何人不得超過兩任（第六、七條）。既為國家元首，也是三軍統帥，又有若干重要行政權力。總統可自由任命內閣總理，閣員由總理提請總統任命，無須國會同意。總統享有覆議權及緊急處分權，由總統行使之職權，無須總理及閣員副署（憲法第八、十、十六、十九條）。部長會議由總統

---

46. Rod Hague and Martin Harrop, *Comparative Government-An Introduction* (London: The Macmillan Press Ltd., 1982.) p. 179.

47. 關於「半總統制」之介紹，可參閱：Maurice Duverger, *A New Political System Model: Semi-presidential Government.* (in "European Journal of Political Research." 8/2 June, 1980 pp. 65-87)《憲政時代》第 17 卷第 2 期（1991 年）有譯文。

主持（憲法第九條）。總統向國會兩院提出國情咨文及閣員不得兼任國會議員（憲法第十八、二十三條），這些規定均具有總統制之特色。

（二）國民議會經十分之一議員連署，經表決通過，得對內閣提出不信任案（憲法第四十九條），內閣必須總辭（憲法第五十條）。但總統於諮詢總理及國會兩院議長後，得宣告解散國民議會（憲法第十二條）。內閣仍須對國民議會負責（憲法第二十條第三款），因此，總統所公布有關總理職權之法案，仍須經由總理及有關部長副署（憲法第十九條），這些規定均具有內閣制之特色。

（三）左右共治之可能性。憲法雖規定總統有自由任命總理之權，但總理及其內閣須對國民議會負責，故實際運作上，國民議會皆透過信任投票方式來行使閣揆同意權，逼使總統非提國民議會同意的人選不可。因此，當總統同黨未能在議會取得多數議席時，只好實行「左右共治」（Co-habitation），總統與總理即有發生摩擦之可能。但憲法第十一條規定，總統可對某些重要法案提交公民複決。

混合制或類似法國第五共和的這種「半總統制」，是內閣制摻合總統制之新政治制度，是戴高樂鑑於第三、第四共和採行內閣制，造成政治動盪不安，為挽救國家而設計的政府體制。其實際發展並不倒退回內閣制，而是更進一步傾向總統制。法國總統席哈克認為法國應推展全民民主政治，擴大公民參與國家重大決策的機會。1995 年 7 月 31 日，法國國會兩院聯席會議，以 674 票對 178 票的壓倒性多數通過三十

餘年來最大幅度的修憲案，賦予總統更大權力，可以決定有關重大經濟、教育、文化及社會政策，甚至政府結構及權責的修改，是否交付公民投票複決。另外並增長國會會期及削減國會議員在訴訟案件中的豁免權，以防止國會議員濫用「免責權」而逍遙法外。法國總理居沛認為，法國必須藉由公民投票以貫徹民主，適應新環境，否則整個政治制度，可能面臨僵化。吾人認為這確實是解決「左右共治」可能發生的政治摩擦之良方，亦隱然有厲行「全民政治」（government by all the people）理念之趨向！而這正是「以更民主來醫治民主的疾病」（more democracy to cure the ills of democracy）的具體實踐[48]！

以上，吾人論列當代五種主要政府制度的類型，接著我們關心的是，孫中山主張建立的「五權憲法」政府制度，到底是屬於上面那一類型呢？

1912 年 8 月 13 日「國民黨宣言」中有一句附有括弧的話：「……進而組織政府，則成志同道合之政黨內閣（責任內閣制之國，大總統常立於超然地位，故政黨不必爭大總統，而只在組織內閣）。以其所信之政見，舉而措之裕如[49]。」

1913 年 3 月 13 日在日本神戶演講「黨爭乃代流血之爭」時，他說：「至於政府之組織，有總統制度，有內閣制度之分。法國則內閣制度，美國則總統制度。內閣制度為內閣負

48. See: *Encyclopedia of the Social Sciences*, (New York: The Macmillan Company, 10th printing, 1953.) Vol. I, p. 51.
49. 《國父全集》第 1 冊，頁 793。

完全責任，內閣若有不善之行為，人民可以推倒之，另行組織內閣。總統制度為總統擔負責任，不但有皇帝性質，其權力且在英德諸立憲國帝皇之上。美國之所以採總統制度，此因其政體有聯邦性質，故不得不集權於總統，以謀行政統一。現就中國情形論之，以內閣制度為佳」[50] 又，1913 年 4 月「國民黨政見宣言」，雖由宋教仁起草，而當時孫中山為國民黨理事長，復以國民黨名義發布，當亦具有參考價值。在這篇宣言中，對於政體明白「主張責任內閣制」，並謂：「責任內閣制之精義，世之闡明者已多，無俟殫述。蓋責任內閣制之要義，即總統不負責任，而內閣代總統對於議會負責任是也。今吾國之現行制，責任內閣制也。然有責任內閣制之名，而無責任內閣制之實，故政治因之不舉。吾黨主張將來憲法上仍採用責任內閣制並主張正式政府由政黨組織內閣，實行負責任。凡總統命令，不特須閣員副署，並須由內閣起草，使總統處於無責任之地位，以保其安全焉[51]。」由這些文獻資料看，當時在 1913 年袁世凱當總統時，孫中山確實有主張「內閣制」的傾向。

但是，1906 年 10 月 17 日在日本東京演講：「三民主義與中國民族之前途」時說：「英的憲法，所謂三權分立，行政權、立法權、裁判權各不相統，這是從六七百年前由漸而生，成了習慣，但界限還沒有清楚[52]。」所以 1921 年 7 月演

---

50. 《國父全集》第 2 冊，頁 341。
51. 《國父全集》第 1 冊，頁 797。
52. 《國父全集》第 2 冊，頁 205。

講「五權憲法」時說：「當時英國雖然是把政權分開了，好像三權分立一樣，但是後來因為政黨發達，漸漸變化，到了現在並不是行三權政治，實在是一權政治。英國現在的政治制度是國會獨裁，實行議會政治，所謂以黨治國的政黨政治[53]。」可見，孫中山對英國政制並不滿意，他不反對議會政治，卻反對國會獨裁，這也是他想採用中國監察制度來分國會之權的主因。他不反對三權分立和政黨政治，卻反對一權政治。他似乎不願意看到政府權力統統集中在一個政黨手中，所以，主張五權分立，來消除因政黨政治而發生的分贓制度（Spoils System）弊端。如要建立五權分立的政府，他似乎覺得英國的「內閣制」尚有不足之處。尤其，在國事如麻，百廢待舉的國家，內閣制似非所宜。是以，在民國肇造之始，他是主張「總統制」的。然則，有何證據呢？翻閱「胡漢民自傳」有一段話，胡漢民先生如是說：「選舉及組織政府問題，當然由黨而決，遂開最高幹部會議於先生寓邸（按即孫中山先生寓邸），討論總統制與內閣制之取捨。先生謂：『內閣制乃平時不使元首當政治之衝，故以總理對國會負責，斷非此非常時代所宜。吾人不能對於惟一置信推舉之人，而復設防制之法度。余亦不肯徇諸人之意見，自居於神聖贅疣，以誤革命之大計。』時列席者為余與精衛、克強、英士、鈍初、靜江（張人傑）、覺生（居正）等[54]。」顯然，由此可知，他

53.《國父全集》第 2 冊，頁 419。
54.胡漢民：《胡漢民自傳》（臺北：傳記文學出版社，1969 年 10 月 1 日）頁 63。

既然提倡革命，反對君主制度想要建立共和政體，則類似英國虛位元首「內閣制」，並非他的真正主張。換句話說，在民主共和國，他主張行「總統制」，賦予總統以實權。所以，早在 1906 年，談到憲法問題時，他就說：「英是不能學的[55]。」

然則，他主張的「總統制」，是否美國三權分立式的「總統制」呢？是又不然。他說：「法國孟德斯鳩將英國制度做為根本，摻合自己的理想成為一家之學。美國憲法又將孟氏學說做為根本，把那三權界限更分得清楚，在一百年前，算是最完美的了。但是這百餘年間，美國文明日日進步，土地財產也增加不已，當時的憲法，現在已經是不適用的了[56]。」所以說：「美是不必學的[57]。」他主張「五權分立」的「總統制」，這是一種創新的政府制度。

在 1921 年「五權憲法」的演講中，孫中山說了兩句相似的話，我覺得很重要！他說：「這個五權憲法不過是上下反一反，去掉君權，把其中所包括的行政、立法、司法三權，提出來做三個獨立的權，來施行政治，在行政人員一方面，另外立一個執行政務的大總統，立法機關就是國會，司法人員就是裁判官，和彈劾與考試兩個機關，同是一樣獨立的。」又說：「我剛才講過了，五權憲法的立法人員就是國會議員，行政首領就是大總統，司法人員就是裁判官，其餘行使

---

55. 同註 50。
56. 同註 50。
57. 同註 50。

彈劾權的有監察官，行使考試權的有考試官[58]。」而且在1923年「中國革命史」的「革命之方略」中，他說：「俟全國平定之後六年，各縣之已達完全自治者，皆得選代表一人，組織國民大會，以制定五權憲法；以五院制為中央政府，一曰行政院，二曰立法院，三曰司法院，四曰考試院，五曰監察院。憲法制定之後，由各縣人民投票選舉總統，以組織行政院；選舉代議士，以組織立法院；其餘三院之院長，由總統得立法院之同意而委任之。但不對總統及立法院負責，而五院皆對國民大會負責。各院人員失職，由監察院向國民大會彈劾之；而監察院人員失職，則國民大會自行彈劾而罷黜之[59]。」值得注意的是，這一段話，早在1919年發表的「孫文學說」第六章中就有了。而且未曾表示行政院長之產生須經立法院之同意。

從以上資料，我們可以確認，五權分立的總統制政治組織，有三大要角，即①國民大會，②大總統，③五院。國民大會是政權機關，已在上節討論過，但吾人應記取國民大會的性質絕對不是像前蘇聯的「最高蘇維埃」，因為國民大會在五權憲法體制中，主要任務不在擔當立法的角色，而在擔當人民與政府間的橋樑角色，反映民意給中央政府，代表地方人民在中央政府所在地監督政府（包括總統及五院）；同時，應該負有向選區人民報告政情的義務。而總統與五院是治權機關，但也與前蘇聯的部長會議，根本不同。至於他曾

58.《國父全集》第 2 冊，頁 422-423。
59.《國父全集》第 2 冊，頁 183-184。

提到他的民權主義是瑞士的民權主義，那是指「民權的行使」要採用瑞士的直接民權制而言，並不是指「國家的組織」（政府的組織）要採用瑞士的「委員制」。

總而言之，誠如張君勱先生所言：「我們應知世界上之制度，沒有絕對好的，原可由自己創造，不必事事步人後塵[60]。」孫中山的政府制度理念是自己創造的五權憲法「總統制」，與美國三權憲法「總統制」迥然有別，更不採行英式「內閣制」，瑞士「委員制」或前蘇聯「蘇維埃制」。

第二項　大總統

（一）**總統的地位**——關於「大總統」這個職位，我認為他具有三種身分：①他可能是執政黨黨魁；②他是國家元首；③他是行政首領。

何以說他可能是執政黨黨魁呢？因為在實施民主憲政的國家，政治的運作非通過政黨競爭由人民自由選舉執政者不可，在五權憲法總統制下的總統，無論係由全民直接普選或由國民大會間接選舉，一定是各政黨推舉出來的傑出人物，一定獲得其黨內的多數支持，他極可能就是該黨眾望所歸的領袖——黨魁。

何以說他是國家元首呢？在孫中山的構想中，雖然設立代表人民的機關國民大會，但國大代表只盡其能不竊其權，純粹是人民的代表，如在國民大會中推舉一人為主席，此人

60.張君勱：《中華民國民主憲法十講》（臺北：臺灣商務印書館，1971 年 2 月）頁 55。

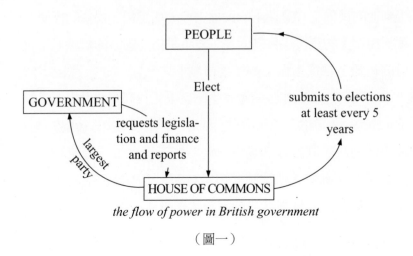

the flow of power in British government

（圖一）

The interlocking executive in communist party states: the Soviet case

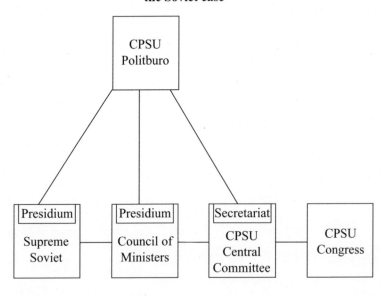

（圖二）

之地位也應只是「虛位元首」，在民主共和國，設置這種虛有其名的「贅疣」職位，並無多少意義。而一個國家在中央政府應有代表國家的元首，這個地位，由全民普選或由國大間接選舉的總統來擔當，似乎比較適當。這個總統是具有實權的政治人物，對外足以代表國家，對內則為五院聯繫的樞紐。

何以說他是行政首領呢？依孫中山先生之意，行政院係由總統來組織，他是屬於行政系統部門的一員，但其地位超乎行政院長之上，行政院長由他任命。行政院雖是國家最高行政機關，但其權力則來自總統，總統才是真正的行政首領。是以，所謂「行政機關」的「行政」兩字，吾人認為應可做為「執行」解釋。顯然行政院長只是協助總統施政的重要助手，或是為總統分擔政務的政治家，他須直接對總統負責。這種設計，顯然比美國總統制優越，美國雖有副總統，但只是「備胎」而已，全國對內對外政策及其政務的推動工作，全落在總統一人身上。難免負擔過重。

綜合上述三點，可知總統的地位比五院院長之地位較高，雖然，他在實質上不能指揮行政院以外的四院，監察院甚且可以彈劾他，但他是包括行政院在內的五院之聯絡及協調中心，也是治權機關的總代表人物，地位相當重要！由於他是行政首領且是國家元首，他雖可能是執政黨黨魁，但不宜有太濃厚的政黨色彩。因為前二者之角色已經比後者之角色重要。大總統考慮的不是個人或政黨的利益，而是國家的利益和全民的福祉問題。透過自由選舉他能得到黨內的支持

又能得到民眾的擁護，而取得這個職位，已經證明他是一位大政治家，而不是普通政客。因此，以不兼執政黨黨主席為宜。

1959 年 1 月 8 日，法國戴高樂總統在其就職典禮中，從臨時憲法會議主席之手，接受法國總統佩帶的金色項鍊，並對在場全體人員說：「法國在前此半世紀中，已忍受它歷史中最嚴重的創傷和痛苦，但突然來到一個機會，使它可以脫離恥辱。它將把握此機會，以確保公眾利益將超於所有個人利益與成見之上[61]。」這句話多麼令人感動！

現在我們看憲法上對總統地位的規定如何？第三十五條：「總統為國家元首，對外代表中華民國。」五五憲草第三十六條也有完全相同的規定，憲政研討會研討結論仍「維持憲法原條文。」可見各方對總統是「國家元首」此一地位，並無異議。然則，何以要作如此規定呢？誠如羅志淵教授說，因為在法律上國家為人格者，這一人格者的意見，必須藉助於自然人來表示，於是乃有國家元首（Head of State）的必要。在君主制下，以君主或國王為國家元首；在民主制下以總統為國家元首，這是一般的通例。就其實質的意義說，則在國際關係中凡以國家資格而發生的關係，都應該以總統的名義來表達國家的意見。如向外國派遣使節，接受外國的使節，或參加國際間的大典禮，或國家與國家間禮儀上的交往，都應該以總統的名義來施行。凡屬國家的意思表示，不僅對

---

61. 羅志淵：《法國政府及政治》（臺北：正中書局，1965 年 8 月）頁 123。

外要以總統的名義來施行，即對內也要用總統的名義來統治；所以國家的重要政令都是用總統的名義來執行[62]。

但是，羅教授又認為我國新憲法下的中央政制，已具有濃厚的責任內閣制的意味，所有政治責任都由行政院負擔。則總統的統治權，只有名分的表示，而無實質的命意。換言之，總統只居國家元首的地位，並不兼具行政首領（Chief Executive）的權能，他認為總統的地位實近似英國國王統而不治（reigns but does not control）的虛尊元首（Figure Head）[63]。但依第四十三條規定，總統有緊急命令權，依第四十四條規定，總統有與各院院長會商院與院間爭執之權，依第五十七條規定，總統對行政院移請立法院覆議的法案有「核可」之權，這些權力都不是虛位元首所有的權力。憑此觀點，羅教授認為我國的制度，不是總統制下的實權總統制，也不是內閣制下的虛位元首制，而是介乎兩者間的折衷制，並認為責任內閣制的成分相當濃厚[64]。吾人認為或可稱為「半內閣制」的混合制。將來如果調整為類似今日法國的「半總統制」，也許更符合臺灣環境之需要。事實上，修憲後的憲法變遷，已有此傾向，但仍不如 2011 年 3 月 31 日法國公布的最新版憲法之完善。

薩孟武教授認為：吾國憲法列舉了總統許多職權，但總統行使職權，須有行政院長副署（第三十七條），一切重要

62.羅志淵：《中國憲法釋論》（臺北：臺灣商務印書館，1970 年 12 月三版）頁 83。
63.同前註。
64.羅志淵：《中國憲法釋論》（前揭），頁 82。

法案無一不由行政院會議議決（第五十八條）。行政院長雖由總統提名，但須徵求立法院同意（第五十五條）。而行政院又不對總統負責，而對立法院負責（第五十七條）。由這數點，可以證明吾國總統乃有似於內閣制的總統。但是總統尚有兩種特別的權力：

一是總統對於院與院之爭執，得召集有關各院院長會商解決之（第四十四條）。本條所謂爭執乃指政治上的爭執，非指法律上的權限爭執。蓋法律問題應循法律途徑解決，不宜令國家元首的總統介入其中。此乃各國共通的制度，不是減少總統的職權，而是出於提高總統地位之意。

二是立法院不贊同行政院的重要政策而作決議，或行政院對於立法院決議之法律案、預算案、條約案認為窒礙難行，總統得核可行政院之請求，將決議或法案退還立法院覆議（第五十七條）。此際總統若贊成行政院的意見，自可核可行政院的請求，總統若反對行政院的意見，便得應用不核可的權，使行政院自動辭職。

問題是：總統任免行政院長及召集各院院長會商，是否需要行政院長副署？而總統不贊成行政院的政策或立法院所決議的法案，總統可否不待行政院申請，逕自退回立法院覆議？1818 年法國康士丹（H.B. Constant）於三權之外，另外設置一個第四種權，而稱之為「元首權」（pouvoir royal）。元首權與行政權不同，它站在中立的地位，而謀三權的調和，故可稱為「中立權」（pouvoir neutre）。元首權──中立權，於政治上沒有任何積極的作用，而只預防三權之越出軌道。

立法權錯誤，元首解散議會；行政權錯誤，元首罷免內閣；司法權錯誤，元首宣告赦宥。議會之解散，內閣之罷免，赦宥之宣告均由元首獨立為之，大臣不得干預。三權本來各有職掌，各在各的崗位，向同一目標，協力工作。倘令三權發生糾紛，而互相阻礙，那麼，就需要一個「中立權」出來說話，使三權能夠恢復其原有的形態。巴西及葡萄牙憲法曾有一次於立法權、行政權及司法權之外，又創設一個「調節權」（pouvior moderateur）。葡萄牙1826年憲法第七十一條云：「調節權乃政治組織的樞紐，專屬於國家的元首，元首須監視各權力之獨立均衡及調和。」所謂「調節權」就是「元首權」，也就是「中立權」。元首行使中立權，不宜再有副署之事，倘要副署，則元首將不能自由行使之[65]。1949年西德憲法第五十八條規定：「總統的一切命令及訓令須經國務總理或有關部長之副署，但任免國務總理及解散議會之命令不在此限。」而法國第五共和憲法第十九條亦有類似的規定：「總統所簽署之法案須經國務總理副署；必要時，尚須經有關部長副署。但憲法第八條第一項（任免國務總理）、第十一條（將法案提交公民投票）、第十二條（解散國民議會）……規定之事項不在此限。」這種規定甚有意義。總統為「國家元首」，應站在政爭之外，凡議會與內閣衝突之時，議會能夠代表公意，則罷免內閣；內閣能夠得民心，則解散議會，而最後決定仍以公意為標準。元首地位之應獨立，元

65. 薩孟武：《政治學》（臺北：三民書局，1983年1月增訂初版一刷）頁320。

首任免內閣與解散議會不應令人副署，職此之故[66]。吾人在前面所言，總統是一位大政治家，而不是普通政客，不為個人或黨派利益著想，而為國家利益和全民福祉問題竭智籌謀，正是此意。

　　上述薩孟武教授之論點，雖由三權分立論出發，然對總統之權力，有獨特之說法，值得重視。蓋我國憲法雖有濃厚內閣制色彩，但亦具總統制「覆議制度」之特色。第五十七條第二項規定：「立法院對於行政院之重要政策不贊同時得以決議移請行政院變更之。行政院對於立法院之決議，得經總統之核可，移請立法院覆議，覆議時如經出席立法委員三分之二（增修條文第三條第二項改為「如經全體立委二分之一以上」）維持原決議，行政院院長應即接受該決議或辭職（增修條文未提「或辭職」三個字）。」同條第三項規定：「行政院對於立法院決議之法律案、預算案、條約案，如認為有窒礙難行時，得經總統之核可，於該決議案送達行政院十日內，移請立法院覆議。覆議時如經出席立法委員三分之二維持原案，行政院院長應即接受該決議或辭職。」由這兩項規定，可知我國總統與美國總統一樣，享有「覆議權」。總統行使此一權力相當於六分之一（$\frac{2}{3} - \frac{1}{2} = \frac{1}{6}$）立法委員之權力，不可謂不大。總統憑此權力，可以解決行政機關與立法機關之爭議，在重大政潮之際，總統握有舉足輕重之權力。以故，多數學者，認為我國憲法所採取者，為介於總統

66.同前註，頁321。並參閱法國第五共和2011年3月31日公布最新版本。

制與內閣制之間的折衷制，並非沒有理由。

　　不過，誠如林紀東教授所言：「惟此項問題，既屬於中央政制基本精神之認識問題，則探討之方法，不應著重於各個法案之規定，而應著重於整個立法之精神，而於探討立法精神之際，尤應具有客觀與獨立之精神，不可囿於成見，以為列國政制之主要者，不外總統制與內閣制兩型，不入於楊，則入於墨，或介於楊墨之間。我國憲法，係依據孫中山先生建立中華民國之遺教而制定者，而五權憲法，乃配合兼重民主與效能之現代趨勢，容古今中外之制度於一爐，推陳出新，以救三權憲法之窮，與總統制或內閣制國家之憲法，完全異其基礎，我國憲法上總統之地位，乃亦未容憑執他國憲法，而為衡論。」「五權憲法之精神，在謀各種治權之協力，以造成為民服務之萬能政府，為謀各種治權之協力合作，乃於五院之外，特設總統，使調節聯繫於五院之間，以發揮治權之效用[67]。」林教授之言，吾人深表同意。惟五院之間在「協力合作」過程，亦難免有「牽制作用」，則為不可否認之事實，否則，又何必總統來充當「調節聯繫於五院之間」的和事佬？

　　此外，我們不可忽略的一點，那就是「政黨政治」的運作，應併予考慮，庶能理解孫中山設計中央政制的要義。從文獻資料中，我們可以確認，孫中山構思的國民大會代表、總統及立法院委員，都應由人民直接選舉產生的。若然，此

67.林紀東：《中華民國憲法逐條釋義第二冊》（作者自刊，三民書局總經售，1978 年 10 月三版）頁 5-6。

三項職位，則必定為透過政黨間的和平競爭而取得。除非執政黨黨魁自甘屈就行政院長，否則總統職位必然由他擔任，原憲法規定行政院長由他提名經立法院同意任命。此時可能發生兩種情形，一是總統能掌握立法院多數議席的支持，則他所提名之行政院長自容易得立法院之同意，行政立法兩權可以「協力合作」，促進行政效率。二是總統不能掌握立法院多數議席的支持，則處在這種情況之下，總統可能較麻煩了。他到底提誰來當他的行政院長呢？如果提同黨人士當行政院長，可能不易得立法院通過，即使通過，或修改憲法，規定不必經立法院同意，今後在政策及立法上亦必多事，政潮迭起，總統可能經常要行使覆議權，而立法院也可能維持原決議，行政立法鬧成僵局。而依據憲政理論，總統與立法委員既然都是人民直接選舉產生，行政權與立法權之爭議，最後的決定仍須訴諸民意──提請人民複決（國民大會在法理上並不能做最後決定），那人民可能不勝其煩了。為了不擾民起見，吾人認為，此時，總統任命行政院長應尊重立法院多數之意見，提名立法院支持的人選擔任，而淡化自己的政黨色彩，站在國家元首地位，行使元首職權。此一作法，與政府理論和先進國家政府制度，皆相符合。增修條文第三條第一項已改為行政院長由總統任命，並不必經由立法院行使人事同意權，但總統如能任命立法院合意之人選為行政院長，自然可以減少行政權與立法權之緊張關係。

234 　　1986 年 3 月 16 日，法國五年一次的國會選舉，右翼各黨在法國五百七十七席國會中佔絕對多數（二八九席），而執

政的密特朗總統則屬於社會黨。這是第五共和二十八年（1958～1986）歷史中，法國總統首次面臨的尷尬場面，但密特朗曾說：如果右派勝利，他就選右派人士擔任總理，最後果真選擇最大的反對黨（保守黨）——共和聯盟黨領袖巴黎市長席哈克擔任總理。這種由不同政黨人士分別擔任總統及總理的「分權共治」局面，稱為「共同治理」（Cohabitation；一般法國人戲稱為「同居」）政府[68]。法國第五共和憲法加強了總統職權，可以自由任命總理，並有緊急命令權、解散國會權，這些權力之行使，均不須內閣總理之副署，而得由總統單獨為之。此外，如將法案提付人民複決，向國會致送咨文，咨請憲法委員會審查條約，任命憲法委員三人，提請憲法委員會審查法律等，均得由總統自由行使[69]。而且對國會立法不同意時，可退回覆議，其權力之大絕非一般內閣制國家元首之可比。而有「半總統制」之色彩。不過，法國總統提請國會覆議的法案，並不需國會三分之二多數維持原案，始能打消總統的覆議案，只需多數再通過，即可予以打消，顯示法國總統的覆議權力，不等於國會議員六分之一的權力，嚴格說，這不能算是否決權（Veto Power）[70]。

　　我國憲法上總統享有覆議權不是法國、義大利等國家總統的覆議權（The Bill of Reconsideration）而是美國總統的覆

---

68. 中央日報〈地圖周刊〉第 2019 期，1986 年 3 月 22 日。
69. 參閱《世界各國憲法大全》，第 2 冊（臺北：國民大會憲政研討委員會編印）頁 155-157。
70. 美國總統的 Veto Power 須國會三分之二多數維持原案。

議權（Veto）──否決權[71]。由於我國總統這種覆議權和統帥權都是完整的專屬於總統（因為行政院長由總統任命，他可指揮行政院長）；而對閣員的任命權，總統有二分之一的決定權，宣布戒嚴權、緊急命令權，總統可立於主動的地位。可見我國憲法上的總統絕非內閣制的總統，而是有權力的總統，不僅有法律責任而且有政治責任。美國憲法將行政權賦予總統一人，我國憲法除賦予總統重大權力之外，並在總統之下，設有行政院。總統只負憲法上賦予的職權，此外行政職務，概由行政院主持，減輕總統負擔，這是對美國制度的一大修正。傅啓學教授認為我國制度與美國的總統制及法國的半總統制有別，所以稱為「中國總統制」。中國總統制的特點有二：第一是「五權制」（或五院制），這是接受孫中山先生五權憲法的遺教，為各國政制所沒有者。第二是總統與行政院長的「分層負責制」。何以說是「分層負責制」呢？

因為，憲法上的司法、考試、監察三院，都是獨立行使職權。立法院與民主國家的國會大致相同，行政院與內閣制的內閣相似，但權力不如內閣制內閣的完整。行政院與立法院的關係，不是互相結合，而是互相分離。五院之上設有總統，總統為國家元首，對外代表中華民國，對內有統帥權、宣布戒嚴權、緊急命令權和司考監三院人事提名權；行政院與立法院衝突時，有決定國家政策的覆議權。憲法上沒有列舉屬於總統的權力，則概屬於行政院。所以就總統與行政院

71.Dragnich, Alex N., and Rasmussen Jorgen, *Major European Government* (Fifth Edition)（臺灣：巨浪影印版，1978）p. 233.

的關係說，是「分層負責制」。總統負責憲法上賦予的大權，維持國家安全（統帥權、宣布戒嚴權、緊急命令權），決定重要人事（提名權），決定國家政策（覆議權）。此外行政事務，則由行政院長負責。憲法上的規定，具有總統制的精神，但不是抄襲美國的制度，而是對美國制度的修正[72]。

　　目前，美國行政權因應時代需要而日漸擴大，行政人員的能力日趨重要。一位國會議員曾對一位行政人員說：「你們草擬法案，我們加工使它通過。」（You draft the bills and we work them over）[73]從這句話，可以看出美國行政人員負擔已加重。由於行政權的擴大，使得行政首領更需依賴非選舉產生的顧問及行政人員[74]。誠如范納（Finer）所言：「要使龐大的政府易於管理，必須分設若干次級單位——但又能儘快的通力合作，以確使政府的一致性和指揮的靈便[75]。」那就非「分層負責」不行了。所以傅啟學教授說：「美國總統制是十八世紀小國寡民的產物；中國總統制，則是二十世紀大國眾民的產物。美國的制度已開始在變；我國的制度正可供給美國的參考。1958 年法國第五共和憲法，將總統的職權擴大，在總統之下仍設內閣，負責國家行政，已採用我國憲法

72.傅啟學：《中國政府》（臺北：臺灣商務印書館，1973 年 5 月）頁 267-268。

73.Rod Hague and Martin Harrop, *Comparative Government——An Introduction* (London: The Macmillan press LTD. 1982), p. 158.

74.Ibid., p. 182.

75.Ibid., "to make big government manageable it must be broken down into sub-units-but as soon as this is done it has to be pulled together again to ensure consistency and direction."

分層負責制的精神，更可證明中國總統制的合理[76]。」又說：法國「第五共和的政府制度，已形成另一個形態的總統制。其所以保留內閣制的形式，不過是歷史上的遺留，精神上已經改為總統制了。」「現在國家行政，不僅管理政治事務，而且兼管理經濟事務，行政範圍日趨擴大。若將大國眾民國家的事務，委託一人管理，不僅是不合理，且不可能[77]。」

國家政務採用分層負責制，不僅是事實上的需要，在理論上也有學者如此主張。美國普林斯頓大學教授威羅貝（W. F. Willoughby）在其所著《現代國家的政府》（*The Government of Modern States*）一書中，認為三權憲法的政府任務，應分為統治任務（Executive Function）和行政任務（Administrative Function）兩種。統治的任務是代表整個政府，監督政府各部門執行任務，是否與法律相符；行政任務是確實的執行法律，即立法機關制定，司法機關解釋的法律。統治任務的性質是政治的，決定國家一般政策，並判斷其實行是否適當；行政任務是實際執行其他機關決定的政策[78]。

---

76. 傅啓學：《中國政府》（前揭），頁 270。
77. 同前註，頁 271。
78. Willoughby, W. F., *The Government of Modern States* (New York: Appleton-Century-Crofts, Inc. 1936), p. 220. "The executive function is the function of representing the government as a whole, and of seeing that all of its laws are complied with by its several parts. The administrative function is the function of actually administering the law as declared by the legislative and interpreted by the judicial branches of the government. This distinction is usually made by declaring the executive function to be essentially political in Character; that is, one having to do with the determination of general policies, and involving the exercise of judgment in its use; and the administrative function to be one concerned with the putting into effect of policies as determined by other orgaus."

依照威羅貝的看法美國總統一人擔任統治和行政兩項任務，是不相宜的，美國前總統胡佛建議增設一位執行副總統，以輔佐總統處理一般行政事務，使總統減輕工作負擔，而有充分時間處理國家大事。艾森豪則建議設置新的內閣職位，地位等於總理也是為了使總統不至負擔過重的白宮事務。而洛克斐洛也建議設置第一部長，以輔佐總統，由總統授權，處理整個國家安全和國際事務，此一職位應高於各部部長[79]。他們三位的意見，在理論上，都與威羅貝一致。可見，總統與行政首長分層負責，總統只應擔任統治任務，而將行政任務交予行政首長負責處理，以便減輕總統的沉重工作負擔。此一趨勢已為政治學者和政治家們所共見。由於此一事實，乃知我國憲法上總統與行政院長的分工，是一項非常卓越的設計。

（二）**總統的產生**——關於總統產生的方法，有許多資料可以引證孫中山的主張，似乎比較傾向於由人民直接選舉，茲列舉如下：

1. 1900 年，致港督書明言：「所謂中央政府者，舉民望所歸之人為之首，統轄水陸各軍，掌理交涉事務，惟其主權仍在憲法權限之內[80]。」

2. 1906 年，同盟會革命方略「軍政府宣言」中曰：「大總統由國民公舉」，又曰：「國民公舉大總統」[81]。

79. 傅啓學：《中國政府》（前揭）頁 269-270，及 271。
80. 鄭彥棻：《國父的偉大及其思想探微》（臺北：正中書局，1985 年）頁 176。
81. 《國父全集》第 1 冊，頁 286-287。

3. 1916 年，演講「自治制度為建設之礎石」中，雖然說：「令此三千縣者，各舉一代表，此代表完全為國民代表，即用以開國民大會，得選舉大總統[82]。」但此處所謂「國民大會」是指全國國民之大會，即「國民總投票」之意，這從同次演講提到：「今則七十萬人中，苟有七萬人贊成署名，可開國民大會。有人民三十五萬人以上之贊成，即可成為法律[83]。」可以證明。

4. 1919 年「孫文學說」第六章曰：「憲法制定之後，由各縣人民投票選舉總統，以組織行政院。」又曰：「而對於一國政治除選舉權之外，其餘之同等權，則付託於國民大會之代表以行之[84]。」可見，選舉總統之權，孫中山並無意交給國民大會之代表行使。

5. 1923 年，在中國革命史「革命之方略」中，重申第(4)項之主張[85]。

6. 1924 年，國民政府「建國大綱」第二十五條明定：「憲法頒布之日，即為憲政告成之時，而全國國民則依憲法行全國大選舉，國民政府則於選舉完畢之後三個月解職，而授政於民選之政府，……」[86]其中所謂「全國大選舉」及「民選之政府」是指「全國國民」大選舉產生之「民選政府」，當然主要的是指總統而

---

82. 《國父全集》第 2 冊，頁 357。
83. 同前註，頁 356。
84. 《國父全集》第 1 冊，頁 464。
85. 《國父全集》第 2 冊，頁 184。
86. 《國父全集》第 1 冊，頁 753。

言。

7. 「建國大綱」第二十四條規定：「憲法頒布之後，中央統治權則歸於國民大會行使之，即國民大會對於中央政府官員有選舉權，有罷免權；對於中央法律有創制權，有複決權。」此處所指之「國民大會」也是指「全國國民之大會」而言。因為在第十四條規定：「每縣地方自治政府成立之後，得選國民代表一員，以組織代表會，參預中央政事。」以國民代表組織之代表會，是有形的機關，目的在代表縣民到中央政府所在地去監督政府工作，並反映地方民意給中央政府，必要時則發動召開全國國民之大會——「總投票」，以罷免中央政府官員或創制、複決全國性之法律。所以擁有中央統治權（即政權）的不是由代表組織而成的「國民代表會」，而是「全國國民」。國民代表行使的民權不是「直接民權」而是「間接民權」[87]。

1921 年講「統一中國須靠宣傳文化」時說：「政治的組織，便要使人民真有直接立法的權利，直接廢止法律的權利，選舉官吏的權利，罷免官吏的權利[88]。」而同年講「三民主義之具體辦法」時也說：「兄弟底民權主義，係採瑞士底民權主義，即直接底民權主義。」又說：「直接民權凡四種：一選舉權，一複決權，一創制權，一罷免權。此為具體底民權，乃真正

241

87. 《國父全集》第 1 冊，頁 752-753。
88. 《國父全集》第 2 冊，頁 402。

底民權主義[89]。」都強調「直接」兩字。

1922 年為上海新聞報三十週年紀念而作的〈中華民國建設之基礎〉一文，提到實行民治的方略四點，其（二）「全民政治」係指人民對於國事也是行使直接民權──四權。又說「無全民政治，則雖有五權分立、國民大會（這裡係指國民代表組織之有形機關），亦終未由舉主權在民之實也[90]。」1923 年「中國國民黨宣言」指出：「欲踐民權之真義，爰有下列之主張……以人民集會或總投票之方式，直接行使創制、複決、罷免各權」[91] 行使選舉權以外的三權都要以人民集會或總投票的方式來直接行使，何況選舉權？所以，吾人判斷建國大綱二十三及二十四條所謂的「國民大會」均係指「全國國民之大會」──「總投票」而言。現行憲法所稱之「國民大會」係由代表組成之機關，似應改稱為「國民代表大會」，且不宜認為擁有對中央政府之「統治權」（政權），否則於理是說不通的！

基於上述引證，吾人確認孫中山對總統之產生方式，乃是主張直接選舉的。而我國現行憲法規定，國民大會（其實是國民代表大會）之職權之一是選舉總統副總統，這顯示我國總統選舉制度，係採用「間接選舉」制，不能說是完全符合孫中山真正的主張；不過也不能說是違背孫中山的旨意。

89. 《國父全集》第 2 冊，頁 406。
90. 參閱：《國父全集》第 2 冊，頁 180，「中華民國建設之基礎」。
91. 《國父全集》第 1 冊，頁 859-860。

因為在他的整個政府理論中，還主張實行「政黨政治」，如果透過政黨政治的和平競爭，經由人民自由選舉，則佔有國民代表大會（現稱國民大會）過半數席位的政黨，必然成為執政黨，其推出之總統候選人必然獲得當選，那結果與人民直接普選是一樣的！關於這個問題，前已述及，在此不贅。

由於我國總統係由國民大會代表間接選舉，所以羅志淵教授曾認為「國民大會實與美國的總統選舉團（Electoral College）近似[92]。」不過，在選舉方法上仍彼此有些不同。我國選舉總統副總統之方法，係由法律規定，依據 1947 年 3 月 31 日公布「總統副總統選舉罷免法」（1954 年曾修正第四條條文）選舉之時期，為每屆國民大會，於前屆總統副總統任滿前六十日，且總統副總統之選舉係分別舉行。先選舉總統，再選舉副總統，其程序如下：

1. 國民大會代表一百人以上，得於大會決定之期限內，連署提出總統候選人，但每一代表僅得提名或連署一次。總統候選人之名單，應以連署提出之代表人數多寡為先後，開列各候選人姓名，並於候選前三日公告之。

2. 國民大會代表，應就選舉票上所列之各候選人中，以無記名投票法，圈選一名為總統，以得代表總額過半數之票數者為當選。

3. 如無人得代表總額之過半數票時，就得票比較多數之

92.羅志淵：《中國憲法釋論》（臺北：臺灣商務印書館，1970 年 12 月三版）頁 71。

首二名，圈選一人，以得較多票者為當選，票數相同時，重行圈選一名，以得較多票數者為當選。

4. 如候選人僅有二名，第一次投票，無人得代表總額過半數之票數時，就該二名重行投票圈一名，以得較多票數者為當選，票數相同時，重行圈選一名，以得較多票數者為當選。

5. 如候選人僅有一名，第一次投票，未得代表總額之半數時，重行投票，以得代表過半數之票數為當選，如所得票數不足出席代表過半數時，重行投票[93]。

由此可見我國總統副總統選舉程序相當慎重。惟 1994 年 8 月 1 日公布的「增修條文」第二條第一項規定：總統副總統改由全體人民直接選舉，正好切合孫中山的政府思想，這是時代與環境的必然歸趨，也是臺灣人民奮鬥不懈爭取民權的果實，臺灣因之奠定民主發展的基礎。

至於美國總統的選舉，係先由各州人民選舉「總統選舉人」（Presidential electors），再由總統選舉人投票選舉總統。美國制定憲法時，所以不使人民直接選舉總統者，乃恐民眾受了奸雄的煽動，不能站在公正的立場，作賢明的判斷。其所以不使國會選舉者，又恐總統若由國會選舉，必受國會控制，而致制衡制度因之破壞。但是美國自政黨組織完固以後，總統選舉人均由政黨提名，而其被選後均投票支持其本黨推舉之候選人為總統，所以人民名義上是選舉總統選舉人，

93.林紀東：《中華民國憲法逐條釋義》第 2 冊（作者自刊，1978 年 10 月三版）頁 139。

實際上則等於投票選舉總統。因此，美國雖然採用間接選舉，其實乃等於直接選舉[94]。其程序如下：

距普選十個月前，美國兩大政黨的全國委員會，於1月左右分別舉行全體委員會議，以決定全國代表大會召開的時間、地點、與各州應行出席的代表人數，並組織全國代表大會臨時委員會，負責一切籌備工作。及至總統選舉年的6、7月間，乃舉行全國代表大會，以提出各該黨的總統候選人。幾乎在同時，各黨在各州按照州法律，提名他們的選舉人候選人（Candidates for electors）。此後選舉事宜分三步驟舉行：

(1)總統選舉年之 11 月的第一個星期一後之星期二（on the Tuesday follwing the first Monday in November）各州選民投票選舉他們的選舉人。其名額與各州應選出的國會兩院議員人數相等。

(2)同年 12 月第二個星期三後之第一個星期一（on the first Monday after the second Wednesday in December），各州選舉人分別在各州議會投票選舉總統及副總統，每張選票由選舉人簽字、密封、掛號郵寄國會參議院議長。

(3)翌年1月6日，參議院議長於參眾兩院議員之前，拆開所收之各州選票，點驗所有票數，宣布選舉

245

94.劉慶瑞：《比較憲法》（臺北：大中國圖書公司，1961 年6月）頁271。

結果。所以，一月六日才真正是總統選舉日。如無人得過半數票，則由眾議院就得票最多者三人舉行決選，此時每州各投一票，得過半數票者為當選。總統選舉人投票選副總統，亦以得過半數者為當選，如無人得過半數票，則由參議員擇其得票最多者二人舉行決選，得過半數票者為當選[95]。

美國的選舉辦法，有兩個嚴重缺點，其一、「贏者通吃」的規則造成不公。所謂「贏者通吃規則」（Winner-takes all rule）是指「候選人得普選過半數票時，就囊括全州的選舉人票」[96]。在此規則下，可能產生「少數票」獲勝的總統（minority president）。例如 1860 年林肯雖以一八〇選舉人票的多數對一二三票的少數而當選為總統，但其選民總票數僅達 40%。1884 年總統選舉時，紐約州民主黨在一百餘萬選民中，只佔一千名左右的多數，但囊括該州三十六名選舉人，這三十六名民主黨的選舉人自然都投其本黨總統候選人克利夫蘭（Cleveland）。同時，賓州八十六萬六千名選民中，共和黨佔八萬一千名的多數，所以囊括該州三十個選舉人，這三十個共和黨選舉人，自然都投其本黨總統候選人布稜（James Blaine）。換句話說，此二州中布稜雖比克利夫蘭多得八

---

95. 參閱：劉慶瑞：《比較憲法》（前揭）頁 273-275。
　　羅志淵：《美國政府及政治》（臺北：正中書局，1964 年 10 月）頁 462。
　　Macmanus, Susan A., et al, *Governing A Changing America.* (New York: John Wiley & Sons, Inc., 1984) p. 249.
96. Macmanus, et al, op. cit., p. 248. "the Winner-takes-all rule, under which the candidate with a plurality of popular votes gets all of the state's electoral votes."

萬張選民票，卻反而比克利夫蘭少得六張選舉人票，結果克利夫蘭當選。又如1888年的選舉，克利夫蘭雖比哈利遜（Benjamin Harrison）多得十萬餘張選民票，但哈利遜卻在選舉人票方面佔多數。這是因為克利夫蘭在南部選舉人票較少的各州獲得多數選民票，而哈利遜在北部選舉人票較多的各州卻以極小的多數選民票而獲勝[97]。像這種情形，間接選舉確實比直接選舉顯得不公平。對這問題，前總統卡特即曾大加批評，以他自己參加1976年大選為例說，他在全國普選所得選民票領先福特約一百七十萬票，但只要夏威夷州及俄亥俄州分別有四千名及三千五百名選民反過來支持福特的話，他就會落選[98]。

其二，「跑票」的可能性，也就是說，在現行制度下，無法保證各州選出的選舉人，都投票給各該州獲得最多選民票的總統及副總統候選人。換句話說，不能不顧慮有「不忠實的選舉人」（faithless elector）把選票投給別人[99]。例如，1976年有一位由華盛頓州選出的福特的選舉人（Gerald Ford's elector）竟然把票投給雷根（Ronald Reagan），雖然似此情形並不多見，但在美國歷史上，幾乎有一打的選舉人曾經發生過這種對選民的不忠實之行為[100]。修憲前我國監察委員係由省市議員間接選舉，不也曾經發生過「跑票」的傳言嗎？思

---

97. Ibid., p. 248，並參閱羅志淵：《美國政府及政治》（前揭）頁463。
98. 參見：1984年10月15日聯合報第六版「解開美國『選舉人團』之謎」一文。
99. Macmanus, Susan A., et al, op. cit., p. 250. "the faithless elector, an elector pledged to a candidate who votes for someone else."
100. Ibid., p. 250.

想起此一弊病，使我們不得不承認，直接選舉畢竟比間接選舉要來得較少毛病。

美國為了杜絕上述缺陷，關於總統選舉有一些改革的議論：

1. 洛奇·哥史德方案（The Lodge-Gossett or proportional Plan）──1948年選舉之後，參議員小洛奇（Henry C. Lodge Jr.）及眾議員哥史德（Edward Gossett）重新向參議院提出其近年頗獲好評的修憲案。其要義有四：A 取消總統選舉人團而仍保留每州選舉人的名額；B 每候選人在每州所得選舉人票，以其所得選民票數比例分配之；C 候選人得選舉人票過半數，或比較多數而達總票數 40%者，當選總統；D 倘無候選人得 40% 的比較多數選票時，則就得選舉人票最高之二名候選人，在國會兩院聯席會議中，由議員個別投票選舉總統。副總統之選舉程序與總統選舉程序相同。本案在 1950 年 3 月參議院以六十四票對二十七票通過，但同年 7 月未獲眾議院通過[101]。

2. 曼特·古德方案（The Mundt-Coudert or district plan）──參議員曼特（Karl Mundt）及眾議員古德（Frederic Coudert）於 1953 年向國會提出憲法修正案，認為總統選舉團的五三一個選舉人應與選舉國會議員同樣方式選出，即四三五人由單選區（single-member di-

101.羅志淵：《美國政府及政治》（前揭）頁 466-467。
　　Macmanus, Susan A., et al, op. cit., p. 250.

stricts）選出，九十六人由各州全州選出[102]。

3. 補貼方案（The bonus plan）──這是一個特定研究小組（a task force）於 1978 年提出的建議案。其辦法是創設一〇二張國家補貼的選舉人票，給予得全國最高票的候選人，而取消選舉人投票制，俾便在決選投票中無人贏得選舉時，能提供一套過程，以確保總統選舉進行得完整順利[103]。

4. 直接普選總統（direct popular vote for president）──這是前參議員伯齊貝（Birch Bayh）的意見，這個意見最受廣泛的討論，美國律師公會及前總統卡特皆支持此一辦法。主張此說者認為這個最簡單且最民主的建議案，但也有許多理由不能獲得採行。因為這個辦法，在總統選舉上抹殺了州的關係，人口少的州擔心東北各州選民控制人民的選舉。而南方各州也不願開放投票權給黑人及貧困的白人，所以反對此一方案[104]。

　　儘管各方提出的改革議案很多，但是，至今美國仍維持老辦法──「選舉人團」的間接選舉制度，主要原因是這些改革皆牽涉到修憲問題，與某些重要團體有利害關係，而且「制度的保守主義」（institutional conservatism）是美國的特徵，所謂「如非破碎，寧不修補」（"if it isn't broke, don't fix it"）[105]這個諺語，就像我國古訓：「利不百不變法」一樣。事

---

102. Ibid.,及羅志淵：前揭書，頁 466。
103. Ibid., p. 250. "a task force" means a group assigned to a specific project.
104. Ibid.,及羅志淵：前揭書，頁 465-466。
105. Ibid., p. 251.

實上，在 1888 年的總統選舉，共和黨哈里遜（Benjamin Harrison）已成為得選民票少於對手民主黨克里夫蘭（Grover Cleveland）而當選總統的最後一人[106]。以後已很少發生過「少數總統」（Minority president）之情況。

　　第五共和法國原憲法第六條第一項規定總統之選舉辦法：「共和國總統由總統選舉團選舉之，任期七年，選舉團由國會議員、省議會議員、海外屬地議會議員、以及各地方自治團體議會選出代表組織之。……」依此規定，1958 年之總統選舉團包括有：眾議員四六五人，參議員二三〇人（兩院議員合計不及選舉團總人數的 1%）。地方代表則有縣市長三一、四〇一人；省議員三、一四九人；縣市長助理及中等縣市議員三二、五二四人，大縣市之增額代表八、四五一人。海外代表包括各屬地地方議員二一四人，及國協中未成為獨立國的代表共計二、五五三人（佔總統選舉團總人數百分之四）。

　　依 1958 年 11 月 7 日五八──一〇六四號組織法規定，凡獲得選舉團選舉人五十人的提名者，即為總統候選人，提名應於投票前十二日為之。憲法及法律均無關於競選的規定，第一屆總統候選人為戴高樂、馬蘭尼及夏狄勒，皆無競選活動。選舉總統由政府召集選舉團於巴黎舉行選舉會以投票，選舉人前往投票者得領取旅費津貼，無正當理由而不投票者得科以四千法郎的罰金。在第一次投票得絕對多數票者為當

---

106. Ibid., p. 248.

選，否則在第八天內繼續第二次投票，以得比較多數票者為當選。依憲法第五十六條之規定，由憲法委員會監督共和國總統之選舉，故該委員會必須檢查總統候選人之提名是否曾經提名人之同意，倘認為選舉嚴重違反選舉程序，而有影響選舉結果者，則撤銷選舉，戴高樂便是依此制度而當選為第十七任總統（第三共和以來）。但到 1962 年時，他認為這一制度未盡完善，所以修正憲法第六條之規定，改由全國選民直接選舉，此一修憲案已於 1962 年 10 月 28 日經選民複決通過。第二任總統即改採全國選民直接普選了。法國並不設置副總統，憲法第七條第四項規定：「共和國總統因故缺位，或不能視事而經憲法委員會依政府之提請，以絕對多數表決確認者，其職權由參議院議長行使之。總統缺位，或憲法委員會確定宣布總統不能視事時，新任總統之選舉，應於缺位之日或宣布不能視事之日起，二十日到五十日內行之。」至於，總統任期為七年，連選得連任一次，但第四共和以來尚無連任之例[107]。多年來，法國國會曾討論多次，擬縮短總統的任期為五年。

2011 年法國第五共和最新版憲法已規定，總統任期五年。任何人不得超過兩任，須獲絕對多數有效票始為當選。如無人在第一輪得絕對多數，則於十四日之後舉行第二輪投票，只有得票最多之兩位始能參加。新任總統之選舉於現任總統任滿前三十五至二十日之內舉行。憲法委員會監督總統

107.以上關於法國總統之選舉，參閱羅志淵：《法國政府及政治》（臺北：正中書局，1965 年 8 月）頁 285-287。

選舉，並宣在選舉結果（第六、七、五十八條）[108]。

比較美國、法國與我國的總統選舉辦法，我們得知現在法國已由間接選舉改為直接選舉，而美國也有改為直接選舉之主張，只是因為州權的考慮而遲遲未採行。孫中山的主張，亦傾向於直接選舉。而我國是單一制國家，沒有美國內部的複雜因素，修憲改為直接選舉，正符合孫中山遺教。誠如薩孟武教授所言：「人民選舉總統容易，選舉議員艱難。總統只有一人，誰配做總統，人民很容易知道。議員有數百人，誰配做議員，人民很難選擇。所以代議政治常常變為金權政治，而在貧民充斥的國家尤見其然。人民在經濟上不能獨立，在政治上也不能獨立。他們常把自己的投票權當做一種財產權，預備賣給出價最高的人，誰肯出最高的價錢，誰就能收買他們的選票。這種情形固然在選舉總統之時，也有其事；不過選舉總統乃以全國為一選區——選民人數既多，當然不易收買。所以總統由人民選舉，比之議員由人民選舉，不會有舞弊的事[109]。」我們翻閱中國現代史，曹錕賄選而當上總統的史實，歷歷在目。孫中山主張四權應由人民直接行使，不是沒有理由的。

此外，關於總統之任期，美國總統為四年，自華盛頓、哲斐遜拒絕第三任之後連選得連任一次，已成憲法習慣，羅斯福於第二次世界大戰時，連任三次是惟一例外。1951 年美

108.張台麟：《法國政府與政治》（臺北：五南圖書公司，2013 年 1 月四版一刷）附錄一。

109.薩孟武：民權主義與五權憲法（收載於《五權憲法論文選集》上冊，中國五權憲法學會編，帕米爾書店印行，1973 年 12 月再版）頁 31-32。

國通過第二十二條修憲案後，總統只能連任一次，已成規定。法國總統任期七年，連選得連任一次，而事實上自第四共和以來，無一連任者。總統之任期長短，各國不一，美法之外，有定一年者如瑞士；有定為四年者，如土耳其、巴西、菲律賓、玻利維亞、哥倫比亞、巴拿馬、烏拉圭；有定為五年者，如西德、秘魯、多明尼加、巴拉圭、委內瑞拉；有定為六年者，如智利、芬蘭、阿根廷、瓜地馬拉、墨西哥、海地、宏都拉斯、尼加拉瓜；有定為七年者，如義大利、葡萄牙、立陶宛及威瑪憲法時代的德國和韓國（現已改為五年，不得連任）。我國憲法第四十七條原規定總統副總統之任期為六年，自屬較長的一類，而連選得連任一次。但依據「動員戡亂時期臨時條款」第三款規定：「總統副總統得連選連任，不受憲法第四十七條連任一次之限制。」因此，事實上，我國總統之任期已無連任次數的限制。蔣中正自 1948 年當選為行憲後第一任總統，依據臨時條款這項規定，連任五次。1975 年 4 月 5 日逝於第五任任期之中，蔣氏年過八十，而仍負擔艱鉅，其「以天下興亡為己任，置個人死生於度外」之精神，固特別令人敬佩，但我們也讓他太勞累了。其後嚴家淦接任總統，但蔣經國接任中國國民黨主席，嚴氏任滿蔣氏未滿的任期後，蔣經國立即接任第六任總統，1988 年 1 月 13 日蔣經國也逝於第二任期中，在「黨國一體」的制度下，臺灣在這期間事實上已成為「蔣氏王朝」的國家。

薩孟武教授認為：「總統任期之長短各有利弊，主張短期的都以為任期愈短，則權力無從濫用；任期愈長，則總統

居位既久，難免受到群小包圍，而利用違憲手段改共和為君主。但是近來共和觀念已深入人心，社會輿論亦足以預防總統的野心。並且任期過短，不但中樞不能安定，而選舉頻繁，更可引起紛擾。至於總統才得相當經驗，而任期已滿，勢當去職，尤可能使其不敢積極的有所做為，而只求消極的可以無過，這是短期制度的弊害[110]。」吾人認為我國原憲法規定總統任期六年，不能算短，憲法增修條文改為，任期四年，連選得連任一次，問題多多，如能學韓國改為五年，不得連任，可能比較適當！畢竟人生苦短，而精英輩出，如能使未來優秀的子孫們都有輪流掌舵機會，當更能激發青年同舟共濟的愛國信念！不知諸君以為然否？

（三）**總統的職權**──關於總統的職權，我們首應注意者，乃是總統與行政院係同屬行政系統之人員，他既是國家元首，對外代表中華民國；也是國家的行政首領，絕非內閣制國家的虛位元首之可比。中華民國總統，在孫中山政府理論的架構中，是經過政黨政治的運作，透過全民自由選舉而產生的大政治家，任何政黨領袖，一旦當上總統，他已經是超然於黨派之上的人物，有其崇高的地位和人格，因此，其政策絕非為個人及私黨打算，而是為國利民福圖謀。必如此，他方能獲得全民的尊敬和愛戴。由於孫中山理論中的總統係直接民選，所以他雖應定期向國民大會（即國民代表大會）做施政報告，以表示對全民負責，卻不必對代議士（立法委

110.同上註。

員）負責。但是，立法院是國會性質，立法委員就是國會議員，各種預算須他通過，即表示各種政策須他同意；各種法律須他討論和制定，再由總統公布施行。因此，孫中山設計的行政院——由民選的總統組織，即是由總統任命行政院長，並由行政院長組織內閣，行政院與立法院係站在平等的地位，行政院長一面對其長官——總統負政治責任，一面須代表行政機關對立法機關負法律責任，如此一來，總統不致介入政爭之漩渦，可保政局的穩定，這種政府組織的設計，吾人認為比內閣制和總統制都要卓越。我國現行憲法即富於這種折衷色彩，實兼具兩種制度的優長！

但是，總統政策如不符民意或濫用特權，仍須受監察機關的監督彈劾，而總統對監察院及立法、司法、考試三院卻無指揮之權。他除了行使國家元首的職權如統率三軍、派遣使節、宣布戒嚴、頒行法令、任免官吏、授予榮典、赦免刑犯、召集國民大會、發布緊急命令、解決院間爭議等特權之外，只能指揮行政院為國效命，為民服務。現在且讓我們來檢視總統職權的內涵[111]。

1. 統帥權——就軍事權而言，可分為軍政權與軍令權。憲法第三十六條明定：「總統統率全國陸海空軍」即總統有最高軍令權，但此權之行使不必親自行之，可設軍令機關或委派他人執行，如我國設有參謀總長及三軍總司令，都是奉總統之命執行軍令權；但已改為

---

[111]關於總統的職參閱憲法及增條文。羅志淵：《中國憲法與政府》（臺北：正中書局，1976 年）頁 475-494。

軍政軍令合一，國防部長為總統的直轄軍頭。依國防法第八條規定「總統統帥全國陸海空軍，為三軍統帥，行使統帥權指揮軍隊，直接責成國防部部長，由部長命令參謀總長指揮執行之。」第十條規定：「行政院制定國防政策，統合整體國力，督導所屬各機關，辦理國防有關事務。」美國憲法第二條第二項第一款也規定：「總統為美國陸海軍及各州民團被徵為合眾國服務時之大元帥」，但宣戰權則屬國會，然而為了適應實際需要，國會乃以立法授權方式使行政當局能放手行事。這顯示我國把宣戰權交由總統行使是正確的。至於軍政權因與國家庶政息息相關，所以設國防部由行政院管轄，但無權指揮軍令系統。

2. 外交權──包括締結條約及宣戰媾和之權（第三十八條）。但外交權的行使並非國家元首或行政機關所能獨斷獨行，而有一定之程序。依憲法第五十八條及六十三條之規定，可知外交行為係由行政院所創議和發動，而由立法院所決定，然後再由行政院執行。但外交行為是國家的國際性行動，自應以總統之名義行使。

3. 戒嚴權──戒嚴係指在戰爭狀態或發生叛亂時，為維持治安，於全國或特定地區施以兵力戒嚴行為；當戒嚴原因消滅，解除兵力戒備以恢復常態，是謂解嚴。戒嚴是嚴重事件，故由總統宣布，但須經立法院通過或追認，憲法第五十八條規定戒嚴案應經行政院會議

議決，所以戒嚴的發動機關是行政院；憲法六十三條規定，立法院有議決戒嚴案之權，所以戒嚴的決定權是屬於立法院的；如在立法院休會期間施行戒嚴，仍須於立法院開會時追認之。戒嚴宣告後，實施軍法管制，行政、司法機關掌管之事務，應受該地最高司令官指揮，人民各種自由權利，自得由軍事最高司令官予以限制。我國實施戒嚴久矣！自 1949 年 5 月 19 日由警備司令部發布，戒嚴令至 1987 年 7 月 15 日，蔣經國宣布解嚴為止，長達三十八年，此一史實，足可列入金氏紀錄。

4. 公布法令權——總統為國家元首，國家為統治而頒布之法令自應由總統公布，但我國中央政制並非純為總統制，亦有內閣制色彩，而以行政院長代總統對立法院負責，所以憲法三十七條規定：「總統依法公布法律，發布命令，須經行政院院長之副署，或行政院長及有關部會首長之副署。」此一規定課行政機關以政治責任，減輕總統對國家庶政之精神負擔，這是正確之舉，我國政制異於總統制之特徵亦在乎此。惟增修條文第二條第三項規定：總統發布行政院長與依憲法經立法院同意任命人員之任免命令為解散立法院之命令，無須行政院長之副署。

5. 任免權——憲法第四十一條規定：「總統依法任免文武官員」，所謂「依法」即是依「公務員任用法」，民選官員如省市長、縣市長、鄉鎮長並不在其列。關

於官員的任免辦法，因各國政制不同而異其制。法國第五共和憲法第十三條有與我國同樣之規定。但我國憲法第五十五條、第一〇四條規定：行政院長、審計長由總統提名，經立法院同意任命之。而法國第五共和憲法第八條規定「總統任命內閣總理，並依內閣總理提出辭呈，免其職務。總統依內閣總理之提請，任免其他內閣閣員」，不須國民議會同意，任免閣揆也不須內閣副署，總統乃得自由任命閣揆。

6. 赦免權──憲法第四〇條規定：「總統依法行使大赦、特赦、減刑及復權之權。」赦免權是國家用行政權以救濟司法權之窮的措施，自應由國家元首來行使。所謂「大赦」是對某時期某類刑事犯，不論是否已起訴裁判，一概予以赦免之謂。所謂「特赦」是對已受判決確定之特定刑事犯，赦免其刑罰之執行，並未赦免其罪，故如再犯，則為累犯。所謂「減刑」是對已受判決確定之特定刑事犯，減輕其所宣判之刑。所謂「復權」是以命令恢復刑事犯因判決確定褫奪的公權。而所謂「公權」，依刑法第三十六條之規定，係指為公務員、公職候選人及行使四種政權之資格而言。所以，所謂「復權」，即以總統命令恢復特定人上述各種資格之謂。總統的「赦免權」乃本於國家非常特典之意義，用以濟法律之窮，並予犯人以自新之機會，總統行使赦免權頗富政治意義。

7. 榮典權──憲法第四十二條規定：「總統依法授予榮

典」，所稱「榮典」係指對國家有特殊貢獻之人員，授予勳章或予以褒揚，以示優隆之意，總統是國家之代表，此項榮典自應由總統授予。

以上七項職權，在一般內閣制國家的總統亦有之。

8. 緊急命令權——依據「法的位階性」而言，憲法高於法律，法律高於命令，命令不得違背法律及憲法。但是，法律的制定有一定程序，非倉促可能成就，憲法的修改更不容易。然則，世變無常，倘發生緊急事變，亟待處置，而無適當法律可做根據，將束手無措，肆應乏術了。是以一般法治國家，為應付緊急事變，大率都在憲法上規定給予元首有「緊急命令權」，內閣制國家的「緊急命令權」屬內閣，如英、日、德及法國第四共和皆如此，而我國憲法第四十三條規定：「國家遇天然災害、癘疫、或國家財政經濟上有重大變故，須為急速處分時，總統於立法院休會期間，得經行政院會議之決議，依緊急命令法，發布緊急命令，為必要之處置。但須於發布命令後一個月內提交立法院追認，如立法院不同意時，該緊急命令立即失效。」

增修條文第二條第二項規定，總統為避免國家或人民遭遇緊急危難，或應付財政經濟上重大變故，得經行政院會議之決議發布緊急命令，為必要之處置，不受憲法第四十二條之限制。但須於發布命令後十日內提交立法院追認，如立法院不同意時，緊急命令立即失效。

259

9. 解散國會權──增修條文第二條第五項規定，總統於立法院通過對行政院長不信任案後十日內，經諮詢立法院長後，得宣告解散立法院。但總統於戒嚴或緊急命令生效期間，不得解決立法院。立法院解散後，應於六十日內舉行立法委員選舉，並於選舉結果確認後十日內自行集會，其任期重新起算。

第三項　五院制

孫中山在「中國革命史」中，有一句話批評「臨時約法」的不當。他說：「以國家機關之規定論之，惟知襲取歐美三權分立之制，且以為付重權於國會，即符主權在民之旨；曾不知國會與人民，實非同物，況無考試機關，則無以矯選舉之弊，無糾察機關，又無以分國會之權；馴致國會分子，稂莠不齊，薰蕕同器；政府患國會權重，非劫以暴力，視為魚肉；即濟以詐術，弄為傀儡。政治無清明之望，國家無鞏固之時，且大亂易作，不可收拾[112]。」由這一句話，可以說明孫中山先生何以要設立「五院制」政府的道理。所以在同一文獻的「革命之方略」中，他明白指出，要「以五院制為中央政府，一曰行政院，二曰立法院，三曰司法院，四曰考試院，五曰監察院[113]。」在「建國大綱」第十九條又明定：「在憲政開始時期，中央政府當完成設立五院，以試行五權之治。其序列如下：曰行政院；曰立法院；曰司法院；曰考試院；

112.《國父全集》第 2 冊，頁 188。
113.同前註，頁 184。

曰監察院[114]。」並在民權主義第六講說：「用五權憲法所組織的政府才是完全政府，才是完全的政府機關。有了這種政府機關，去替人民做工夫，才可以做很好很完全的工夫[115]。」這種「五院制」組織而成的政府，可以說是孫中山先生民權主義的精要所在。是以，誠如1923年元旦「中國國民黨宣言」中所說：「本黨總理孫先生文，內審中國之情勢，外察世界之潮流，兼收眾長，益以新創，乃以三民主義為立國之本源，五權憲法為制度之綱領，俾民治臻於極軌，國基安於磐石，且以躋於有進而無退，一治而不復亂之域焉[116]。」足見「五院制」中央政府制度的設計，是何等重要！

在「五院制」的實際運用上，於1914年7月8日「中華革命黨總章」之中，即有初步的規劃。其第二十六條規定：凡屬黨員，皆有贊助總理及所在地支部長進行黨事之責，故統名之曰協贊會，分為四院，與本部並立為五；使人人得以資其經驗，備為五權憲法之張本。其組織如左：「一、立法院；二、司法院；三、監督院；四、考試院。」又第二十七條接著規定：「協贊會設會長一人，副會長一人，由總理委任；各院院長，由黨員選舉，但對於會長負責任。（說明）所以由總理委任會長、副會長者，為統一黨務起見；若成立政府時，當取消正副會長。則四院各成獨立之機關，與行政院平行，成為五權並立。是之謂五權憲法也[117]。」這雖是「以

114. 《國父全集》第1冊，頁753。
115. 《國父全集》第1冊，頁152。
116. 《國父全集》第1冊，頁858。
117. 《國父全集》第2冊，頁943-944。

「黨建國」的革命時期之臨時過渡性組織，但由此可以看出「五院制」中央政府的初步構想，已在黨內革命組織中具體的呈現雛形。而值得注意的是，行政部門以外的四院，之所以合稱為「協贊會」者，實即表示四院乃為促進行政部門發揮正常功能而設計，五院之間，雖係平行存在，卻是以行政部門為主體，也以行政部門的工作最為繁重。是以，在「本部」（行政部）特「公舉總理一人，協理一人。」（第十五條）以領導各部。吾人認為「總理」即是正式政府成立後的總統；而「協理」即是行政院長，在「中華革命黨總章」之後，附有「組織表」，特附於此，藉供參考：[118]

　　1927 年 4 月奠都南京，1928 年 8 月全國漸臻統一，開始訓政。中央執行委員胡漢民、孫科於巴黎電國民政府，提議建立五權制度，於國民政府設立五院，以樹訓政楷模。在其「訓政大綱提案說明書」中說：「從革命程序言之，訓政之目的在於憲政之完成。總理三民主義必與五權憲法並舉，此二者之關係，國人至今尚鮮有知之者。再切近言之，三民主義乃救國之宗旨，五權憲法乃建國的制度。若以總理之用語說明之，即三民主義乃五權憲法之目的，五權憲法乃三民主義之實行。不經由五權憲法之制度，三民主義即無由而整個的實現。故憲政必恃訓政為階梯，猶諸訓政必待軍政為開創，非可一蹴而幾也。故欲由訓政時期以達憲政時期之行程中，本黨責任在培植五權憲法之基礎，而期其最後完成訓政大綱[119]。」

118.《國父全集》第 2 冊，頁 946。

119.周曙山：〈五權憲法的歷史〉（收載《五權憲法論文選集》上冊），頁 273-274，並參閱羅志淵：《中國憲法史》（臺北：臺灣商務印書館，1967 年 4 月）頁 227-228 及 234。

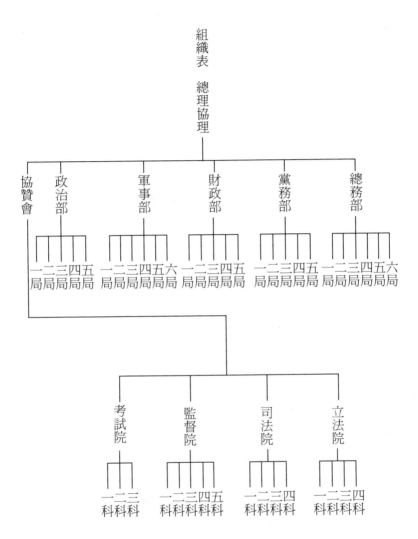

組織表　總理協理

協贊會
政治部
一局 二局 三局 四局 五局

軍事部
一局 二局 三局 四局 五局 六局

財政部
一局 二局 三局 四局 五局

黨務部
一局 二局 三局 四局 五局

總務部
一局 二局 三局 四局 五局 六局

考試院
一科 二科 三科

監督院
一科 二科 三科 四科 五科

司法院
一科 二科 三科 四科

立法院
一科 二科 三科 四科

同年，9月19日國民政府主席蔣中正邀請中委談話，公推新近歸國的胡漢民、戴季陶及王寵惠三人共同研究五權制度，負責起草五權制的「中國國民政府組織法草案」，由張人傑、李煜瀛、戴季陶三人於26日提中央執行委員會議，經討論後推定蔣中正、胡漢民、何應欽等十四人審查，復經修正，而於10月3日將審定之草案報告於政治會議，再提經中央執行委員會常務會議通過，國民政府於10月8日公布施行。這便是世界上破天荒行五權分立制度的創舉[120]。

試行五權制之「國民政府組織法」自1928年10月8日公布後，以迄行憲開始，雖仍保持其原有之輪廓，但為適應時勢之要求，亦曾經多次之修正。五院地位亦因「國民政府組織法」迭經修正而迭有變遷。其詳細演變過程屬政治制度史範圍，在此不贅。吾人僅擬對「五院制」之組織職權稍加申論，至其相互關係，則留待下一節探究之。

第一目　行政院

關於行政院的組織，因為民國初年的建制並非採「五院制」，是以，行政部門所設各部直屬總統府，而各部組織則採黃克強先生之意見，分為陸軍部、內務部、外交部、財政部、海軍部、司法部、教育部、實業部、交通部，部長只陸軍、外交、教育三部為同盟會黨員[121]。在「建國大綱」第二十條，孫中山先生規定：「行政院暫設如下各部：一、內政

120.周曙山，前引文，頁274，及羅志淵：前揭書，頁227-228。
121.胡漢民：《胡漢民自傳》（臺北：傳記文學出版社，1969年10月1日），頁65。

部；二、外交部；三、軍政部；四、財政部；五、農礦部；六、工商部；七、教育部；八、交通部。行政院為國民政府最高行政機關，行憲前，依照 1943 年 10 月 1 日修正公布的「行政院組織法」之規定，設有內政、外交、軍政、財政、經濟、教育、交通、農林、社會、糧食、司法行政十一部，蒙藏、僑務、賑濟三委員會，衛生、地政兩署。各部會署之增置裁併，應經行政會議及立法院之議決。各部置部長一人，政務次長、常務次長各一人；各委員會置委員長各一人，委員若干人；各署置正副署長各一人，均由行政院長提請國民政府主席依法任免之。行政院自 1928 年 10 月 25 日正式成立以來即有「行政院會議」之設，由行政院長、副院長、各部會首長組織之。會議時以院長為主席、行政院秘書長及各部政務次長得列席會議。該會議之職權為議決：

1. 提出立法院之法律案、預算案、大赦案、宣戰媾和案。
2. 荐任以上行政、司法官吏之任免。
3. 行政院各部會間不能解決之事項。
4. 其他依法律或行政院長認為應付行政院會議議決事項[122]。

行憲後，依據憲法第五十八條規定，行政院設行政院會議，由行政院院長、副院長，各部會首長及不管部會之政務委員組織之，以院長為主席。行政院院長、各部會首長，須

122.羅志淵：《中國憲法史》（臺北：臺灣商務印書館，1967 年 4 月）頁247-248。

將應行提出立法院之法律案、預算案、戒嚴案、大赦案、宣戰案、媾和案、條約案及其他重要事項，或涉及各部會共同關係之事項，提出於行政院會議議決之。至於行政院直轄機關，在行憲之初，原設有內政、外交、國防、財政、教育、司法行政、農林、工商、交通、社會、水利、地政、衛生、糧食等十四部，資源、蒙藏、僑務三委員會及主計處、新聞局；計為十四部三會一處一局。1949 年 3 月 31 日，行政院組織法修正，改設八部二會一處：即內政、外交、國防、財政、教育、司法行政、經濟、交通等八部及蒙藏、僑務二委員會和主計處。原有社會、地政、衛生三部併入內政部；原有工商、農林、水利、糧食各部及資源委員會合併為經濟部。1950 年，大陸淪陷，政府播遷來臺，行政院各部會編制員額實行緊縮，人數僅為原有組織法規定的三分之一。1980 年 6 月 29 日，改司法行政部為法務部[123]。

　　由於行政院相當於先進民主國家的內閣，其工作負擔的繁重，實為各院之首，因之行政院的組織是否完備，人力編制及素質是否能夠適應實際工作需要，乃是政府是否能夠發揮為民造福功能之重要關鍵。是以，吾人認為，行政院的內部組織，務必力求健全，庶能造成「萬能政府」，提高行政效率，增進人民福祉。絕不可「以不變應萬變」，作者翻閱解嚴前的「行政院組織法」，其第六條明文規定：「行政院

123.參閱傅啟學：《中國政府》（臺北：臺灣商務印書館，1973 年 5 月）頁276-277，及行政院研考會編印：〈中華民國政府組織與工作簡介〉（1985 年 11 月增訂版）頁 26。

經行政院會議及立法院之決議，得增設裁併各部各委員會或其他所屬機關。」行政院的內部組織不規定於剛性憲法，而以法律規定，可適應時代進步的需要，隨時增設裁併行政機構，這是正確的作法。

現在且先來看看今日世界主要國家的中央行政組織與我們有何不同之處：

1. 美國：設有①農業部、②商業部、③國防部、④教育部、⑤能源部、⑥衛生及人群服務部、⑦住宅及都市發展部、⑧內政部、⑨司法部、⑩勞工部、⑪國務院（即外交部）、⑫運輸部、⑬財政部，共十三部及五十七個直屬行政機關（總統）的獨立單位和公營公司[124]。

2. 英國：設有①農漁糧食部、②司法部（Attorney-General）、③文官部、④海關及稅務部、⑤國防部、⑥公訴長官部（Director of Public Prosecutions）、⑦教育及科學部、⑧就業部、⑨能源部、⑩環境部、⑪外交及國協事務部、⑫衛生及社會安全部、⑬內政部、⑭工業部、⑮國內稅收部、⑯檢察長部（Lord Advocate）、⑰大法官部、⑱貿易部、⑲運輸部、⑳財政部、㉑內閣總理事務部、㉒蘇格蘭農漁部、㉓蘇格蘭皇家事務部、㉔蘇格蘭開發部、㉕蘇格蘭經濟計畫部、㉖蘇格蘭教育部、㉗蘇格蘭內政及衛生部、㉘蘇

---

124. Macmanus, Susan A., *Governing A. Changing America.* (New York: John Wiley & Sons, Inc. 1984) pp. 366. 369. See: Figure 13.1 "The Government of the United States."

格蘭事務部、㉙北愛爾蘭農業部、㉚北愛爾蘭文官部、㉛北愛爾蘭商業部、㉜北愛爾蘭教育部、㉝北愛爾蘭環境部、㉞北愛爾蘭財政部、㉟北愛爾蘭衛生及社會服務部、㊱北愛爾蘭事務部、㊲威爾斯事務部、㊳內閣事務部[125]。雖然，英國是單一國家，但由於蘇格蘭與北愛爾蘭、威爾斯在民族與政治社會特質上與英格蘭不盡一致，因此，行政機構的設置比一般單一國家複雜，這是不得已之事，但也顯示英國政治的民主和開放的長處。

3. 日本：日本內閣是總攬全國政務和決定政策的機關，各省（部）則為執行機關，在各省大臣（部長）之下，設有政務次官、事務次官（如我國的政務次長、常務次長）、秘書官、局長等官職。政務次官通常由國會議員選任，有「副大臣」之稱。內閣之下設有①法務省（附設：司法試驗管理委員會、公安審查委員會、公安調查廳。）②外務省、③大藏省（附設：國稅廳）、④文部省（附設：文化廳）、⑤厚生省（附設：社會保險廳）、⑥農林省（附設：食糧廳、林野廳、水產廳）、⑦通商產業省（附設：資源能源廳、特許廳、中小企業廳）、⑧運輸省（附設：船員勞動

---

125. Ian Budge & David Mckey et al, *The New British Political System Government and Society in the 1980s*. (London and New York: Longman Group Limited, 1983) p. 23. See: Table 2.1 Major department and ministries of the central government.
Glyn Parry, *British Government, A Revised Edition*. (London: Edward Arnold LTD. Reprinted 1984.) p. 131ff.

委員會、海上保安廳、海難審判廳、氣象廳）、⑨郵政省、⑩勞動省（附設：中央勞動委員會、公共企業體等勞動委員會）、⑪建設省、⑫自治省（附設：消防廳）。此外尚有十三個直屬總理府的主要機構：公正取引委員會、國家公安委員會、公害調整委員會、宮內廳、行政管理廳、北海道開發廳、防衛廳、經濟企劃廳、科學技術廳、環境廳、冲繩開發廳、國土廳、防衛設施廳[126]。1986 年 7 月，中曾根康弘首相組織新內閣，除副總理及十二省（部）首長（皆稱為大臣）之外，有內閣官房長官、總務廳長官、北海道、冲繩開發廳長官兼國土廳長官、防衛廳長官、經濟企劃廳長官、科學技術廳長官、環境廳長官、內閣法制局長官，都直屬總理府，且皆由閣員兼任[127]。2001 年（平成 13 年）4 月，日本小泉首相縮編中央行政組織為：①總務省、②法務省、③外務省、④財務省、⑤文部科學省、⑥原生勞動省、⑦農林水產省、⑧經濟產業省、⑨國土交通省、⑩環境省。由原十二部減為十個部，比較起來，我國部會仍太多[128]。

4. 西德：西德亦實行內閣制，設有內閣會議，為共同決策機關，議決提出聯邦會議的各種法案，內閣本身只

126.參閱：《今日的日本》（日本國外務省，情報文化局，1968）及陳水逢：《日本政府及政治》（臺北：黎明公司，1984 年 4 月再版）頁 405-407。

127.參見：1986 年 7 月 23 日，中國時報。

128.作者 1999 年 7 月環日旅行，順訪日本總理府取得之資料：「省廳編成イ ナーヅ圖」。

制定政策及督促政務的進行，至於政策的執行及行政事務的處理，則委之於各部，西德建國之初，聯邦政府設有：①內政部、②司法部、③財政部、④經濟部、⑤糧食農業及林業部、⑥勞工與社會政策部、⑦運輸部、⑧郵政電訊交通部、⑨住宅與都市計劃部、⑩被逐難民與受戰爭災害者部、⑪全德問題部、⑫參議院與各邦事務部、⑬經濟合作部等十三部。1951 年 3 月 15 日增設外交部，1953 年 10 月 20 日增設家庭與青年部，並增設不管部閣員四人，1955 年 6 月 7 日增設國防部，1955 年 10 月 20 日增設科學研究部，1957 年 10 月 29 日增設聯邦財產部，1961 年 11 月 14 日增設衛生部，1965 年時已發展到共有十九部。內閣設有聯邦總理府，以為閣揆辦公的直接機關。其中設有長官（State secretary）一人[129]，類似我國總統府秘書長，或行政院秘書長。

5. 法國：法國在 1956 年第四共和時代，中央政府設有①外交部、②農業部、③退伍軍人部、④國家教育部、⑤財政部、⑥僑務部（Ministry of Overseas France）、⑦工商部、⑧內政部、⑨司法部、⑩郵電部（Ministry of Radio and Post Office）、⑪復興部（Ministry of Reconstruction）、⑫衛生及人口部、⑬勞工及社會安全部、⑭公共工程及商船部（Ministry of Public Works

---

129.參閱羅志淵：《西德政府及政治》（作者自刊，1972 年 1 月 12 日）頁 375-376。

and Merchant Marine）等十四部及內閣總辦公處。法國政制雖也是「內閣制」，但自第五共和憲法賦予總統可以獨立行使種種特權：如自由任命閣揆、自行解散國會、行使緊急命令權等等，已超出內閣制特徵的範圍，而有「半總統制」的色彩。是以，吾人認為今日法國政制已非純粹「內閣制」，可說是一種「準分權制」（Quasi-Separation of Powers），即介乎英美之間的中間制度[130]，或本書所稱的「混合制」，亦即傅啓學教授所說的「分層負責制」。法國第五共和憲法的草擬者戴布瑞（M. Debre）是否曾經參酌我國中央政府制度之精神，似頗值得研究。

第五共和法國第一任內閣，除內閣總理戴布瑞及一位閣員派在總理辦公室辦事外，設立十六個部，即①國務部、②司法部、③內政部、④財政經濟部、⑤公共工程及運輸部、⑥農業部、⑦公共衛生部、⑧退伍軍人部、⑨新聞部、⑩外交部、⑪國防部、⑫教育部、⑬工商部、⑭勞工部、⑮建設部、⑯郵電部。此外另設不管部的國務員數人。至龐畢度的第二任內閣，除設外交、內政、國防、財政、司法、教育、公共工程、工商、農業、衛生、退伍軍人、郵電、建設等部外，有附屬總理辦公室的閣員二人，以分掌國家計劃及與議會關係；更有不管部閣員五人，分別掌理與非

---

130. Macridis, Roy C. and Robert E. Ward (editors) *Modern Political Systems: Europe* (New Jersey: Englewood Cliffs, Prentice-Hall, Inc., 1963.) p. 204.

洲國家合作、文化事業、海外領土、阿爾及利亞問題、科學研究等事宜[131]。1981 年 6 月，法國總統密特朗內閣分為：內政、外貿、運輸、經濟計劃及發展、科學研究及技術、外交、國防、經濟及財政、預算、教育、農業、工業、能源、商業、文化、勞工、衛生等十七部。1986 年 3 月，新保守派領袖席哈克被社會黨總統密特朗任命組織內閣，內閣之下分設外交、國防、內政、司法、財經及預算、文化及通信、住宅及運輸、海外、教育、就業、工商及觀光、農業、合作、國會關係等十四個部[132]。法國與英國一樣，內閣各部常因組閣人員的更動而稍有變化。

6. 義大利：義大利內閣總理係由共和國總統指定，再由內閣總理推荐各部部長。內閣之下設有二十個部：①外交部、②內政部、③司法部、④支出部、⑤預算部、⑥財政部、⑦國防部、⑧大眾教育部、⑨大眾工廠部、⑩農業部、⑪運輸部、⑫郵政部、⑬工業部、⑭勞工部、⑮對外貿易部、⑯政府投資部、⑰商船部、⑱衛生部、⑲文化保管部、⑳觀光部。另有七位不管部長[133]。

以上列舉美國、英國、日本、德國、法國及義大利等六

---

131. 參閱羅志淵：《法國政府及政治》（臺北：正中書局，1965 年 8 月）頁 314。cited in Herman Finer, The Major Government of Modern Europe, p. 316.
132. 羅志淵：前揭書，頁 331-332。
133. 關於義大利政府組織之資料，係作者於 1982 年春，函請我國駐義大利米蘭的朋友代為蒐集。

個國家的中央行政組織概況。可以看出來每一個國家都各有其不同的部會組織內容，但卻有某些部是各國都有的，譬如：內政、外交、國防、財政、教育、司法（法務）、農業、工商、運輸、郵電、勞工、衛生等各部。此外，我們看鄰邦韓國內閣設些什麼部？韓國是總統制國家，總統負實際政治責任，也是政策的神經中樞人物，總理以下各部首長皆為執行政策的官員，內閣包括國務總理（等於我國行政院長）在內共有閣員二十二位。除總理、副總理（兼負責經濟企劃）之外有：①外交部、②內政部、③財政部、④法務部、⑤國防部、⑥文教部、⑦體育部、⑧農業水產部、⑨商工部、⑩能源部、⑪建設部、⑫社會保健部、⑬勞動部、⑭交通部、⑮遞信部、⑯文化公報部、⑰科技部、⑱政務部、⑲國土統一部、及⑳總務處 [134]。

臺灣海峽對岸的中華人民共和國，在政體上效法「蘇維埃制」，「人民代表大會」等於前蘇聯的「最高蘇維埃」，「人大」常務委員會，就像蘇聯的「最高蘇維埃主席團」，名義上是政權機關，實際上是中國的橡皮圖章。「國務院」相當於蘇聯的「部長會議」，其下設各部會，除總理、副總理、秘書長、及十個「國務委員」之外，有①「外交部」、②「國防部」、③「公安部」、④「民政部」、⑤「司法部」、⑥「財政部」、⑦「農牧漁業部」、⑧「林業部」、⑨「城鄉建設環境保護部」、⑩「地質礦產部」、⑪「冶金

134.參見：1981 年 6 月 25 日，臺灣時報及 1986 年 3 月 22 日，中央日報。

工業部」、⑫「機械工業部」、⑬「核工業部」、⑭「航空工業部」、⑮「電子工業部」、⑯「兵器工業部」、⑰「航天工業部」、⑱「石油工業部」、⑲「輕工業部」、⑳「鐵道部」、㉑「交通部」、㉒「郵電部」、㉓「勞動人事部」、㉔「文化部」、㉕「廣播電視部」、㉖「教育部」、㉗「衛生部」、㉘「商業部」、㉙「對外貿易經濟部」、㉚「水利電力部」、㉛「化學工業部」、㉜「紡織工業部」、㉝「煤碳工業部」等三十三個部，每部各設「部長」一人，「副部長」數人不等。此外，還設①「國家計劃委員會」、②「國家經濟委員會」、③「國家經濟體制改革委員會」、④「國家科學技術委員會」、⑤「國家民族事務委員會」、⑥「國家體育運動委員會」、⑦「國家計劃生育委員會」、及「中國人民銀行」。以上有些部會首長係由「國務委員」（相當於蘇聯的「部長會議」主席團）兼任的[135]。而工業部的設置特多，也是效法蘇聯的政府組織。

　　下面來看看臺灣現在的中央行政組織如何？依據行政院研究發展考核委員會於 1985 年 11 月出版的「中華民國政府組織與工作簡介」（增訂版），可知自 1949 年 3 月 31 日修正「行政院組織法」以來，一直維持「八部二會」──即內政、外交、國防、財政、教育、法務（原為司法行政）、經濟、交通等八部及蒙藏、僑務二委員會，另有主計處。但為適應需要，則在八部二會之外，先後增設秘書處、新聞局、

135.參見：1982 年 5 月 22 日，中國時報。

人事行政局、衛生署、國軍退除役官兵輔導委員會、青年輔導會、經濟建設委員會、原子能委員會、國家科學委員會、研究發展考核委員會、農業委員會、文化建設委員會、北美事務協調委員會、大陸委員會、中央選舉委員會、以及中央銀行、國立故宮博物院等機構，皆在「部」外，直屬行政院。上述一些「委員會」雖採「委員制」，但皆設主任委員一人及副主任委員或主任秘書，其地位類似部長及政務次長。在各部之中，只有國防部的副首長叫「副部長」。各部部長、政務次長，及各委員會成員皆屬政務官，依「政黨政治」原則，應與政黨興替而進退，但自行憲以來，我國一直是國民黨執政，故許多政務次長係由常務次長升任，政務官與事務官之界限較不明顯。

「行政院會議」，是國家行政的決策機構，政策的執行則為各部會之職責，各部會首長及政務委員都是院會的構成分子，他們共同決策、分別執行。這種決策與執行的程序，在現代各國，不論是內閣制或總統制國家，皆普遍採行。這種程序，不但在決策上可以有集思廣益的好處，而在執行上，也因主持執行的人就是參與決策的人，可保決策與執行之間的充分密切聯繫，及機構間之良好合作；同時也可使負責推動執行政策的人，有一種心理上的滿足感，好像是主動的在執行自己的主張一樣。——這對行政效率的促進自有正面的作用。

然而，吾人不能已於言者，乃是我國行政院各部的設置。在職權方面有疊床架屋，責任不明的毛病。是以，吾人

深感我國行政組織有加以重新調整的迫切性。2010 年 2 月 3 日修正公布的行政院新組織架構如附表[136]。

這樣的組織改造，明顯比舊組織改進不少。不過吾人認為可再作調整：

1. 將勞動部併入衛生福利部，設勞動署。
2. 將文化部與科技部併入教育部，分別設文化署、科技署。
3. 將僑務委員會併入外交部設僑務署。
4. 原民會與客委會合併為民族事務委員會。

總之，由於政府組織龐大、人力經費負擔沉重，各先進國家有簡化中央行政組織之趨勢，應將性質相關之部會合併調整，以減輕國庫負擔。是以作者亦贊同中央行政組織的簡併工作。以上，各部之分工，作者平時觀察思考已久，特於本論文敘述「行政權」時提出淺見。

第二目　立法院

憲法第六十二條規定：「立法院為國家最高立法機關，由人民選舉之立法委員組織之，代表人民行使立法權。」這個規定完全合於孫中山的政府思想，因為早在 1918 年 12 月 30 日寫成，1919 年 5 月 20 日出版的孫文學說第六章之中，就指出：「憲法制定之後，由各縣人民投票選舉代議士，以組織立法院[137]。」在 1923 年的「中國革命史」中，仍有同樣

---

136. 出處：http://www.ndc.gov.tw/print.aspx? sNo=0040046。
137. 《國父全集》第 1 冊，頁 464。

行政院組織新架構（99.2.3 總統令修正公布）

現行 37 個中央二級機關

未來 29 個

1.內政部
2.外交部
3.國防部
4.財政部
5.教育部
6.法務部
7.經濟部
8.交通部
9.蒙藏委員會

11.行政院文化建設委員會
12.行政院勞工委員會
13.行政院退除役官兵輔導委員會
14.行政院青年輔導委員會
15.行政院原子能委員會
16.行政院大陸委員會
17.行政院國家科學委員會
18.行政院研究發展考核委員會
19.行政院衛生署
20.行政院環境保護署
21.行政院主計處
22.行政院消費者保護委員會
23.行政院公共工程委員會

24.行政院農業委員會
25.行政院經濟建設委員會
26.行政院原住民族委員會
27.行政院客家委員會
28.行政院體育委員會
29.國立故宮博物院
30.中央銀行
31.行政院海岸巡防署
32.行政院新聞局
33.行政院人事行政局
34.行政院金融監督管理委員會
35.行政院公平交易委員會

36.中央選舉委員會
37.國家通訊傳播委員會

1.內政部
2.外交部
3.國防部
4.財政部
5.教育部
6.法務部
7.經濟部及能源部
8.交通部及建設部
9.勞動部
10.農業部
11.衛生福利部
12.環境資源部
13.文化部
14.科技部
15.國家發展委員會
16.大陸委員會
17.金融監督管理委員會
18.海洋委員會
19.僑務委員會
20.國軍退除役官兵輔導委員會
21.原住民族委員會
22.客家委員會
23.中央選舉委員會
24.公平交易委員會
25.國家通訊傳播委員會
26.中央銀行
27.國立故宮博物院
28.行政院主計總處
29.行政院人事行政總處

行政院新組織架構

14 部	8 會	3 獨立機關
內政部	國家發展委員會	中央選舉委員會
外交部	大陸委員會	公平交易委員會
國防部	金融監督管理委員會	國家通訊傳播委員會
財政部	海洋委員會	
教育部	僑務委員會	**1 行 1 院 2 總處**
法務部	國軍退除役官兵輔導委員會	中央銀行
經濟及能源部	原住民族委員會	國立故宮博物院
交通及建設部	客家委員會	行政院主計總處
勞動部		行政院人事行政總處
農業部		
衛生福利部		
環境資源部		
文化部		◎調整為 14 部、8 會、3 獨立機關、
科技部		1 行、1 院、2 總處，共 29 個機關

表示。我們千萬不能以為孫中山主張「直接民權」，就不要「代議士」——國會議員。他只是擔心萬一代議士所立之法律不符合民眾需要時，人民可以行使「直接立法」權——創制或複決權以補偏救弊而已，並無意讓立法院成為行政院之「立法局」，這是我們應該特別注意的一點。而且從「五權憲法」之精神看，孫中山主張「一院制」，並無意主張「兩院制」，甚至「三院制」的議會。

關於國會制度的問題，有些國家主張「兩院制」，如美

國，他們是聯邦國家，以參議院代表各州，每州選出參議員二人，眾議院代表人民，依人口數量分配各州應選出之眾議員人數。英國是單一制國家，也採「兩院制」，上議院代表貴族、下議院代表平民，但是，如今貴族勢力日趨衰微，職權已日趨沒落，而無足輕重了。依照英國 1949 年修正的「國會法」，貴族院對眾議院（平民院）所議決之法案，只有一年之延阻權，所謂延阻權（Suspensive Veto），就是暫時性否決權，即普通公共法案（對於金錢法案之延阻權只一個月）經眾議院兩個會期連續通過，於國會閉會一個月前移送貴族院，貴族院仍予否決者，倘第一次會期之第二讀會與第二次會期之第三讀會相隔有一年以上時，眾議院得逕以該法案呈請國王批准而公布為法律。這顯然是為了提高立法之效率而出此策。又日本也是「兩院制」國家，1946 年憲法第五十九條第二項規定：法律案經眾議院可決，而在參議院為不同之議決時，於眾議院以出席議員三分之二以上之多數，再予可決者，其議決案即成為法律[138]。這也是為了提高立法效率，以適應事實之需要。反觀美國，由於他們是採用平權的「兩院制」，法案之制定須以兩院一致之意思行之，於是法案制定程序冗長而複雜！所有眾議院的一切法案和議案，都應由眾議員提出；同樣的，所有參議院的一切法案和議案，都應由參議員提出。亦即只有兩院議員才有分別向所屬議院提案之權，而且兩院議員之提案都可以單獨提出，而沒有強制性的

138.謝瀛洲：《中華民國憲法論》（1976 年 10 月十五版）頁 162-163。

連署制度[139]。這是與我國立法院不同之處。所以，除稅收法案和撥款法案應由眾議院提出之外，其他法案和議案兩院議員均得分別提出，頗為自由。職是之故，每屆國會收到提案甚多，第六十五屆國會共收案四、四三六三件，第七十一屆國會共收案二五、四三六件，第七十九屆國會共收案一一、六五六件，每屆國會收案總在萬件以上[140]。少則數千件，但是只有甚小的百分比變成法律[141]。其所以如此，吾人認為主要由於提案太容易，而立法過程較困難之故。而立法過程所以困難和緩慢，則與兩院國會有平等的立法權有關。孫中山主張萬能政府，重視立法及行政效率，所以設計「一院制」國會，誠然高瞻遠矚！

密勒（John Stuart Mill）也是主張「一院制」的思想家，他曾說：「我看不出在一個其他方面不能牽制的民主國家中，第二院會有什麼價值，我也認為如果所有其他憲政問題都能被正確的決定，議會包含兩院還是一院，實在是次要的問題[142]。」密勒的見解非常傑出，他且說：「通過任何法案必須獲得兩院同意的規定，有時倒的確是對改革的一大障礙。

139.羅志淵：《美國政府及政治》（前揭），頁 404。

140.同前註，頁 405-406。

141.Grover Starling, *Understanding American Politics*, (Homewood, Illinois. The Dorsey Press, 1982.) p. 294. "Of the thousands of bills introduced in Congress each session, Only a small percentage become law."

142.Mill, John Stuart, *Considerations on Representative Government*. (London: Longmans, Green, Reader, and Dyer. 1878.) p. 97. "For my own part, I set little value on any check to a democracy otherwise unchecked; and I am inclined to think that if all other constitutional questions are rightly decided, it is but of secondary importance whether the parliament consists of two chambers, or only of one."

在結構相似的兩院中，很難看到一院幾乎一致贊成，而另一院卻是贊同與反對的各佔半數。如果一院多數拒絕的法案，通常也都在另一院有很大的力量反對過它，所以如有任何改革法案因此被阻礙，那也是因為這法案在整個議會中，沒有獲得明顯的多數之故。」又說：「在議事成規上如不是需要作很多次的辯論，那就一定是個很不健全的議會。依我判斷，在贊成兩院制最有理由的考慮是，掌握權力者，不管是個人或議會，有一種獨斷獨行的意識產生了有害的影響。因此，重要的是，不讓任何一群人在國家大事方面，甚至是暫時地不徵求任何人的同意，就實行他們的決策。一個只有一院議會的多數，在它似乎成為永久性質時──在慣於共同行動的那些人的組織，而經常可保證在議院中獲勝時──如果讓它沒有必要在行動方面徵求另一組織的同意，就很容易變得專橫和自負。在實際政治上，最不可少的要件之一是協調（conciliation）：那就是準備妥協；願意向反對者作些讓步，在儘量減少冒犯具有不同意見的人的情形下，擬定好的法案。如果議會在構成上更加民主，它的效用也更會被人體驗到[143]。」

　　誠如邊沁（Bentham）所言，在兩院制之下，如第二院同意第一院的主張，這種同意是多餘的，倘不同意，那就成為一種麻煩了。自十八世紀末期和十九世紀初期以來，許多學者都傾向於單院制的理論，而晚進各國憲法之採用單院制者，其例亦不少。現在希臘、哥斯達里加、宏都拉斯、巴拿馬、

---

143. Ibid., pp. 97-98.

薩爾瓦多、多明尼加各國以及泰國皆採取單院制[144]。而曾繁康教授亦言：「自從二十世紀以來，則以各國國內情勢之已日趨複雜，而國際上之局勢，則更日趨緊張。於是兩院並設，則不但足以妨礙立法工作之能順利進行，而在於內閣制政府之國家，則更使內閣同時須對上下兩院負責，其為不便，孰甚於此。所以首先在於英國，貴族院之功能既已日趨廢退。即在現時，已只能對普通法案，予以延宕一年，此外則無任何重要之權力。至如按諸 1946 年法國憲法之規定，則雖亦設置國民議會（National Assembly）與共和委員會（Council of the Republic），以象徵以往之兩院，但表決法律之權，完全在於國民議會，故實際乃為一院制之議會（惟 2011 年法國新憲法仍採國民議會與參議院兩院制）。此外如日本與西德之憲法，對於參議院之權限，亦有大量之削減。至於我國之制，則只惟立法院，始單獨享有表決法律之權力。是故合而觀之，則知傾向設置一院，又為議會制度在於近歲以來，一項極重要之新發展[145]。」曾教授之言，已可說明一院制之優越性和實用性。今日即如韓國、土耳其亦皆採一院制。

依孫中山之政府理論，他無意把監察院或國民大會當做立法機關，國民大會行使政權，是不得已而為之，但也須經過人民直接投票表示認可，庶合乎「直接民權」之要義。倘然，我們能提高立法委員素質，又實施「政黨政治」，杜絕

144.鄧公玄：〈何謂國會？〉（收載《憲政論戰集》，臺北：正興出版社，1958 年 4 月 1 日三版）頁 22。
145.曾繁康：《比較憲法》（臺北，作者自刊，1972 年 2 月七版）頁 204。

選舉的弊端，當能使有能力有道德的賢能之士進入立法院，為人民立良法，而不必像美國一樣，實行「兩院制」，徒然減低立法效率。事實上，只要議員們，能如密勒所言，在通過一個法案之前做充分的辯論，又能與少數反對者加強協調和稍作讓步，便可為人民制定良好的法律，這也是民主政治家不可少的風範！孫中山主張以立法院為國會，這個見解是十分進步的。

然則，儘管孫中山主張「一院制」，並以「立法院」為「國會」，卻仍有人表示懷疑，認為立法院屬治權機關，立法委員與其他四院人員一樣，都是「官員」。易言之，他們認為「國民大會」是政權機關，才是「國會」。這就誤解了孫中山的本意了。關於「國民大會」不是「國會」，此一問題在討論國民大會的性質時，已說明過，在此不贅。至於「立法院」就是「國會」，「立法委員」就是「國會議員」就是「代議士」，這個觀念，孫中山在「五權憲法」的演講中，曾講了兩次，他說：「在行政人員一方面，另外立一個執行政務的大總統，立法機關就是國會。」又說：「五權憲法的立法人員就是國會議員，行政首領就是大總統，司法人員就是裁判官，其餘行使彈劾權的有監察官，行使考試權的有考試官[146]。」所以，立法委員並不是「官」，而是「國會議員」，誰能否認呢？憲法第七十五條規定：「立法委員不得兼任官吏」，這是最好的證明，也表示立法與行政分離之

146.《國父全集》第 2 冊，頁 422-423。

意。

至於為何發生「國會」名義之爭呢？按國際間原有一「國會聯合會」（Inter-Parliamentary union）的組織，於 1950 年韓戰發生前後，該會舉行會議曾邀請我國出席。是時，正適大陸淪陷，我政府雖派員與有關方面商洽，然決定仍暫不出席。1951 年，該會又於某地集會，中國趁機派員與會，致使我國重視。1957 年，該會又在曼谷舉行會議，我國復接該會邀請，乃決定派員參加。當時該會請柬是逕發給立法院的，故立法院自認為當然之代表。然而監察院認為其類似他國之上議院，亦爭出席。同時，國民大會乃由民選代表所組成之政權機關，亦應視為國會之一部分，以是代表權問題，於焉發生爭議[147]。三個機關爭來爭去，最後勞駕「大法官會議」解釋，其決議為第七十六號解釋，全文為：「我國憲法係依據孫中山先生之遺教而制定，於國民大會外，並建立五院，與三權分立制度，本難比擬。國民大會代表全國國民行使政權，立法院為國家最高立法機關，監察院為國家最高監察機關，均由人民直接間接選舉之代表或委員所組成，其所分別行使之職權，亦為民主國家國會重要之職權。雖其職權行使之方式，如每年定期集會，多數開議，多數決議等，不盡與各民主國家國會相同；但就憲法上之地位及職權之性質而言，應認國民大會、立法院、監察院共同相當於民主國家之國會。」這項解釋文由司法院以命令公布。當時參與此項會議的大法

147.張佐華、武士嵩合編：《憲政論戰集》（臺北：正興出版社，1958 年 4 月 1 日三版）頁 4。

官是王風雄、韓駿傑、徐步垣、蘇希洵、胡伯岳、何蔚、曾劢勳、黃正銘、蔡章麟等九人，因王寵惠院長患病住院，未克主持會議，大法官互推由胡伯岳大法官為主席，在做決議前，曾經四次會議謹慎研究[148]。結果是三個機關皆派員共同出席。其實，代表國民行使政權的國民大會，只是民意的反射機關，是政府與人民的橋樑，而不是國會，外國所指的國會是立法機關。至於監察院職司糾彈官邪，監察委員是「監察官」，並無立法功能，故監察院當時雖由省市議會間接選舉產生也不是國會。

然則從大法官之解釋，好像已使孫中山「一院制」國會之主張變為「三院制」，這是孫中山始料所不及者。但是，吾人仍認為「一個國家的最高立法機關即是國會[149]。」我國憲法第六十二條明文規定：「立法院為國家最高立法機關。」所以，「立法院」就是我國的國會。由於上一解釋具有濃厚的政治意味，立法院的地位和職權，並不因此一解釋而有任何改變，我國既不能因此項解釋而誤以我國立法機關為「三院制」，也不能因此項解釋，而否定立法院為我國最高之立法機關的地位。

關於立法院之性質說明如上，然則，立法院之組織如何，憲法第六十二條規定，立法院由人民選舉之立法委員組織之。依憲法第六十四條規定，立法委員之產生與國大代表一樣，解嚴前兼採區域代表制與職團代表制，此外，對蒙藏

285

---

148. 同前註，頁 25。
149. 鄧公玄：〈何謂國會？〉（前揭）頁 23。

及邊疆民族、僑居國外之國民和婦女都有保障名額，但以法律規定之。在區域立委方面，各省、各直轄市人口在三百萬以下者選出五人，超過三百萬者每滿一百萬人，增選一人。惟依據 1980 年 6 月 11 日公布的「動員戡亂時期自由地區增加中央民意代表名額辦法」規定：臺灣省、臺北市、高雄市其人口在一百萬以下者選出五人，超過一百萬人者，每滿四十萬人增選一人。這是基於「充實」自由地區中央民意代表之考慮，所改變的措施。此外，福建省選出一人，山胞二人，職業團體選出者十六人，其中，農民及工人團體各四人，漁民、工業、商業及教育團體各二人。僑民由總統遴選二十七人。這些增選的立法委員依憲法規定任期三年，連選得連任。至於職婦團體及僑民代表制度是否合理？在討論「國民大會」組織時，已有申論，在此不贅。

在立法院之內，依憲法第六十七條之規定，設內政、外交、國防、經濟、財政、預算、教育、交通、邊政、僑政、司法、法制等十二個委員會。立法院之職權，係代表人民行使立法權，地位非常重要。依憲法第六十三條規定，立法院有議決法律案、預算案、戒嚴案、大赦案、宣戰案、媾和案、條約案及國家其他重要事項之權。立法院係由立法委員組織，但立法院之職權應由「立法院會議」行使，立法委員並不能個別行使立法院的職權。他有出席權、發言權、表決權、質詢權，為保障立法委員這些權利，憲法第七十三條規定：立法委員在院內所為之言論及表決，對院外不負責任，第七十四條規定：除現行犯外，非經立法院許可，不得逮捕或拘禁。

　　由於「立法院會議」出席委員眾多，欲對各種專門法案作詳細的審議，殆為不可能之事，上述各常設委員會係依各國國會之先例而設立，常設委員會為立法院負責審查法案之組織，其審查結果，尚須提出院會作最後決議。當然各種法案係由行政院所屬各部會所草擬，再呈報行政院會議通過，轉送立法院審議。但是如果立法委員沒有相當的專業知識，實難為人民制定良好的法律。以目前英國議會情形觀之，由於議員素質的低落，已減低了英國議會的權威和立法效率。所以，早有改革之呼聲，1964 年克羅斯門（Richard Grossman）擔任眾議院議長時，最重要的改革是加薪、例行早餐會之舉行（現已取消，除非前晚未完成會議），及財政立法程序的理性化……等等。其次是依照政府部門設立各種「專家委員會」。但是一如美國國會的委員會一樣，議員往往透過委員會行使其影響力，所以是否設立，有正反兩面之意見。本來英國國會是萬能的，但是如今已不再有昔日風光，卻反而受制於政府官員。根據布克萊（Hamphry Berkeley）的〈首相的權力〉（*The Power of the Prime Minister*）一文，他表示，議會已不再能行使其審議和挑剔重要的政府決策的職能，所以鼓吹在所有重要的政府活動之領域成立「專家委員會」（Specialist Committees），由各黨議員在眾院之比例擔任領導人，而由擴編的檢查員（Comptroller）及審計長（Auditor General）等職員來從事服務工作。另一贊同者，克里克教授（Professor Crick）在〈議會之改革〉（*The Reform of Parliament*）一文表示：無論如何在現代由政府統治乃不可避免之

事，他承認一個強而有力的行政權是來自傳統，而非最近的新生事物，所以牽制政府並無必要，重要的是要有一個富於知能和批判能力的眾議院。這可經由建立「專家委員會」而達成，是以必須鼓勵議員對政府活動的特殊領域深入的研究，這些委員會必能增進對政府政策的細節的理解，而給眾議院更多的時間去處理公眾關心的事務。儘管也有不少反對意見，1966 年 12 月設立科學與技術專家委員會及農業委員會，1968年工黨政府又設立教育委員會，種族關係與移民委員會，1969 年設英格蘭事務委員會。但 1970 年 11 月保守黨奚斯（Heath's）政府出版一份綠皮書（Green Paper）提議說委員會監視專門部會工作將造成傷害，但下級委員會可保留，現在只存科技委員會、種族關係及移民委員會、英格蘭事務委員會、及早期設立的國營工業委員會，其他部級委員會已取消了[150]。

　　孫中山主張政府萬能，把立法機關也當做廣義政府的一部門，並主張這些議員的候選資格，必須經過考試銓定，在西方學者中，如巴恩斯教授（Harry E. Barners）亦曾有類似言論。他說：「在不損害民主的條件下，我們可以堅持任何人未經文官考試及格，不得擔任立法職務。這種辦法，固然未必可以斷定立法機關可以獲得最有智識的人充任；但是，我們最少可以保證，在技術方面不合乎立法者條件的，決得

---

[150] Parry, Glyn. *British Government.* (a revised edition) (London: Edward Arnold LTD. 1979. Reprinted 1984.) pp. 248-251.

不到這個職務[151]。」中西智者之言相當接近。換句話說，孫中山並無意使立法院淪為行政院的法定工具，他對於國會議員立法委員的素質至為重視！因為制定法律是立法院的主要工作，法律一經制定而公布施行，影響全民生活至深且鉅，絕非一般平庸之輩依靠金錢競選，買得委員職位，所能勝任愉快的。一般政客參與民意代表的競逐，多少人並非以邦國興敗為重，並非以蒼生疾苦為念，而徒為個人私利圖謀。當今之世，吾人雖不敢確言，沒有「先天下之憂而憂，後天下之樂而樂」的政治家氣質人物在議壇，但舉目所見仍以前者為多，試看競選期間，「鈔票換選票」賄選的傳聞，絕非空穴來風，是有此事實，而取締無據而已罷了！

　　是以，如何提升立法人員之責任感、道德心和專業知識，實為當今吾國有心人士之重要課題。然則，以今年（1986年）選舉為例，根據選舉委員會9月27日中選一字第一七三一二號公告，立委選舉競選經費最高限額如下：

　　1.臺灣省——第一選區：五百三十八萬元。

　　　　　　　　第二選區：五百六十四萬六千元。

　　　　　　　　第三選區：四百九十八萬八千元。

　　　　　　　　第四選區：五百零一萬八千元。

　　　　　　　　第五選區：五百七十六萬八千元。

　　　　　　　　第六選區：四百四十萬七千元。

　　2.臺北市——四百四十萬三千元。

151.參閱涂懷瑩：〈論五權憲法下的專家立法制度〉（下）（載於 1980 年 8 月 4 日中央日報第十版「主流」）。

3. 高雄市——三百六十三萬六千元。

4. 福建省——七十七萬五千元。

5. 職業團體——農民：五百四十七萬三千元。

漁民：五百三十一萬六千元。

工人：五百七十一萬八千元。

工業：五百一十三萬八千元。

商業：五百三十六萬八千元。

教育：四百九十四萬六千元。

6. 平地山胞——二百三十二萬七千元。

7. 山地山胞——二百二十六萬九千元[152]。

政府公告競選經費最高限額訂定如上，但是，候選人們真正競選所花掉的經費恐怕不止上述規定的「最高限額」。像這樣，「花錢比賽」的選舉，豈是「民主政治」自由選舉的正常現象嗎？一個工人能拿出五百四十多萬元出來競選，我實在懷疑其真正的身分。蘇聯批評西方民主選舉是「資本主義民主」，我們應設法洗刷此一批評，使有才德有風格而無錢財的賢能之士能夠出來為民服務，才算是合乎孫中山的民權主義真精神。當然，我並不意謂有錢財的人們皆無才德和風格，我是擔心這種「花錢比賽」的競選辦法，可能使有志問政，心懷邦國的賢能之士，望而卻步！人才不願為國家所用，其奈蒼生何？

為了提高候選人的資格，孫中山在「建國大綱」第十五

152.參見：1986 年 9 月 27 日，自立晚報。

條明定：「凡候選及任命官員，無論中央與地方，皆須經中央考試、銓定資格者乃可。」而今日「公職人員選舉罷免法」（1983年7月8日修正）第三十二條規定，登記為候選人應具備的學經歷，立法委員與國民大會代表、監察委員一樣，只須高級中等以上學校畢業或普通考試以上考試及格，或曾任省（市）議員以上公職一任以上」[153]即可，而這項資格之認定，係以檢覈行之。換句話說，不必經「立法委員候選人考試」，只檢驗畢業證書或普考及格證件或擔任議員證件即可。不必管是學什麼的，學水產的、護理的、機械的、蠶桑的、電腦的、農業的、工業的、考古的、動物的、植物病蟲害的、獸醫的，……皆無不可。這是否孫中山主張候選人應經考試的本意呢？關於這個問題，個人在《國父政權思想研究》一書中，已稍有論列，在此不贅。惟吾人不能已於言者，乃是：為鼓勵人民積極參政起見，競選「國民代表」者，條件可以放寬，而競選「立法委員」及「鄉鎮長」、「縣市長」者，條件應提高。至於選舉權，則限制愈少愈好！此外，考試之方法及內容到底如何，亦須經過一番徹底的研究[154]。如果，研究不出提高立法委員素質的方法，則吾人認為西方議會制度中發展出來的「立法助理」的專家立法制度，實亦多參考價值。那麼，「國會助理」就須考執照了。

153. 參閱中央選舉委員會編印：公職人員選舉法規及解釋彙編（1983年9月）頁16-17。
154. 參閱陳春生：《國父政權思想研究》（臺北：五南出版社，1981年4月）頁277-281。

第三目　司法院

　　憲法第七十七條規定：「司法院為國家最高司法機關，掌理民事、刑事、行政訴訟之審判及公務員之懲戒。」依孫中山在「五權憲法」演講中之指示，「司法人員就是裁判官」，而且講了兩次，可見孫中山之意，司法院之職權是掌理審判事宜的，這個觀念與各國三權分立政府之司法機關一樣，並無差異！古代中國君權兼掌行政、立法、司法三權，今日中國實行民主憲政，揚棄了君權制度，原屬君權掌握的三權分別提出來做三個獨立的權──三個獨立的機關。行政系統不能干涉司法權的審判，其他各系統也各有職權。彼此雖有關係，卻不得互相侵犯個別的職權。

　　關於現行我國司法制度，依照上述憲法七十七條之規定，司法院似應為審判系統之中的最高審判機關，而事實上，在現行三級三審體制之下，司法院又並非最高審判機關（改為可以審理案件是 1993 年以後的事）。然則，司法院之地位如何呢？司法院是依「五權憲法」理論特設的國家最高司法機關，與行政、立法、考試、監察四院並立，而構成「五院制」的中央政府。或以為民刑訴訟以最高法院為終結審，最高法院定讞之案，即為最後的決定，司法院並不能變更之；至於行政訴訟之審判、公務員之懲戒、以及憲法第七十八條規定的「解釋憲法，並有統一解釋法律及命令之權。」則分別有行政法院、公務員懲戒委員會、大法官會議來掌理，並獨立行使職權，司法院既不能干預其職權，也不能變更其決

定，是則司法院之設，似屬多餘了。其實，如抱這種觀念，並不正確。

　　誠如羅志淵教授所言：我國司法權之內容，實較任何國家的司法權為廣，於是司「民刑訴訟」審判的機關有各級（最高法院、高等法院及地方法院）「普通法院」，自成系統，而以最高法院為終級審判機關；司「行政訴訟」審理的機關有「行政法院」；司「公務員懲戒案」之審判的機關有「公務員懲戒委員會」；司憲法解釋及統一法律命令解釋的機關則有「大法官會議」。這些機關或組織各自獨立行使職權，互不統屬，但皆隸屬於司法機關——即司法院之下。是以，司法院正好是這些互不統屬的機關的統率機關，司法院乃成為國家司法權完整的象徵。否則，各司法機關就難免支離破碎了。所以，憲法第七十七條明定：「司法院為國家最高司法機關」自應作此解釋[155]，而不必謂為司法院必親自參與民刑訴訟審判也。

　　復有進者，解釋憲法及統一解釋法律命令之權，固由「大法官會議」行使，但大法官會議只是行使解釋權的一種程序，並非是一個行使解釋權的獨立機關，解釋權仍在於司法院，也就是說，司法院才是解釋機關。解釋之結果，仍須由司法院以正式公文書公布，始生效力。顯然大法官也是司法院之人員，不過其職掌專管釋法工作罷了。又如憲法第一一四條：「省自治法制定後，須即送司法院，司法院如認為

155.羅志淵：《中國憲法與政府》（前揭），頁 554-555。

有違憲之處，應將違憲條文宣布無效。」第一一七條：「省法規與國家法律有無牴觸發生疑義時，由司法院解釋之。」第一七三條：「憲法之解釋，由司法院為之」，這些條文無一不指明解釋憲法及法令之權在司法院，而大法官會議僅為司法院設置用以討論解釋事宜的內在會議機構或組織，而不是脫離司法院之外的獨立機關，實至為明顯。由此，亦可見司法院事實上又是一個「護憲機關」，它超然於各政黨及行政權立法權之外，與考試權、監察權同樣並立為中立性的高級文官系統。其成員不能由選舉產生（因為經由選舉必捲入政黨競爭之漩渦而不能自拔也），其理至為淺鮮。

美國聯邦最高法院有「司法審查權」（Judicial Review），這是很重要的職權，但此權並非來自憲法的規定，而來自馬歇爾院長（Chief Justice John Marshall）的採用。所謂「司法審查」，係指法院可以宣布國會法案因違憲而無效[156]。但我國司法院只有解釋憲法及法令之權，卻沒有宣布法令違憲的「審查權」。

原憲法第七十九條規定「司法院設院長、副院長各一人，由總統提名，經監察院同意任命之。司法院設大法官若干人，由總統提名，經監察院同意任命之。」修憲後，人事同意權改由立法院行使。個人認為司法官員由總統提名而不由選舉，這是正確的。誠如密勒（John Stuart Mill）所言：

---

[156] Macmanus, Susan A., & et al. op. cit., p. 396. "Judicial Review means that the Court can declare an act of congress to be in violation of the constitution and therefore null and void."

「在政府所有官員中，其任用最不應該由普選介入的，就是司法官員。以法官的特殊地位來說，假定已對他們公正的任用有了一切實際的保證，就一般而言，要他們除對自己及公共良知之外，不向任何方面負責，是否會比向政府或大眾的選票負責，較少行為墮落的傾向[157]。」由於法官工作性質異於一般行政首長，他們的任用如採取選舉方式，勢必很難使他們超然於黨派及選民之外，而從事獨立審判的工作。所以我國憲法第八十條規定：「法官須超出黨派之外，依據法律獨立審判，不受任何干涉。」就是這個道理。而法官之任用，與一般文官一樣須經過考試機關的考試及格乃可。由於考試權的獨立行使，政黨及行政權都無法介入，法官之任用可保公正無私，而且能保證其必具備足夠的專業知識。

不過，大法官的任命，雖由總統提名，而總統係由人民直接選舉產生，他是否能保持公正心，提名德術兼備的人才來擔任大法官呢？這就值得懷疑了。吾人認為原憲法的規定，須經監察院同意，亦有其道理，因為監察權職司糾彈官邪，而且亦應超出黨派獨立行使職權，它對公務員（包括行政、司法、考試各院人員及總統副總統）皆可行使彈劾權，則大

---

[157].Mill, John Stuart, *Considerations on Representative Government.* (London: Longmans, ……, 1878.) p. 106. "Of all officers of government, those in whose appointment any participation of popular suffrage is the most objectionable are judicial officers.……whether in the peculiar position of a judge, and supposing that all practicable securities have been taken for an honest appointment, irresponsibility, except to his own and the public conscience, has not on the whole, less tendency to pervert his conduct, than responsibility to the government, or to a popular vote."

法官自亦在其內。孫中山在中國革命史「革命之方略」中，曾言：「各院人員失職，由監察院向國民大會彈劾之，而監察院人員失職，則國民大會自行彈劾而罷黜之[158]。」顯然，監察院享有對司法人員（包括大法官）之彈劾權是有理論根據的！因此大法官之任用，須經監察院之同意，無可厚非，只是，我個人認為關於所提名額之分配，斷不可使任何黨派（特別是執政黨）成員超過三分之一以上。這是保障大法官超然地位之惟一方法。我認為或可由各黨派透過「黨內民主」原則推荐給總統，總統亦可以國家元首地位提名無黨籍而有德望之人士。須知司法獨立，正是為了擺脫政黨的偏見，司法官或「司法委員」或大法官是國家名器，他們不是執行政府的政策，也不是政黨的僕役，而是依法審判是非曲直，具有「正義之神」的神聖角色地位，怎能由富於政治色彩、黨派色彩的立法院行使人事同意權呢？

其次，有關司法人員之任期，憲法第八十一條規定「法官為終身職，非受刑事或懲戒處分或禁治產之宣告，不得免職。」按法官亦為中立性公務員，與普通事務性文官一樣保持中立，並得到國家保障，這是應該的。惟所謂「終身職」一詞則有爭論，究竟是指做到「老死」呢？或做到「退休」呢？「終身」是否指法官沒有「退休」制度呢？吾人抱否定看法。良以，法官也是人，也會生病和衰老，而致腦力退化遲鈍，怎可讓他們辦案直到老死？這不是折磨他們嗎？因此

158.《國父全集》第 2 冊，頁 184。

吾人認為，所謂「終身職」，應做「非受刑事或懲戒處分，或禁治產宣告，不得免職。」之謂，但仍須依法「退休」。法國現行憲法第六十四條且規定：「司法官不得隨意調動」，然則臺灣呢？

　　按日本司法制度，在 1889 年的明治憲法規定，司法部職權高於法院，所以法院的主權受政府執行部門的箝制，今天日本的司法已與行政、立法分開，完全站在獨立的地位。任何行政機關不得侵犯司法裁判權。所有法官獨立行使職權，只受憲法與法律的拘束。在明治憲法中，法官任期為「終身」；新憲法第七十九、八十條則規定，各級法官任期十年，得以連任，但達法定年齡時，即行退休。他們的任命須經國民投票審查，其程序是：在任命後第一次眾院選舉同時，接受國民審查，此後每十年再審查一次。參眾兩院尚有彈劾法庭的組織，是監督、懲戒法官的機構。最高法院係由院長及十四名法官所組成，院長須經內閣提名由天皇任命，法官則由內閣任命。下級法院法官，經最高法院提名由內閣任命[159]。

　　我想我國司法制度亦應做一改革，除了應該廢除「終身職」的君權主義規定之外，密勒引邊沁之言，值得我們深省。邊沁認為「雖然法官最好不由人民選舉而任用，但其地區之人民，在有充分經驗之後，卻應該有不信任他們的權力。如果任何負有重大任務的官員不能被更動，我們就無法否認那

───────────

[159]. 1968 年，日本國外務省情報文化局編印〈今日的日本〉，頁 24。及陳水逢：《日本政府及政治》（前揭）頁 681，「日本國憲法條文」第 79 條、第 80 條。

是一件壞事。我們絕不能容許不良和無能的法官只在不當行為足以構成刑責時才被免職，而此外就別無排除他們的辦法；我們也不能容許身繫重任的官員，除對輿論和良心負責外，就不必向任何人負責[160]。」基於此一觀念，我認為孫中山所主張「各院人員失職，由監察院向國民大會彈劾之。」的此一構想甚好。亦即一般法官可經由考試及格任命，觸犯刑責，自必去職。而大法官可由總統提名經監察院同意任命（改由立法院同意，與選舉一樣是錯的），但如有失職（不必到違法）即應受監察機關之糾彈，而免其職務。惟目前「公務員懲戒委員會」隸屬司法院，有無必要移隸監察院，值得研究。

至於任期問題，法官可以不必規定，但大法官任期原為九年，增修條文第五條第二項改大法官任期八年，不得連任。

此外，我有個想法，大法官之地位應否提高呢？他是總統的監誓人，又可解釋憲法及法律，我認為應提高其地位與總統平行，而不應置於司法院之下。目前歐洲大陸各國都有「憲法法院」（僅在司法院設「憲法法庭」是不夠的），我國似可由大法官為成員，組織「憲法法院」，除釋憲之外，尚給予審查立法院所立法律是否違憲之權，這可補政黨政治的偏執，並保證法律不致違憲，命令不致違法。至於其任命方法應另行妥善設計。「大法官會議」隸屬其下，為一種工作程序之組織，以三分之二以上之決議為可決，並以「憲法法院」之名義公布決議案。司法院可管轄普通法院、行政法院，處理人民與人民間或人民與政府間之糾紛。至於「公務

160. Mill, John Stuart, op. cit., p. 106.

員懲戒委員會」，係對付公務員之違法失職，或可移隸監察院之下。公務員如涉違法，仍移司法機關審理。如此設計，似較完備。

第四目 考試院

考試與監察制度是中國政治制度史上的優良傳統，孫中山擬把考選權和糾察權與西方「三權分立」制度合而為「五權分立」制度，這個思想老早就有了。民國前六年9月29日（1906年11月15日）在東京與該魯學尼（G. Gershuni）等人談話，孫中山說：「希望在中國實施的共和政治，是除立法、司法、行政三權外還有考選權和糾察權的五權分立的共和政治。」該魯學尼問道：「考選事務不是做為行政的一部分就夠了嗎？憑什麼理由還需要單獨設立呢？」孫中山回答說：「因為要通過考試制度來挑選國家人才。我期望能根據這種辦法，最嚴密、最公平地選拔人才，使優秀人士掌管國務。如今天的一般共和民主國家，卻將國務當做政黨所一手包辦的事業，每當更迭國務長官，甚且下至勤雜敲鐘之類的小吏也隨著全部換，這不僅不勝其煩，而且有很大的流弊。再者，單憑選舉來任命國家公僕，從表面看來似乎公平，其實不然。因為單純通過選舉來錄用人才而完全不用考試的辦法，就往往會使那些有口才的人在選民中間運動，以佔有其地位，而那些無口才但有學問思想的人卻被閒置。美國國會內有不少蠢貨，就足以證明選舉的弊病[161]。」由這些話，可以

---

161. 《國父全集》補編，（黨史會，1985年6月30日）頁184。

證明孫中山不但主張公務員必經考試，候選人也得經過考試。

何以公務員必經考試呢？在古代中國有所謂「一朝天子一朝臣」；在美國有所謂「分贓制度」（Spoilssystem）。美國的分贓制度，以傑克遜總統（Andrew Jackson）為運用得最嚴重的總統之一，當然他並不是初創這種制度的人，也不是最後使用這種制度的人。雷根總統尚任命三千人在其內閣或白宮之中擔任職員[162]。但是在卡特（Jimmy Carter）總統時，於 1978 年通過文官改革法案（The Civil Service Reform Act of 1978），已建立新的功績制度（Merit System）[163]，雷根總統當然算是被約束多了。我國自成立人事行政局以來，經公務員高普考及特考及格的青年，多數分發到中央及地方政府及事業機構服務，除了建立公平競爭的文官考試制度之外，公務員水準也提高不少，這對行政改革和行政效率自是功不可沒。今日中西各國大抵都已建立公務員考試制度。在政策制定階層人員，因「政黨政治」自由選舉而更迭人事時，由於文官的中立性，得以使國家政務不致停頓和混亂，這是政治安定的重要基礎。

何以候選人必經考試呢？這在外國就少採用了。但孫中山則高瞻遠矚，主張凡是候選人也得經過中央考試機關銓定資格才行。顯然他是為了建立廉能精英政府而考慮的！也是有感而發的主張。在「五權憲法」的演講中，他不是舉過一個例子，說明「美國選舉的時候，常常鬧笑話」嗎？大學畢

---

162. Macmanus, Susan A., et al, op. cit., p. 379.
163. Ibid., p. 381.

業出身的博士與拉車子出身的苦力參加議員競選，儘管這位博士有學問，演說卻不行，而那個車夫演說很好，真是入情入理，結果車夫當選了。孫中山認為這就是只有選舉沒有考試的弊病。如果有了考試，那麼，有才能、有學問的人才能夠做官或議員，當我們的公僕[164]。他也曾說一個故事：「美國合眾國，大總統稱 President，大公司大學農場首長，亦稱 President。有南部某州，民選下議院議員，係農場出身，未入大都會，一日，議會論合眾國大總統之權限，某南部議員發言曰：合眾國 President 權限，是否與我農場公司的 President 權限一樣？我農場公司 President 有緊要可召董事，合眾國的 President 遇有緊要，隨時召集議員，有何不可？全場大笑[165]。」孫中山認為美國政黨以金錢競選，結果乃有此無學之議員當選，所以主張候選人應先經考試，入選者方能參加競選。因為國家大政大法，非有錢而毫無學識者，所得參議也。我認為這是孫中山很卓越的主張。

在 1922 年〈中華民國建設之基礎〉一文中說：「為人民之代表與受人民之委任者，不但須經選舉，尤須經考試，一掃近日金錢選舉、勢力選舉之惡習，可期為國家得適當之人才，此又庶政清明之本也[166]。」1923 年「中國革命史」中又說：「余游歐美深究其政治、法律之得失，知選舉之弊，決不可無以救之。而中國相傳考試之制，實有其精義，足以濟

第四章 孫中山政府思想之制度

301

164.《國父全集》第 2 冊，頁 422-423。
165.《國父全集》補編，頁 243。
166.同前註，頁 180。

歐美法律、政治之窮[167]。」1924 年「建國大綱」第十五條規定：「凡候選及任命官員，無論中央與地方，皆須經中央考試，銓定資格者乃可[168]。」1924 年「中國國民黨第一次全國代表大會宣言」對內政策第五點，明白宣布：「釐訂各種考試制度，以救選舉制度之窮[169]。」所以，在中央政府組織系統之中，特別設立「考試院」來獨立行使考試權，不使任何政黨操縱，俾便建立公正的考選制度，為國家拔取真才，這種「天下為公」的精神，我們後來者應予發揚光大，才不愧為孫中山三民主義的真實信徒。而美國 1883～1978 年以前的文官委員會（Civil Service Commission）設委員三人，同黨者不得超過二人，目的即在防備偏徇[170]。

我國現行憲法第十八條規定：「人民有應考試，服公職之權。」第八十五條規定：「公務人員之選拔，應實行公開競爭之考試制度。非經考試及格者，不得任用。」第八十三條規定：「考試院為國家最高考試機關，掌理考試、任用、銓敘、考績、級俸、陞遷、保障、褒獎、撫卹、退休、養老等事項。」第八十八條規定：「考試委員須超出黨派以外，依據法律獨立行使職權。」這些規定都合乎孫中山主張。但第八十六條規定：應經考試院依法考選銓定的人員為①公務人員任用資格；②專門職業及技術人員執業資格，而省去「公

---

167. 同前註，頁 182。
168. 《國父全集》第 1 冊，頁 752。
169. 同前註，頁 886。
170. 史尚寬：〈論政權與治權〉（載《五權憲法論文選集》上冊，帕米爾書店，1973 年 12 月再版）頁 111。

職候選人」考試之規定，這是一項缺陷。不過，憲政研討會「研討結論」擬恢復五五憲草規定修改條文，加入「公職候選人資格」，這是正確之舉，也是合乎孫中山政府論的修正案。問題是「公職候選人資格」如何考選銓定？這是值得深入研究的課題。1983 年 7 月 8 日修正公布的「動員戡亂時期公職人員選舉罷免法」，對候選人資格之規定，除了年滿二十三歲（監委候選人須年滿三十五歲、縣（市）長須年滿三十歲、鄉鎮（市）長須年滿二十五歲）之外，亦規定候選人應具備一定的學經歷，而資格認定則以「檢覈」之方式行之。吾人認為這種作法雖謀符合孫中山主張，但不一定是孫中山本意！以教育程度來規定公職候選人資格，須在教育機會及經濟生活充分平等的條件之下，庶合公道與社會正義。是以，吾人認為民主憲政的發展與教育平等、經濟平等亦復不可分。當然，今日臺灣教育已普遍發達，經濟卻不一定平等，因為我們的社會福利制度與民生主義之理想尚有距離，貧富差距越來越大，還待我們努力！導正此一危險現象。在教育、經濟條件未充分平等之前，用學經歷限制「被選舉權」是否相宜，猶待討論。

此外，有二個問題值得研究：

1. 考試院是否有必要兼理銓敘工作？在 1914 年的「中華革命黨總章」第三十一條，規定考試院的職務有三，「一、考驗黨員才幹而定其任事資格；二、調查職員事功而定其勳績；三、籌備考試院之組織[171]。」我們從這

303

---

171. 《國父全集》第 2 冊，頁 944。

個文獻資料，可窺知孫中山設計的考試院絕不僅掌理
考選行政而已，雖然這是「以黨建國」的革命時期之
黨內文獻，但在第二十六條明文規定，這是「備為五
權憲法之張本」。關於考試院之職權，在「五權憲
法」制定之後，當然還兼理公務員的事功考績，也就
是現行憲法第八十三條規定考試院的職權，除掌理考
試之外，還兼及任用、銓敘、考績……等事宜。何以
考試院還要管這些事呢？其目的完全為了保障文官制
度的超然性質。否則考試院考選的人才，行政機關不
用，而專憑黨派人事的政治關係進用事務官，那就陷
入了美國「分贓制度」的覆轍了。所以，誠如金鳴盛
先生之言，如果考試院光是考試錄取人才，沒有銓敘
的權柄，考試院不明考取之人是否合用，將來考試方
針必難訂定，而且考取人員與考試院脫離關係，即因
違法犯罪而免職之人，仍能混入考試以入仕途，所以
他認為考試院的考試權與銓敘權是不可分割的[172]。史尚
寬先生亦認為「考試權由考試院獨立行使，考選事宜
自應由其掌理。至於銓敘與考試相輔而行，考選之目
的在登庸賢才，而關於公務員之任用、敘俸、考績、
降免等銓敘事宜，一併歸其掌理，始能發揮考試權之
效用，以貫徹五權分立之精神。遺教每將考選與銓敘
並舉，即示此旨。此外應研究者，考試權除考選銓敘

304

172.金鳴盛：《五權憲政論集》（上海：中華書局，1936 年 5 月）頁 36。

以外，關於作育人才，是否亦應為其範圍？遺教有云：『教養有道，則天無枉生之才；鼓勵以方，則野無抑鬱之士：任使得法，則朝無倖進之徒。斯三者不失其序，則人能盡其才矣』（上李鴻章書）。是以作育、考選、任使三者互相銜接，循序而進，成為一串。考試院如能兼司教養，則於人才之儲備，人事制度建立，以及其間之聯繫、扣合，必更有所改進[173]。」目前，人才培育工作由教育部負責，至於人才考選則由考試院負責，在任使方面由考試院的銓敘部及人事行政局合作負責。此外，關於公務員訓練也是由人事行政局負責。我有一個靈感湧現，即銓敘部似可改名為「人事部」，總攬全國公務員事務管理並保障公務員中立性。行政院所屬機關團體最多，設「人事局」（由「人事行政局」改稱），院下各部及省市政府設「人事處」（現制），其他四院及其所屬單位和地方政府一律設「人事室」，分別為各該單位的公務員服務。全國人事單位人員統由考試院人事部指揮監督，但各人事單位主管之任用須經各該直屬機關首長之同意，並接受其領導和考核，人事人員為各該機關公務員服務，並防止機關首長進用不合考試資格人員。但是，機關首長仍擁有該機關之一切人事權，如他所進用之人員係經考試及格者，人事單位主管不得表示異

173.史尚寬，前引文，頁110-111。

議。如進用不合公務員任用資格者，即無法核定薪俸及送銓敘，如此「黑官」必可絕跡。

這個辦法，就像行政院法務部管轄檢察官，而檢察官則配置在司法院所屬各級法院的檢察署服務一樣，法院法官與檢察署檢察官各屬不同系統，但合署辦公，有彼此牽制的作用，個人認為這是政治清明的必要條件之一。值得注意的是戰後日本，已設「人事院」，獨立行使職權，實施國家公務員法，由人事官三人組織之，為合議制的執行機關，其中一人為總裁，綜理院務，地位同國務大臣，人事官須人格高潔，對民主政治及現代人事行政有深切瞭解和卓越見識，由內閣提經國會兩院同意任命，並經天皇認證之。

2. 考試院選拔公務員是否必要按省區分別規定名額？憲法第八十五條規定：「公務人員之選拔，並應按省區分別規定名額，分區舉行考試，」分區舉行考試可以便利考生，這是好事，但按省區規定名額，則與「公開競爭」之平等原則相背。考試法第二十一條規定「各省區之公務人員考試，分別在各該省舉行，應考人以本籍為限。全國性之公務人員高等考試，普通考試應分省區或聯合數省區舉行，並應按省區分定錄取名額，由考試院於考期前三個月公告之，其名額標準為省區人口在三百萬以下者五人，人口超過三百萬者，每滿一百萬人增加一人。但仍得依考試成績按定額標準比例增減錄取之。對於無人達到錄取標準之省

區，得降低錄取標準，擇優錄取一人，但降低錄取標準十分仍無人可資錄取時，任其缺額。」對這一條的規定林紀東教授曾加以評論曰：「……此種規定，吾人實感其未當：

(1)考試之所以為考試，在於以應考者之成績，為取捨之標準，今因採取分區配額制度之結果，將見考試成績較佳者，因其省應錄取者已多之故，不得不歸淘汰；而考試成績僅及錄取標準者，反可因其省錄取者不多之故，竟被錄取，於是形成成績較佳者被淘汰，成績未必佳者反可錄取之現象，以省區之名額，為錄取與淘汰之標準，而非以考試之成績，為錄取與淘汰之標準。論者謂此種制度違反以客觀標準鑑衡人才之基本精神，無異將考試制度根本推翻，非過激之論也。

(2)政務官與事務官之分類，在我國政制上，可否成立，雖為可研究之問題，然考試所欲選拔之公務人員，係擬定與執行政策之人員，而非決定政策之人員，要為極明顯之事實。此類人員，所置重者，在於其個人之學識，而非其代表地方之身分，故無分省配額之必要。且此類人員，既職在擬定與執行政策，而非決定政策，縱令某省人數較多，亦不至發生流弊。

(3)由現代交通發達文化交流之情形觀之，區域之特殊性逐漸減少，從而區域特殊之利害甚少，亦為識者

所共認之事實。由此觀點觀之，……公務人員之選拔……規定形同區域代表制之配額制度，由時勢之需要言，尤不免有落伍之嫌。

(4) 退一步言，縱令區域代表制，猶有存在價值，然亦僅宜適用於民意代表，及決定政策之公務人員，此於國大代表及立法委員之選舉名額上，已顧慮周到，今復引用於擬定或執行政策之公務人員，亦殊不合事理。

(5) 至舊日我國法制，所以採此種制度，係由於舊日決策人員與執行人員，未見分別，當時交通不甚發達，各區域利害頗有差異，故有分區配額之必要，而聯邦國家之採取此項制度，則有其特殊之歷史背景，環境不同，時勢各異，不宜輕易仿效也。

綜此各點，足見本條（憲法）規定，實多未當，深盼將來修改憲法時，注意及之，俾合於考試掄才之本意，且不至以象徵國家團結統一之根本大法，反而處處增長區域觀念也。」又曰：「本條規定既欠適當，端賴有關方面善為適用，俾可補偏救弊，當此大陸尚未光復之時，各省在臺灣之人口，多寡不齊，猶宜顧及此顯著之事實，適用情勢變遷之原則，善為解釋運用，以臻公平，不宜膠柱鼓瑟，仍以舊日之大陸各省人口之總額為據，執為分配錄取名額之標準也[174]。」林教授之見解，吾人至感敬佩！

174.林紀東：《中華民國憲法逐條釋義》第三冊（作者自刊，1978 年 1 月再版）頁 157-159。

薩孟武教授亦謂：「憲法八十五條規定考試選拔應按省區分別規定名額，這種制度不但今日各國所無，就是吾國古代也沒有，明清時代朝廷選拔進士，並沒有顧到省區問題。因考試乃選拔人才，使其治理政事，並不是依照省分贓職祿，治理政事之人若是人才，全國當均享其利，不得其人，全國將均受其害。院長、部長不能依各省人口多寡，分配於各省，大學生之考試也沒有分別規定各省應得之名額。固然今日各省文化不甚平衡，但此不平衡的狀態是可變的，不是固定的，文化落後地區應設法提高自己的文化，不宜因為文化落後，而利用憲法，保障自己不應得的權利[175]。」洪應灶教授也認為「現行憲法既多規定人才之選拔應實行公開競爭之考試制度，保留省區分別定額的原則，就地方性的考試講，考取人員如在地方辦事，分區定額尚無不可，至於高等考試或全國性的考試，乃為國家掄才，竟亦限於名額，不能拔優選秀，不可謂非遺憾[176]。」

由於有這許多之不合理，立法上已多方加以補救，1962年8月29日修正考試法時，乃在第二十一條第二項增列「但仍得依考試成績按定額標準比例增減錄取之」的規定。有此規定後，人口與成績得以兼顧，可稍補憲法規定之缺陷。而1978年10月27日修正公布施行的「分類職位公務人員考試法」，並無「應按省區分別規定名額」之規定，此實為進步的立法。

175.薩孟武：《中華民國憲法概要》（臺北：聯合書局，1962 年再版）頁238。

176.洪應灶：《中華民國憲法新論》（作者自刊，1974 年修訂版）頁211。

但是，目前有許多種類的「特考」，對身分特殊之應考人員，實施統一考試，其錄取標準，與一般之高考、普考、特考顯著降低，形成一種「保障制度」，這對文官制度的建立，以及提升文官素質，是否造成壞的影響，值得注意！而且對一般青年之謀取公職者相對增加無比困難。這從每年「高普考」錄取者少，而某種「特考」錄取者卻出奇的多，可以看出來，這種作法已經失去了文官考試制度的意義。當然，公務員非經考試不得任用，警官或警察學校畢業生經過一定的教育訓練，為使其取得任用資格，實施警察行政人員特考，為應然之舉。但如其他以特別方法降低標準，使不堪充任文官的人員，也藉「特考」或「改敘」機會，而取得公務員資格，這種辦法，形同一種「福利措施」，並非文官考選制度上所應有的現象。

第五目　監察院

民國前六年9月29日（1906年11月15日）孫中山在日本東京與該魯學尼（G. Gershuni）等人談話時說：「糾察制度，是除了要監督議會外，還要專門監督國家政治，以糾正其所犯錯誤，並解決今天共和政治的不足處。而無論任何國家，只要是立憲國家，糾察權歸議會掌管，但其權限也因國家不同而有強弱之別，由此產生出無數弊端，況且從正理上說，裁判人民的司法權獨立，裁判官吏的糾察權反而隸屬於其他機關之下，這是不恰當的[177]。」由這句話，我們知道孫中

177.《國父全集》補編，頁184。

山創設獨立的監察機關，其動機殆認為民選的立法機關兼掌彈劾權，對行政機關不一定能發生監督作用。確然如此，因為民主共和國家，實行政黨政治，在內閣制政府執政者即為議會多數黨，他們這種「一權政治」固然可能增進行政效率，但萬一府會狼狽為奸，人民只有遭受宰割了。我們經常可以看到行政官吏賣議員人情，而議員往往也為行政官吏留面子之情事，像這種政治，絕不是「五權憲法」政府所要的。此外，孫中山把糾察權（彈劾權）從國會分離出來獨立行使，不只要監督行政機關也要監督國會——立法機關，因為人民選了議員，到中央政府為人民行使立法權，他的言行，人民因生活而奔勞，不一定能注意及之，所以如果選出的議員不好，須等到他任期屆滿，不再選他，這也是孫中山為人民感到無奈的，所以他設計「國民大會」使每縣選一代表到中央政府所在地監督中央政府（當然包括立法機關），並反映民意，但是實際從事政治運作的是五院，監察院職司風憲，監督各院，應對「國民大會」負責，「各院人員失職，由監察院向國民大會彈劾之；監察院人員失職，則國民大會自行彈劾而罷黜之。」（中國革命史）是以，我認為監察委員如果認為議員（立法委員）不好，除了犯有刑責，司法機關得以訴追之外，應向「國民大會」提彈劾案，交由「國民大會」轉交選民罷免之。可惜，關於這個「監督議會」之監察權，我國憲法並未規定。

　　事實上，在孫中山之意，監察院並不是「民意機關」，原憲法規定，由省市議會間接選舉產生，形同參議院性質，

此一設計是一大錯。修憲後，改由總統提名交立法院行使人事同意權也一大錯。如果監察院是民意機關，監察委員就應該民選，民選則必然捲入黨派競爭，不可能超然中立於黨派之外。在「五權憲法」的演講中，他早就指示我們說：「行使彈劾權的有監察官」，所以監察院與司法院、考試院的官員都不應由民選產生，他們各有不同的職掌，而且獨立行使，孫中山之意，這三院之院長都應由總統得立法院同意委任之。但不對總統及立法院負責，而五院皆對於國民大會負責。（中國革命史）

關於這個問題，我想我們應為孫中山「更正條理」。理論上，總統及五院皆屬治權機關，應對「國民大會」負責並沒有錯，問題是如何負責法？總統之產生，依孫中山之意應直接民選，並由總統來組織行政院，亦即指派一位行政院長組織「內閣」，與他「分層負責」，並為他向立法院負責。因為依孫中山之意，立法院是「國會」，除了彈劾權被抽離而獨立為監察權之外，與一般民主國家的國會性質相近。為施政方便起見，總統指定的行政院長應得立法院同意，無可厚非。總統是民選的，立法委員也是民選的，彼此的「老闆」一樣是人民，但總統是「國家元首」兼「行政首領」，為了政局穩定和尊重其元首地位，行政院長乃成為總統與國會之間的樞紐人物，既須對總統負執行政策之政治責任，也須對國會（立法院）負行政責任或法律責任。必要時，立法院可以逼使總統更換行政院長，監察院也可對行政院長向國民大會提出彈劾案。可見總統在監察院、立法院、國民大會之監

督下，並不可能包庇行政院長。

　　但是，司法、考試、監察三院院長，皆為超然中立性的國家「重臣」，為執行國家司法行政、考試及人事行政、監察行政的超黨派特任的中立性高級文官，地位與行政院長、立法院長相當，他們並不接受任何政黨的操縱，而獨立行使憲法賦予的職權。他們表面負責的對象是「國民大會」，但真正負責的對象是人民。所以，我認為這三院長固然可由總統提名，但須超然黨派之外，在三院官員（或委員）的任命上，絕不可使任何黨派足以操縱之機會。如今增修條文規定，三院人員皆由總統提名經立法院同意任命，政治實踐結果顯示，總統不一定提人才，而將國家名器當恩寵來布施。為此，吾人主張三院的組織應另行設計。立法院的政治鬥爭也曾拒絕審查總統提名的監察院人選，造成憲政危機。

　　至於司法、考試、監察三院人員，如由總統依法提請國民大會（國民大會可能操在執政黨手中，但如規定三院人員的法定資格與名額分配，不是以省籍，而是以專長和德望為條件，且任何黨派不能超過一定比例，故不足為患）。同意任命之後，如有失職，國民大會當可逕予罷免之，以免勞動民眾投票。而對五院及總統之監督，其權雖在國民大會，但其責則委之監察院負之。是以，國民大會對國家政務之良窳，惟監察院是問可矣！這不是「提綱挈領」、「執簡馭繁」的政治結構嗎？我想孫中山先生「五權憲法」之命意，可能就是如此這般吧！

313

　　由以上之分析，我願再說一遍──監察院並不是民意機

關，監察委員並不是民意代表；他們與司法官（裁判官）考試委員（考試官）同一性質，都是不能介入政黨選舉的官員！監察院也不是外國的參議院，因為孫中山無意使監察院成為國會，監察院並無立法權。立法院才是國會。誠如田炯錦博士在其所著：《五權憲法與三權憲法》一書中說：「監察委員係沿襲往昔御史職權，不應為民意代表，而應為執法之官。故於其任職之後，除非罷免或請辭，應使久於其任，不應定期改選。故不應由國民大會選舉[178]。」不過，關於任期問題，陶百川先生主張三年一任，則每三年經選舉人考驗一次，比較六年一任更能收督勵或更新之效[179]。陶先生有此主張可能是把監察院當做外國的參議院，並以當時的憲法規定監察委員由省市議會間接選舉而立論，並非無道理。但是，吾人認為監察委員之任期，應比總統及立法委員為長，庶較合理。但不是終身職，仍應定期接受國民代表審查一次，如日本的法官一樣。國家政治不好，國民惟國大代表是問可矣！

　　監察院之性質如上，然則我國憲法上關於監察院之規定如何？第九十條規定：「監察院為國家最高監察機關，行使同意、彈劾、糾舉及審計權。」修憲後，監察院之「同意權」改由立法院行使，問題甚多。同憲政研討會「研討結論」早擬修改把監察院的「同意權」取消，收回國民大會已有，不能謂無道理，但由於監察院職司風憲，委員本身各個應該都

178. 田炯錦：《五權憲法與三權憲法》（臺北：黎明文化公司，1973 年 11 月）頁 132。
179. 陶百川、陳少廷合著：《中外監察制度之比較》（臺北：中華文化復興運動推行委員會，1982 年 12 月）頁 301。

是道德文章舉國欽仰之士，行使大法官及考試委員之任命同意權，亦並無不可，因為監委職責，對考試官、裁判官負有監督責任，所以憲法原規定亦非無理由。國民大會應把精神和時間多用在民意的蒐集和反映給中央政府之上，民眾如有冤屈，只要向選區國大代表報告，國大代表就應立即反映給監察委員，讓監察委員去調查事實真相，為民伸冤，而不一定由人民直接找監察委員，因為監察委員人數畢竟比國大代表為少數也。如果在地方政府亦設置「監察署」，則人民當可直接向「監察署」申訴冤情。

原憲法規定關於監察院的職權，除同意權之外，有彈劾權、糾舉權及審計權。對於彈劾案行使的對象，憲法第九十七、九十八、九十九、一〇〇條之規定，包括總統、副總統、中央及地方公務人員、司法院或考試院人員，沒有規定立法委員。吾人認為應包括立法委員，以上對象，如涉及刑事，自應移送法院辦理（第九十七條），如違法失職而未觸及刑責，向誰提出呢？吾人認為應分別對象處理，對總統、副總統及立法委員等由人民直接或間接選舉之人員，以及行政院長和其下各部長、政務官及司法、考試兩院人員，彈劾案應向國民大會提出。對總統、副總統及立法委員等民選人員，國民大會必須立即辦理訴諸選民投票公決，以決定是否罷免，不得藉故拖延。對於行政院長及其所屬各部會首長政務官及司法、考試兩院人員，經開會決定如認為應予罷免，則轉由總統發布免職令。對中央事務官及地方公務人員則向「公務員懲戒委員會」提出，公懲會經開會審議，做適當之

處分。

　　不過，根據「公務員懲戒法」第三條規定：「懲戒處分如左：一、撤職。二、休職。三、降級。四、減俸。五、記過。六、申誡。前項第二款至第五款處分，於政務官不適用之。」公務員懲戒委員會可以懲戒政務官（當然包括行政院長、副院長、政務委員及各部會首長、政務次長），已明白規定於法律之中，不過，對政務官之處分，僅適用「撤職」與「申誡」兩款。因為政務官之進退係因政黨而更迭，並未受一般公務員相同之保障，除「撤職」、「申誡」之外的處分，對他們並無多少意義。同理，公務員懲戒委員會既可對行政機關的政務官行使懲戒權，則對其他院──如司法院、考試院及監察院審計部長等有一定任期的特任官員，皆可懲戒之，前提是懲戒案須先由監察院提出彈劾案始能行使。至於監察委員雖是「官員」（修憲前產生方式是間接民選），依孫中山之意，則由國大代表直接彈劾之。然則，公務員懲戒委員本身由誰來彈劾呢？我想當然可由監察院提出彈劾，由監察院多數決議即可予以撤職。惟其如此，監察院之彈劾權庶能發生效果。如該委員會隸屬司法院，則宜由司法院長推荐給總統提經監察院同意；如隸屬監察院，則宜由監察院長推荐總統直接任命。

　　關於公務員懲戒委員會行使懲戒權的對象，不分政務官與事務官，羅志淵教授認為這種制度上的設計令人懷疑的是，懲戒法以「失職」為構成懲戒原因之一，這種規定用之於事務官，已有不明確的困擾，用之於政務官，尤覺非其所宜。

如果其間摻雜政治因素，更是難辨是非。同時政務官或有固定任期，或隨政策進退，其是否失職，應由其長官或對之負責的民意機關來判斷，以定其去留，實在不是中立的司法機關所宜過問的。試想：假如監察院以行政院院長在政策上有所「失職」而提出彈劾，公務員懲戒委員會亦支持監察院之觀點，議決予行政院院長以「撤職」的處分。而他們所確認行政院長之失職行為，事實上只是因立場和觀點不同之結果，如果立法院不贊成或反對行政院在政策上之立場和觀點，自有其方法和手段，去促使行政院對之負責，如不然，即無異默認支持行政院之立場和觀點，而行政院之立場和觀點，如果在立法院受支持，卻受監察院彈劾和公務員懲戒委員會的懲戒，試問這對我們的政治制度，會發生什麼樣的衝擊和影響？無論從那個角度來看，都不是行政院對立法院負責制度下應有的現象。所以，羅教授認為，對政務官的懲戒，似乎應以「違法」行為為限，而不應及於「失職」行為。這種改進，除修訂懲戒法及監察法之外，就是經過監察權與懲戒權的自律與運用，漸次造成一種政治習慣，也可達成同樣目的和效果[180]。吾人認為羅教授之見解值得我們注意！不過，1913年「國民黨政見宣言」中，主張「實行懲戒官吏失職。前此官吏之縱肆無忌，而今亦不免者，以官吏雖失職，而不能懲戒於其後也。故欲政治修明，非實行懲戒官吏失職不可[181]。」是則公務員之懲戒，是否限於「違法」，而不及「失職」，

---

180. 羅志淵：《中國憲法及政府》（前揭），頁 568-569。
181. 《國父全集》第 1 冊，頁 801。

仍待深入之研究。由於公務員懲戒民委員會與監察院關係密切，特併此說明之。

　　憲法第九十五條規定：「監察院為行使監察權，得向行政院及其各部會調閱其所發布之命令及各種有關文件。」第九十六條規定：「監察院得按行政院及其各部會之工作，分設若干委員會，調查一切設施，注意其是否違法或失職。」第九十九條規定：「監察院對於司法院或考試院人員失職或違法之彈劾，適用本憲法第九十五條⋯⋯之規定。」可見修憲前監察院為行使監察權——包括同意權、彈劾權、糾舉及審計權，同時必須具有調查權，庶能順利行使其職權。以故，吾人深以為監察院之下，有必要設置專業調查人員，王作榮院長時期已建置「調查官」制度。目前我國政制，調查專業人員隸屬行政院法務部調查局，調查局調查員素質日漸提高，對公務人員政風之檢肅，功績已受社會肯定。這些富於活力又具備法律知識和專業訓練的人員，應為國家中立性文官，殆為不可否認。調查局之職權為掌理有關危害國家安全與違反國家利益之調查保防事項，顯然不屬黨派事務，而係超然於黨派之外的國家機關，其工作性質正好屬於監察範圍，如果隸屬行政機關，在政黨政治運用下，可能受政黨支配，是以，宜避免調查人員受任何政黨之利用，而為排除政治異己之工具。為此，務必使調查人員超然於任何黨派之外，獨立行使職權，但須接受國家主人——人民之監督。是以，吾人曾構想，是否將調查局移隸於監察權之下，升格為「調查部」，而與「審計部」平行，接受監察委員之指揮監督。就

此問題，吾人特請教一位素負盛名的法學家，他認為美國「聯邦調查局」也隸屬行政機關，且有事先防範犯罪之功能。然則，吾人以為美國是三權分立制國家，並嚴守文官中立制度。我國為五權分立制國家，而在「一黨獨大」的情勢下，政黨介入中立性文官組織系統之可能性，不能不設法避免，庶為國家之福。蓋國家制度係為千秋萬世子孫平等幸福之生活而設計，斷不可有任何偏私之行為發生也。是以，如將「調查局」升格為「調查部」，與「審計部」並立，一為偵防官員貪瀆犯罪，並接受民眾之伸冤，以糾彈官邪，調查人員秉諸法律，為保障人權與維護正義之神，將更為人民所敬重！一為檢核政府機關決算，杜絕官員浪費公帑，複查政府政策執行實況，以向監察院提出報告，俾協助國家建立廉能政府，職責何等神聖！至於對人民犯罪之預防和偵查則有警察機關與法務部檢察機關。職責分明，各有擔當，誰曰不宜？

　　基於上述觀念，吾人認為在各行政機關、學校、國營公司及軍事機關皆可附設「監察室」，以取代過去之「人二」單位。「監察室」之下可分為「審計組」與「調查組」，係監察院所屬「審計部」與「調查部」的派出機關，在各行政機關仍接受行政首長之領導考核，但亦所以防範行政機關之違法亂紀行為，這是法治國家應走的途徑。如此設計，一如行政機關設有「人事室」一樣，預防行政機關任用私人，堂堂正正，隱然使各行政單位及地方政府也有「五權分立」系統，豈非國家之福耶？

　　陶百川先生認為監察院尚有「監視權」，監試法第三條

規定：「左列事項應於監試人員監視中為之」，而監試人員則由監察委員充任，由監察院遴派。這是「監視權」的權源之一。機關營繕工程及購置定製變賣財物稽察條例第五條規定：「各機關營繕工程及購置、定製、變賣財物，在一定金額以上者……應通知審計機關派員監視。」這是「監視權」的權源之二。而憲法第九十六條（前述及）所謂「分設若干委員會，調查一切設施」，這種委員會是常設的，監視是經常的，對象包括一切設施。陶先生認為這是實際上已把「監視權」授予監察院。遠在 1931 年 10 月 16 日，監察院呈送國民政府的工作報告已經提「監視」的任務。它說：「監察院設置之目的，在糾舉公務員之違法與失職，然監察制度之精神，固不僅摘發奸邪，懲戒貪墨於事後已也。此項監察權之行使，實在防微杜漸之至意。故以後關於各機關重大事務之處理，其情勢有監察之必要者，政府當令監察院派員監視之。能糾正違法於事前，庶減少訴追犯罪於事後。其他議而不決，決而不行，行而不力者，監察院得隨時提出質問，以促其注意，俾各機關之公務人員，事前有所警惕，不敢放棄職責，坐失機宜[182]。」基於相同觀念，吾人主張在行政機關、學校、國營公司光明正大設置「監察室」與「人事室」共同協助他們走向既清明而又有效率的廉能行政境界，是正合於孫中山創立「五權憲法」政府之旨意！為了厲行此一制度在地方政府亦應設立監察院的分支機關，在橫面協助地方政府積極為

182.陶百川、陳少廷合著，前揭書，頁 321-322。

民服務，在縱面亦接受監察院之指揮監督。

　　至於「調查部」長及「審計部」長之任命，可由監察院之推荐送請總統提名經國民大會同意任命，或直接尊重監察院之推荐任命。目前，監察院設「審計部」審計長係由總統提名經立法院同意任命，與監察院反而無聯繫，陶百川先生主張總統對審計長的提名，應基於監察院之推荐[183]，並非沒有理由。調查長（或部長）之任命自應與審計長（或部長）同一程序辦理，庶見合理。戰前日本已有獨立於國會、內閣、最高裁判所三權之外的「會計檢查院」，至今仍存，且另設獨立的「人事院」隱然有「五權分立」的規模矣！我想，他們的作法也許巧合，也許受到孫中山「五權憲法」思想的影響！

　　監察制度與考試制度同為中國優良政治傳統，今日歐美各國已逐漸發展出來一種「監察長」制度，雖自國會分離出來，但獨立行使職權。據戴雪（A. V. Dicey）的《英憲精義》一書所言，英國議會早在 1806 年已不再行使彈劾權了[184]。英國國會設立監察長的官銜叫「國會行政監察委員」（The Parliamentary Commissioner for Administration）創始於 1967 年，本來無權建議改變立法，但是到了 1973 年，由於特別委員會與監察長的共同努力，促使改變一項法令，使得某些訴願人過去求告無門的情事，如今得以獲得改善[185]。

---

183. 陶百川、陳少廷合著，前揭書，頁 304-305。
184. 戴雪：《英憲精義》（譯本）第 4 冊，頁 431。
185. 陶百川、陳少廷：前揭書，頁 271-272，轉引自 F. Stacey, Ombudsman Compared pp. 150-155.

　　美國羅斯福總統新政的設計者特格威爾（Rexford Guy Tugwell）為「民主制度研究中心」（The Center for the Study of Democratic Institutions）草擬「亞美利加聯合共和國」（United Republics of America）憲法草案，其中第八條要點，即是成立國家監察組織（人員由參議院選出）以查考政府機構之行政行為是否適當和廉潔[186]。1969 年 7 月 1 日，美國奧勒岡前州長麥克考爾任命了一位州監察長，這位監察長乃成為美國第一個州的行政監察長[187]。

　　然而，「瑞典為監察長制度之母」，早在 1713 年，瑞典國王查理十二（Charles XII）因與俄國作戰離京已十二年，為監督其臣僚，於是下令設「最高監察長」（Hogsta Ombudsman），代表國王監督一切官員恪遵國王之法令，此即為瑞典監察長制之濫觴[188]。二次世界大戰後，由於福利政策之推行，行政權不斷地擴張，行政措施的危險性亦隨之增加，以立法為重心的國會，對政府官員違法行為對人民權益造成的侵害，實難為劍及履及的救濟，乃有監察長制度（Ombudsman System）之創設，此一制度，已成為現代憲法學、政治學、行政法學及行政學上所熱切研討的課題。此項制度實與我國孫中山所創監察權獨立的制度相似，但不若我國監察制度完善周妥，然以我國優良監察制度未能廣泛向外宣揚，致未能宏揚

---

[186]宋益清：〈美國修憲運動與憲政思潮〉（載《憲政思潮》第 13 期）頁 159。

[187]陶百川等：前揭書，頁 285。

[188]張劍寒：〈中國監察制度與歐美監察長制度之比較〉（載《中華學報》第 1 卷第 1 期，1974 年 1 月）頁 133。

世界，反使北歐小國行使之監察長制度，引起舉世學者之注目、仿效，成為防止行政權濫用之救濟制度，且變成增進行政效能之新工具，和政治革新之重要法寶[189]！我們沉思及此，能不遺憾？為此，吾人奉勸朝野：考試院、監察院可以廢除，但考試權（人事行政）、監察權不可廢！讀者諸君以為然否？

　　監察委員馬空群先生對我國今日監察制度之實務有深切之感觸，他認為目前監察權有其制度上之缺失，在對人行使彈劾權方面：監察院只能提彈劾，懲戒權是隸屬司法院公務員懲戒委員會，效果不彰，使監察院有淪為「檢舉人」之嫌。在對事糾正方面：監察院對行政機關提糾正案並無拘束力，行政機關因此能拖則拖，或是乾脆寫「答辯書」行文監察院說「礙難實施」等。監察院彈劾權、糾正權這兩項主要權力，在制度缺失的影響下，形同具文，使監察權功能日漸萎縮，是不爭的事實。他嘆口氣說：監察院的地位是「有權無力」，監委是「力不從心」。他認為監委行使職權之獨立性有必要，因此一般案件，黨不應過問，但關係重大的案件，或提案委員只瞭解部分概況，缺乏全盤考慮，為謀國家前途或適合國家需要，黨部則應加以協調酌辦。他認為這並非牽制或限制監委行使職權，而是加強溝通與協調[190]。他的話「語重心長」，值得我們深省！

189.同前註，頁 132。

190.參閱 1986 年 1 月 12 日自立晚報「星期人物」：〈強調和諧的救火員〉
　　——馬空群。

第三節　政治機關相互關係

在本章第一、二節，吾人分別對政權機關的國民大會與治權機關的總統及五院，做過比較深入的探究，所以，佔據了較多的篇幅。加以第三章對理論的分析，個人曾用過不少心思予以系統整理，綜合以觀，孫中山的政府思想之輪廓已甚明顯！是以，本節專門用來探討政治機關的相互關係，當能使孫中山政府論的特徵映現出來。

在政治機關的相互關係方面，吾人認為尚可分為幾個項目加以說明：①國民大會與大總統之關係；②國民大會與五院之關係；③大總統與五院之關係；④五院之間相互關係；⑤中央與地方之關係。下列且分項討論之：

第一項　國民大會與大總統之關係

在孫中山的言論中，「國民大會」一詞的定義，似可做兩種解釋；一是指全國公民總投票之意，這就是「無形」的「國民大會」；一是指每縣選出代表一人，到中央政府所在地，反映地方民意並監督中央政府公僕人員為民服務的組織，這個組織就是「有形」的「國民大會」。目前，我國憲法第三章所稱之「國民大會」是由各地區、各民族、各職團，和婦女團體及僑民分別選出的代表組成，所以是「有形」的「國民大會」，實際上是「國民代表大會」。這個組織，嚴格說起來，並不是中央政府組織，而是人民的代表，孫中山稱之

為「政權機關」，至為適當！吾人認為「國民大會」是國民政治主權的象徵機關，但不是真正的「政治主權」的主體，由於「國民大會」代表之角色，孫中山主張他們必須「只盡其能、不竊其權」，所以，他們只是人民的「委任代表」，而不是「法定代表」，他們言行必須完全符合所代表的選民之民意。但是，民意的匯集與表達，並不容易，所以在選舉代表時，不得不以多數決之原理來產生各方的代表，那麼，「政黨政治」的運作，就變為不可避免之方法。而「國民大會」所表示的意思也可以說是國民的「總意志」（General Will），中央政府決定政策，勢必須密切注意這些國民「總意志」的意思表示。

由此可知，國民大會與大總統之關係，就是人民與政府的關係，國民大會是人民的代表，而總統可以說是政府的代表。國民把對政府的要求透過國民大會輸送給中央政府，政府憑以為制定政策之依據。但是，全國人民不可能人人之意見相同，政府的決策只好取決於多數！由誰來制定和執行符合民意的政策？那也只有透過「政黨政治」的運作，以多數決原理來決定人選。基於此一原理，個人認為，在正常的情況下，總統直接由合格公民投票普選，與由國民大會代表投票間接選舉結果是一樣的！除非國家政黨形成「多黨制」沒有明顯的多數黨。

依我國憲法規定，國民大會之職權之一是選舉總統副總統，之二是罷免總統副總統，所以，國民大會是總統的選舉與罷免機關。國大代表與總統的任期一致，這是正確的。不

過憲法第二十九條規定：「國民大會於每屆總統任滿前九十日集會，由總統召集之。」由此規定，遂使國民大會的正式集會每六年只有一次，而這一次的主要任務又是為了選舉總統副總統。所以有人認為國民代表之角色猶如美國的「總統選舉人」，並非沒有理由。我想，這種設計恐非孫中山之本意！經作者之研究，我發覺孫中山之意思是總統直接民選，但憲法既做如此規定，如能實行「政黨政治」則照樣可達到直接民選之實質，是以，吾人認為總統直接間接民選無關緊要！但為避免賄選，乃以直接選舉較保險。

但是，國民大會每六年只開一次會，遇有憲法第三十條規定之情形才召集臨時會。而且開會召集人是總統，臨時會之召集是由立法院院長通告，或由總統召集。做「國民主權」的象徵機關，竟然沒有主動集會權，這是不可思議之處。因之，憲政研討會「研討結論」擬修改第二十九條為「國民大會每年自行集會一次。遇每屆總統任滿前九十日集會，由總統召集之。國民大會設各種委員會，其組織法由國民大會制定之。開會時得邀請關係院有關首長及社會上有關人員列席備詢。」增加每年開會一次之規定，這是極為正確的，但是吾人認為，每年這次正式開會，總統應率同五院院長及部長列席，向國民大會做施政報告，並備質詢。這時應以電視錄影，將全部實況轉播給全民視聽。因為國民代表只是中央政府表面負責的機關，實際上是應向全民負責的！

更重要的是，總統每年在國民大會開會時做口頭或書面政策報告時，應同時吸收國民大會代表從選區蒐集到的民意，

以做為修正政策之參考。為此國民大會在總統做報告前，應事先自行集會，把民意做個歸納，再送給總統，由總統轉五院各部做為擬訂政策之依據，政策制定之後，再由總統集中向國民大會作下年度之施政計劃報告，如有實施困難之政策，亦應在國民大會及電視之前向全國民眾公開說明其理由。若國民大會認為其理由不能成立時，即可發動全民做罷免總統之投票。可惜我國行憲近四十年來，國民一直未能享有罷免總統之民權，主要原因是選舉、罷免、創制、複決四權均操在國民代表，而非操在國民。這與孫中山民權主義「主權在民」之本意似不相符合。以故，吾人仍然主張，總統仍以由全民直接普選為妥！而「國民大會」則為人民與政府間的聯繫溝通機關。

　　然則，如果國民大會代表與大總統皆直接民選，當總統以國民大會之決議窒礙難行時，如何判斷何者才是真正的民意呢？因為國民代表既只是人民的代表，難免有意思表示的錯誤；而總統所代表的中央政府也可能發生決策偏差之情事。是以，為解決此一難題，吾人認為當兩者政見不同時，已顯見國民總意志表達之管道發生問題，必須交由「公民總投票」，問於公意。倘然人民贊同總統政策，則國民大會必須解散，重新改選；如果人民贊同國民大會意見，則總統必須罷免、改選總統。如此一來，兩者均會密切注意真正的民意了。

第二項　國民大會與五院之關係

依據孫中山之政府觀念，國民大會是政權機關，五院是治權機關，五院皆須向國民大會負責，然則，如何負責法呢？國民大會與五院之間的關係到底如何？由於個人研究結果，認為國民大會絕不等同於英國的議會或美國的國會，更不是蘇聯的最高蘇維埃之可比，而是具有特異於各國政治組織的特質，所以國民大會與五院之關係，也絕非歐美各國國會（立法機關）與內閣（行政機關）之關係，這是我們必須特別注意的一點。

國民大會所擁有的是選舉、罷免、創制、複決四個政權，五院所擁有的是行政、立法、司法、考試、監察五個治權。孫中山在民權主義第六講說：「有了這九個權，彼此保持平衡，民權問題才算是真解決，政治才算是有軌道[191]。」這就是「權能平衡」。然則，如何保持平衡呢？我認為第一項所提到的訴諸公民總投票，是一個很好的辦法，即當中央政府五院（當然包括「行政首領」的總統）與國民大會的意志不一時，解決僵局之道，惟有訴諸民意一途，這是四權與五權保持平衡之根本辦法。但是，民權主義第五講，孫中山又有一段話，告訴我們：「民國政府官吏，不管他們是大總統，是內閣總理，是各部總長……只要他們有本領，忠心為國家做事，我們就應該把國家大權付託他們，不限制他們的行動，事事由他們自由去做，然後國家才可以進步，進步才

191.《國父全集》第 1 冊，頁 153。

是很快。如果不然，事事都要自己去做，或者是請了專門家，一舉一動，都要牽制他們，不許他們自由行動，國家還是難望進步，進步還是很慢[192]。」這就是說儘管國家政權操在人民之手，除了選舉權之外，其餘三權，在中央則委諸國民大會行使（當然必要時還得經公民投票做最後公決），但是無論國民大會或人民仍以少用其他三權為宜，如果經常舉辦公民投票，那不是反而擾民且造成政府無能了嗎？所以我個人認為四權之中，倘然選舉辦得好，真正能使好人出頭，那其他三權是可備而不用的！孫中山譬喻「四個民權，就是四個放水制，或是四個接電鈕[193]。」在我們家裏，總接電鈕是經常接著，如非有意外，便不會去關總接電鈕，而任由電流流動。在室內書房臥室，也是需用電燈時才把「開關電鈕」一按，讓電燈發亮，不用時則關掉。誰還會去隨便開開關關做遊戲呢？政治機關中，國民大會與五院之關係，亦應做如是觀！茲分別敘述國民大會與各院之關係：

（一）**國民大會與行政院之關係**——須知雖然孫中山說過五院皆對國民大會負責，但行政院之上還有一個總統，總統是行政首領，行政院由他組織，當然他可兼任行政院長，不過，國家政務複雜繁重，仍以設置行政院長以分擔政務為佳，所以，行政院長必由民選的總統任命，即使現行憲法規定由國民大會選舉總統，而行政院長仍應由總統任命。然則，總統任命行政院長需否經國民大會同意呢？吾人基於上述孫

---

192. 同前註，頁 134-135。
193. 同前註，頁 152。

中山言論，認為國民大會可以信託總統選擇行政院長，只要總統好，不怕行政院長不好，因為行政院長由總統任命，就得向總統負政治責任，部長之名單雖由行政院長建議，但皆須經總統之認可才行，也須由總統任命，而國民大會大可不必插手過問內閣人事。所以，憲法雖規定行政院長由總統提名，卻未經國民大會同意任命，反而規定經立法院同意任命（第五十五條），這是正確的（孫中山未明言，行政院長須經立法院同意後任命）！因為今後行政院之工作職責在擬定法案制定政策推行政策，事事需要國家財政的支持，而立法院是國會，不只擁有立法權，也為人民看守錢包，行政院長由立法院同意任命，似更可促進府會和諧合作，增進政府效能！總統任命行政院長最好尊重國會意見。

　　然則，國民大會是否管不到行政院了，卻又不然，行政院一旦違法失職，監察院可向國民大會提出彈劾，總統不能包庇，否則連總統都有被罷免之可能。所以，行政院長表面上對總統負責，實際上亦對國民大會負責，並無損孫中山設計五權憲法之美意！國民大會如對行政院有意見，直接向總統反映，即可達到目的，總統是必須向國民大會直接負責，間接向人民負責的！無論總統係直接或間接民選皆然。行政院之角色主要是替總統分擔責任和工作，並代總統向立法院（國會）負法律責任，避免總統直接和立法院發生衝突。所以我認為行政院是總統與立法院之間的橋樑，一如國民大會是人民與政府之橋樑一樣，只是行政院工作負擔在執行實際政務，而國民大會在監督中央政府，並反映民意而已！

　　（二）**國民大會與立法院之關係**——談到國民大會與立法院之關係，必須考慮到「政黨政治」的因素，因為二者，皆須直接民選。但在職權方面，二者迥然有別，國民大會代表人民行使四權（其實孫中山主張選舉權仍須由人民行使）。而立法院則為國家最高立法機關，如果把國大代表看做是人民的「委任代表」，須反映民意；則立法委員應為人民的「法定代表」，可憑其良知良能、知識道德，為人民制定良好法律，亦即為人民行使立法權。顯然其素質須高於一般國民大會代表。但有人以為國民大會屬政權機關，而立法院則為治權機關（是政府機關），所以國民大會才是國會，應行使西方國會的職權，那就錯了！誠如田炯錦博士說：「五權分立以建立有效能之政府，為孫中山的基本目標。至於國民大會行使四權及直接民權，係為建立有效能之政府，掃除障礙，防止流弊。後之闡釋五權憲法者，往往不察什麼是基本目標，乃以己意斷章取義，以為國民大會乃政權機關，故預算、決算、宣戰、媾和等權，應統歸其行使；立法院為治權機關，故應為技術性、事務性。他們這種說法，雖自稱根據遺教，但太違背政治常識，且必陷政府於無能，與孫中山原旨恰背道而馳。以致根據他們的著作，研究五權憲法時，則覺得莫名其妙，或不切實用 [194]。」

　　剛才提到須考慮「政黨政治」的因素，是因為在選舉結果可能發生兩種情形，一是國民大會及立法院皆掌握在執政

194.田炯錦：〈五權憲法之發展與世界政治之趨勢〉（收載《五權憲法論文選集》上冊，臺北：帕米爾書店，1973 年 12 月再版）頁 314。

黨（總統所屬政黨）手中，執政黨在二個機關皆為多數，則行政效率必然很高，政務推行極為順利。一是立法院多數黨與國民大會及總統不同黨，則總統找誰當行政院長，就須慎重行事，以法國密特朗為例，他的黨在 1986 年 3 月國民議會的選舉，雖仍屬大黨但並未能掌握過半數，在此情況下，法國第五共和憲法總統雖有自由任命閣揆（總理）之權，但終於以國家為重，找右派（共和聯盟黨領袖）席哈克（巴黎市長）為總理，組織內閣，仍能「共事」得很好。事有湊巧，同年 3 月 9 日葡萄牙總統索瑞斯在就職典禮中說：「我要做所有葡萄牙人的總統，而不光是投票選我的葡萄牙人的總統」，原因是葡國行「總統制」，內閣總理由總統提名，卻又要向國會（如我國立法院）負責。他以左派出身而領導右派政府如何維持和諧，確實是一項微妙的藝術[195]。所以，吾人認為萬一發生總統的黨未能在立法院掌握多數之情況，則仍以尊重國會（立法院）多數黨領袖，找他出而擔任行政院長為宜。否則國家政務必將停頓，難以推行矣！如果在野黨拒絕與總統合作，那是國家的惡夢。

　　至於憲政研討會「研討結論」，擬修改憲法第二十七條，擴張國民大會職權，也要選舉立法委員。這是違背孫中山遺教的，蓋立法委員應由人民選舉，為孫中山一貫的主張。誠如黃正銘教授所言：「孫中山畢生倡導民權主義，惟恐民權之不彰，對於直接民權，尤所重視。自不至主張將人民選舉

195.參閱 1986 年 3 月 11 日，自立晚報「國際看臺」。

立法委員之權，取自人民交於國民大會，再為間接的行使[196]。」憲政研討會且擬修改同條，增加「創制法律、複決法律」之權。黃正銘教授評論曰：「國民大會如對中央法律行使創制權及複決權，則立法院的立法權將大受影響。但此項直接立法，係以政權補救治權，為民主國家的一般習尚，並非以國民大會代替立法院[197]。」故吾人認為允宜慎思明辨之，如果人民需要的法案，行政院不草擬立法院不制定，而國民大會擬創制，則最後之核定權，仍應由公民投票表決，庶幾合乎「直接民權」之要義。複決權之行使亦同。良以，舉世各國「直接民權」並無由代表行使之先例。今年（1986）3月12日，西班牙選民就是否仍繼續留在「北大西洋公約組織」案，進行公民複決投票，結果支持留在北約的選民佔總投票數的52.5%，反對者佔39.8%[198]。本來國防軍事問題不宜交付人民複決的，但社會黨政府岡薩雷斯總理卻決定將這問題交由公民複決，顯示西國政府的開放心胸。

　　關於國民大會與立法院之關係，在憲法第二十七條規定，國民大會可複決立法院所提之憲法修正案。此外，對國民大會行使四權的問題，張君勱先生亦曾表示他的看法，他說：「立法院與國大的關係，依五五憲草六十七條規定：『立法委員由各省所選出之國民代表，舉行預選，依左列名

196.黃正銘：〈從直接立法論國民大會的地位與職權〉（載《法律評論》第28卷第5期，1962年5月1日），見於《五權憲法論文選集》下冊，（帕米爾書店）頁1704。

197.同前註。

198.參閱蔡政文：〈西班牙選民決定留在北約〉（1986年3月16日中國時報）。

額，各提出候選人名單於國民大會選舉之。』明白一點說，立法院委員的選舉，是間接的間接。……試問此類立法委員有何資格代表民意。我人以為國大代表的性質，應側重直接民權。惟有如此，乃可將國大置之於直接民權的基礎上，自成一個系統。至於立法院委員直接由人民選出，其所行使的職權與各民主國的國會相等。然後立法院乃能代表民意，不致成為政府的附屬機關。國大與立法院兩機關系統分明，自能各盡其責。奈何代議政治尚未徹底施行之日，偏要提倡創制複決等權。今天國大要求立法院將某項法案交複決，明天又提出立法原則，要求立法院制定法案，此種作風，徒然引起人民心中立法院能力不足的感覺。所以立法院之上，再加一個如國民大會的太上國會，我人期期以為不可[199]。」是以，吾人認為憲政研討會「研討結論」擬擴張國民大會職權之設計，允宜慎重其事。

（三）**國民大會與司法院之關係**──憲法第七十八條規定：「司法院解釋憲法……」又憲法第二十七條規定國民大會之職權，第三款為「修改憲法」，第四款為「複決立法院所提之憲法修正案。」可知憲法如有爭議，由司法院解釋之。但是真正解釋憲法疑義的為「大法官會議」，其解釋決議則以司法院之名義公布之。

此外，司法院院長、副院長及大法官之任命，依修憲前憲法第七十九條之規定，係由總統提名，經監察院同意任命

───────

[199]張君勱：《中華民國民主憲法十講》（臺北：臺灣商務印書館，1971年2月）頁48-50。

之。而憲政研討會「研討結論」擬將本條之規定，修改為：「司法院設司法委員若干人，由總統依名額加倍提名候選人，咨請國民大會選舉之……司法院院長、副院長各一人，由司法委員互選之。」關於司法院官員由「大法官」改稱「司法委員」並無關緊要，司法院長副院長由司法委員會互選，亦符合民主原則，諒必不會像縣市議員為了競逐議長而花大把銀兩，因為足堪擔任大法官或司法委員者，必學有專長，德高望重之士，斷不致為爭此虛名而使自己人格掃地也。惟值得研究者，乃是大法官或司法委員之產生，國民大會擬修改為由自己來選舉，也是實行間接選舉。現行憲法規定經監察院同意，監察院只有同意與否之權。而國民大會擬改為由總統加倍提名，由國民大會選舉，國大代表顯然因此比監察院委員享有更大的權力──選舉權。由於孫中山曾說，五院皆對國民大會負責，而司法官員又不適合民選，故由總統提名應無可厚非。但究由監察院行使同意權好呢？抑或由國民大會選舉？吾人認為國民大會與立法院同為政黨政治活躍的機關，如無適當的制度設計，則如由國大選舉司法官員，可能造成一黨獨佔情勢，屆時如何保障司法的真正超然獨立，那就傷腦筋了。是以，吾人主張中央官員選舉的事，國民大會少介入也許比較好，尤其對司法、考試、監察這三院官員的任命，如非設定保證不使黨派操縱，則「五權分立」之精神，必被「執政黨」破壞無遺！政黨政治的運作可在國民代表、總統及立法委員的競選上進行，卻不宜介入中立性高級文官選任之上。

（四）**國民大會與考試院之關係**——依孫中山之意「凡候選及任命官員，無論中央與地方，皆須經中央考試、銓定資格者乃可。」（建國大綱第十五條）而國民大會代表絕非「官員」，卻是「候選」的人員，怎麼辦？應否經考試院銓定其候選資格？何況憲法第八十六條規定應經考選銓定資格者，只有公務人員任用資格及專門職業及技術人員執業資格。關於這個問題，林紀東教授有一篇〈五權憲法上一個重要問題——公職候選人考試制度〉的文章[200]，他認為：「公職候選人考試制度，是憲政上頗有價值的制度，現行憲法未予明文規定，致起爭論，殊為可惜。」五五憲草第八十五條規定「公職候選人資格」亦應經考試院依法考選銓定。憲政研討會「研討結論」又擬恢復此一規定，當然，這是合於孫中山遺教的。不過，公職候選人之定義為何？有無包括國大代表？則有爭論。蕭公權先生認為：「哪些公職人員應經考試，應當以他們所行使的職權性質為準。如果所行的是『治權』，那就應經考試。如果所行使的（縱然僅是代表人民行使）是『政權』，他們就不是『政府』的人員，也就不應經過考試方能合格[201]。」所以，他認為國大代表不應經過考試，而立法委員應經考試。但依「動員戡亂時期公職人員選舉罷免法」第三十二條規定，國大代表也須具備與立法委員、監察委員同等學歷，不過學經歷的認定，係以「檢覈」行之。這是否合乎

200.林紀東：〈五權憲法上一個重要問題——公職候選人考試制度〉（載《憲政思潮》季刊第 56 期，1981 年 12 月）頁 154-164。
201.蕭公權：《憲政與民主》（臺北：聯經出版公司，1982 年）頁 138-139。

孫中山主張，值得研究。

此外，憲政研討會「研討結論」擬修改憲法第二十七條，把考試委員也列入由國民大會選舉罷免之對象，這是現行憲法所沒有規定的。此一修正草案雖然合乎孫中山遺教，不過，吾人認為罷免之前提，應經監察院提出彈劾案才行。

（五）**國民大會與監察院之關係**──由於監察院亦屬治權，須對國民大會負責。五五憲草規定，監察委員與立法委員皆由國民大會選舉。黃正銘教授認為：「在形式上雖合於負責理論，但在實質上與一般治道及孫中山遺教未能相符。立法院應由人民選舉，為孫中山一貫主張，監察權係由立法權中分出，故監察院亦同[202]。」黃教授之意，認為監察委員也應由人民選舉。對這個看法，作者不以為然。良以孫中山係以立法院為國會，立法委員為代議士，為國會議員，由人民選舉乃順理成章之事；但監察委員不是議員，其職責為彈劾百官，權力雖自立法權之中分出，但孫中山之意，以監察院人員為監察官，並非民意代表性質，前已言及，故吾人認為監察委員民選，並不妥當，除非憲法保證監察院不被任何政黨操縱。然則，是否由國民大會選舉呢？作者也認為不妥當，因為國民大會是政黨的活動場所，監察委員如由國民大會選舉，必沾染黨派色彩，難保超然中立屬性。以故，吾人認為，監察委員須與大法官、考試委員以同一方式產生，須設法保障其不受政黨操縱。由總統依法提名，經國民大會同意，可減輕黨派色彩。不過作者也很擔心政黨操縱，因之主張三院

---

[202] 黃正銘：前引文，頁 1703-1704。

人員之產生辦法，應另行設計，也許可參採法國第五共和憲法找到靈感。至若立法委員係民選產生，斷無向國民大會（也是民選產生）負責之理！

　　至於國民大會與監察院的關係，個人認為比與其他四院之關係尤其密切。因為監察院主掌彈劾權，現行憲法第一百條規定：監察院對於總統副總統之彈劾案，須有全體監察委員四分之一以上之提議，全體監察委員過半數之審查及決議，向國民大會提出之。手續似比較困難，而且得向國民大會提出。修憲後，監察院已無彈劾總統副總統之權。然則，監察院可否彈劾立法委員呢？或許有人認為立法委員係由人民選舉產生，且在院內所為之言論及表決，對院外不負責任。但試問人民可否罷免立法委員呢？立法委員既由人民選舉，當然可由人民罷免。可是人民為生活忙碌，對於立委之表現不一定完全清楚，依孫中山之意，監察委員亦可彈劾議員，前已述及。然而如何彈劾法？對誰提出呢？我認為立法委員如違法失職，未盡到立法委員之本分，監察委員可向國民大會提出彈劾，但由於立法委員係人民選舉，國民大會不能逕予罷免，而應提交該立法委員之選區，由選民投票決定是否罷免。個人認為，國民大會只要監督監察委員是否盡監督其他四院人員的責任，即可督促中央政府成為一個廉能政府。所以，監察院與國民大會還有一個特殊關係，那就是：如果監察委員違法失職，國民大會可集會表決予以罷免，但決定罷免監察委員應有三分之二以上國大代表可決，始生效力，蓋為避免政黨排除異己也。

第三項　大總統與五院之關係

在孫文學說第六章及中國革命史，孫中山都提到他的「革命方略」，而且內容相同，其中關於「五權憲法」政府關係的構想，與 1921 年的「五權憲法」演講，亦大體相似。主要的精神重點是：

1. 國民大會代表由各縣選舉，組織國民大會、制定五權憲法。國民大會專司憲法之修改及制裁公僕之失職。

2. 以五院制為中央政府，依序為行政院、立法院、司法院、考試院、監察院。五院皆對國民大會負責，因為五院（含總統）皆為人民公僕。

3. 在行政人員方面，立一個執行政務的大總統，這個大總統由各縣人民投票選舉，以組織行政院，（可見總統與行政院為同一系統），行政首領就是大總統。

4. 立法機關就是國會，立法院人員就是國會議員，也就是代議士，其產生方式與總統一樣，由各縣人民投票選舉，以組織立法院。

5. 其餘三院（即司法院、考試院、監察院）之院長，由總統得立法院之同意而委任之，但不對總統、立法院負責；司法人員就是裁判官，行使彈劾權的是監察官，行使考試權的是考試官，這三院人員皆獨立行使職權，當然不對總統及立法院負責，因為總統與立法院皆由民選產生，必須透過政黨政治的競爭，如對有政黨色彩的機關負責，便不能保守超然公正立場（可

見這三院人員不得民選）。吾人認為這是「五權憲法」政府的重要特色。如要民選，也必須保證不受政黨操縱。但可能嗎？

6. 但有個問題須特別注意的是，這三院院長既不由民選、三院委員或大法官自也不由民選。然則如何產生呢？只好由總統提名，因為總統不只是「行政首領」，也是「國家元首」，代表國家，誰當上總統，誰就應該為全民服務，而不只為其黨員謀福利。總統應該不宜兼任黨主席。但為避免總統私心自用，所以對三院人員之提名在憲法上應保證三院人員之「品質」，且不使任何政黨操縱。這個觀念在前面已討論過。問題在所提之三院人員究竟是應得立法院同意好呢？還是由國民大會同意好？由於五院工作不同而地位平等，作者曾在前面表示更正孫中山之條理，認為由「國民大會」同意較妥。雖然，國大代表也是民選，畢竟他們是人民的委任代表，代表人民行使政權且可制裁公僕之失職。所以孫中山說五院皆對國民大會負責，這是正確的。但是，國民大會代表係民選產生，與總統及立法委員一樣，皆有政黨色彩，可能五顏六色多彩多姿，但在多元社會，這是正常現象。惟為保持司法、考試、監察三院人員的「純白」（超然），上述所謂在憲法上應保證三院人員之「品質」，且不使任何黨派可以操縱，這個觀念必須把握住，庶幾符合「孫中山政治思想」之精神。

7. 雖說五院皆對國民大會負責，但「政治主權在於人民，直接以行使之，或間接以行使之，其在間接行使之時為人民之代表者，或受人民之委任者，祇盡其能，不竊其權，予奪之自由仍在人民，是以人民為主體，人民為自動者」[203] 所以，五院實際負責的對象不是國大代表，而是人民。這個觀念也必須把握住。

8. 各院（切記：包括立法院）人員失職，由監察院向國民大會彈劾之。個人認為凡是民選人員（如總統、立法委員），雖可由監察院向國民大會彈劾，因為國大代表是各縣委任在中央之耳目與喉舌，但由於總統與立委同國大代表皆是民選產生，是否「彈劾」，仍須問於公意！這是作者主張「國民大會」只是「直接民權」的發動機關的主要道理！至於其他三院（行政、司法、考試）人員可不必問於公意，因為他們本非出自民選，如經監察院彈劾，國民大會可逕予罷黜，提由總統發布免職令。其實，行政院長不好，立法院就可使他去職，除非執政黨因在立法院控制多數議席，而加以包庇。

9. 監察院人員失職怎麼辦？西諺有言：「誰來監督監督人員呢？」（Who will oversee the overseers）孫中山認為「監察人員失職，則國民大會自行彈劾而罷黜之」[204] 但吾人仍主張慎重其事，設置機制不使政黨藉口操縱。

341

203. 《國父全集》第 2 冊，頁 179。
204. 《國父全集》第 1 冊，頁 464。

10. 國民大會代表「不盡其能，祇竊其權」怎麼辦？這就需要各縣人民善用選舉權，選出好的國大代表了，否則只好在地方自治善用「直接民權」予以罷免了。

11. 國民大會及五院職員，與夫全國大小官吏，其資格皆由考試院銓定之。

吾人不厭其煩，釐清上述十一項有關孫中山政府理論的觀念，正是討論總統與五院關係之前，所必須理解的。下面且分點說明總統與五院之關係：

（一）**總統與行政院之關係**──總統既是國家元首，又是行政首領，絕非虛位無權的國家領袖，依憲法第五十五條規定行政院長由他提名經立法院同意任命（修憲後可以直接任命），用以「分層負責」擔當政務。所以，行政院長最好是與總統同黨之人，如萬一未能掌握國會（立法院）多數議席，只好以「公天下」之精神，邀請立法院多數黨或聯合多數黨領袖為行政院長，如目前法國及葡萄牙總統所行之大公行為。這時，總統與行政院長必須相忍為國，和衷共濟，捨小異而就大同，國民庶能得到福祉，否則如彼此存心暗鬥，那蒼生慘矣！但類此兩黨「共治」之情況並不常見，法國第五共和（1958 年以來）二十八年才出現 1986 年這一次。而事實證明，政治家氣度很大，彼此都能捐棄黨派成見，而為國利民福設想！

憲法第五十六條規定：「行政院副院長、各部會首長及不管部會之政務委員，由行政院院長提請總統任命之。」事實上，基於政黨「黨內民主」的政治原理，上述人員雖表面

上由行政院長提名，但實際上勢必須經由政黨高級幹部以民主協調方式產生閣員。但在威權式的政黨，則黨的領袖影響力可能比較大，所以閣員表面上由行政院長提名，實際上行政院長可能要尊重政黨領袖的意見。

憲法第三十七條規定：「總統依法公布法律，發布命令，須經行政院院長之副署，或行政院院長及有關部會首長之副署。」這個規定富於內閣制色彩，亦課有關部會及行政院長以責任，因總統「日理萬機」，而部會首長只「日理千機」，對本部會勢須負責盡職，為元首分勞，乃事之應然也。但總統發布任免行政院長的命令也須原任行政院長本人副署，值得研究，西德憲法第五十八條，法國第五共和憲法第十九條均明定內閣總理副署制度對內閣總理之任免不適用。中國北洋政府時代曾鬧過一次笑話，黎元洪免去段祺瑞總理職務，段即認為未經其本人副署，應視為無效，不能接受[205]。不過，總統行使統帥權頒布軍令，則無須行政院長副署。臺灣在修憲後，增修條文第二條第二項規定：「總統發布行政院院長與依憲法經立法院同意任命人員之任免命令及解散立法院之命令，無須行政院院長之副署。」解決了可能發生的困擾。

此外，行政院長還有代行總統職權的機會，憲法第四十九至五十一條規定，總統副總統均缺位時，總統副總統均不能視事時、或總統任滿而次任總統尚未選出或選出後總統副

205.張群：〈總統與五院的關係〉（上）（載《中國憲政》第4卷第9期）頁5。

總統均未就職時，均由行政院長代行總統職權，但期限不得逾三個月。

（二）**總統與立法院之關係**——憲法第五十五條及一〇四條規定，總統任命行政院院長及審計長，須經立法院同意（後記：修憲後，司法、考試、監察三院人員皆由總統提名經立法院同意任命）。這表示行政院院長代表總統（行政系統）向國會（立法系統）負責，無可厚非，亦至為妥當。因為在孫中山之意，立法院就是我國國會。不過，審計長之任命，吾人認為應基於監察院長之推荐，以防政黨操縱審計機關，並避免行政官員貪墨。

依憲法第三十九條之規定，「總統依法宣布戒嚴但須經立法院之通過或追認，立法院認為必要時，得決議移請總統解嚴。」在戰爭情況發生時，總統宣布戒嚴是必需的，如事變突發，而適立法院休會期，則須立法院追認。至於未有戰爭情況發生，而立法院能否以決議移請總統解嚴？這也要看政黨之性質而定，由於立法委員之提名亦係經過黨內決定，如政黨領袖之威望足以籠罩全黨，則解嚴與否之權必定操在政黨領袖，立法委員恐不會以決議移請總統解嚴，除非政黨內部有新的政策決定。我國實施戒嚴將近四十年，引起舉世注目，所幸執政者為適應社會變遷之需要，而睿智的決定解嚴，這是我國邁向民主憲政大道的時刻，應為全民所支持。至於，第四十三條規定：「國家遇有天然災害，瘟疫或國家財政經濟上有重大變故，須為急速處分時，總統於立法院休會期間，得經行政院會議之決議，依緊急命令法，發布緊急

命令，為必要之處置。但須於發布命令後一個月內提交立法院追認，如立法院不同意時，該緊急命令立即失效。」增修條文第二條第三項規定：「總統為避免國家或人民遭遇緊急危難或應付財政經濟上重大變故，得經行政院會議之決議發布緊急命令，為必要之處置，但須於發布命令後十日內提交立法院追認，如立法院不同意時，該緊急命令立即失效。」總統為一國元首，當國家遇到天災地變時，為維護人民生命財產安全及國家財政經濟受損，須擁有緊急處分權，這也是應該的，但仍須尊重立法院（國會）之意見。不過，依據「動員戡亂時期臨時條款」第一條之規定：「總統在動員戡亂時期，為避免國家或人民遭遇緊急危難，或應付財政經濟上重大變故，得經行政院會議之決議，為緊急處分，不受憲法第三十九條或第四十三條所規定程序之限制。」而自 1948 年迄解嚴止，憲法前述兩條規定等於具文，立法院對行政系統之「緊急處分權」毫無作用，這對好的方面說，固然可以發揮時效，緊急應變，但依據憲法第五十七條規定：所謂「行政院依左列規定，對立法院負責」之條文，也變成了具文。立法權在「動員戡亂時期」的權力大受限制，乃不可否認的事實。所幸「行政首領」的總統及行政院長尚能慎重將事，自我節制不輕易使用「緊急處分權」，而使得憲政程序得以順利運作（後記：1991 年 4 月 30 日李登輝總統宣告：動員戡亂時期於 5 月 1 日零時終止）。

依據憲法五十七條及七十二條之規定，行政院對立法院決議之法律案、預算案、條約案，如認為窒礙難行，或對立

法院移請變更重要政策之決議案均得經總統之核可，移請立法院覆議。覆議時，如經出席立法委員三分之二維持原決議（或原案），行政院院長應即接受該決議或辭職。總統對立法院通過之法律案，應於收到後十日內公布之，但亦得依五十七條規定辦理。而臨時條款第八條「總統對創制或複決案認為有必要時，得召集國民大會臨時會討論之」，則行政院如與立法院意思相左，自可請總統移請國民大會複決，立法院也毫無辦法。修憲後，增修條文第三條有較妥善之規定。

此外，憲法六十九條規定，立法院得因總統之咨請召開臨時會。這也是總統與立法院的一種關係。

（三）**總統與司法院之關係**——依憲法第七十九條規定，司法院院長副院長及大法官均由總統提名，經監察院同意任命（後記：修憲後改由立法院同意任命）。依憲法第四十條規定，總統依法行使大赦、特赦、減刑及復權之權。其用意在以赦免制度，來救濟司法審判之窮，並用以促進刑犯之自新，各國憲法多承認赦免制度。憲法第五十一條規定「總統除犯內亂或外患罪外，非經罷免或解職不受刑事上之訴究。」此外，司法院公務員懲戒委員會之決議，不論被懲戒人為政務官或事務官，亦不論其懲戒為撤職或申誡，總統均照案執行。關於此一問題，沒有覆議之規定，似嫌過於嚴峻。

（四）**總統與考試院之關係**——依憲法第八十四條規定，考試院院長副院長及考試委員均由總統提名經監察院同意任命之（後記：修憲後改由立法院同意任命）。此外，考試院向立法院提出該管有關之法律案，經立法院通過後，由

總統公布（也須經行政院長副署）。關於公務人員之銓敘，薦任以上者，由總統予以正式任命。委任以下者由總統授權下級機關委任。

（五）**總統與監察院之關係**——正如前述，總統任命司法院院長副院長、大法官，考試院院長副院長、考試委員，須經過監察院同意。關於這問題，吾人研究結果，認為經國民大會同意較妥，但由於國民大會有政黨色彩，故將來如擬改由國民大會同意時，則宜在憲法上規定不使任何政黨黨員人數超過一定比例，以維護此二院之超然地位。今日憲法規定，由總統提經監察院固無不可，因為監察院職司風憲，對此二院有彈劾權，所以亦可不必修改辦法，但總統本身亦係政黨競爭之勝利者，其所提名單仍應予以妥慎限制執政黨名額，庶幾合乎孫中山五權憲法之創意！（後記：修憲後監察院性質改變，其人員之產生改由總統提名經立法院同意任命。）

依憲法第九十條及第一百條之規定，監察院對總統可以行使彈劾權，惟彈劾案之成立須有全體監察委員四分之一以上提議，及全體監察委員過半數之審查及決議始可，彈劾案係向國民大會提出。依據憲法，國民大會可以直接對總統行使選舉和罷免權，罷免權之行使似可主動提出，亦可由監察院提出彈劾案而複決罷黜之；但憲法未規定國民大會如何罷免總統。這是一項憲法上的疏略，值得國人研究。吾人則依據孫中山之精神，主張總統之選舉罷免由人民直接行使，但罷免總統是件大事，必須慎重，如經由監察院向國民大會提

出彈劾總統案，似仍應由全民複決，庶幾合乎「主權在民」之意旨。

最後，吾人擬對總統與五院之關係，做個總說明。誠如薩孟武教授所言：「五種治權既然分工，則不能不設五個機關。五種治權既然合作，則不能不有一個總樞紐，統制五權，使五種機關向同一目標活動。這個總樞紐就是總統。所以總統是總攬五權的，五院不過輔佐總統行使治權而已。簡單言之，立法不過制定良好的法律，以供政府施行，司法則維持社會的秩序，以減少行政的阻礙；考試不過考取優秀的人才，以備政府任用；監察則維持政界的紀律，以增加行政的效率。四種治權均謀行政的便利而集中於政府[206]。」這個看法是與孫中山先生政府思想相合的！因為早在 1914 年的「中華革命黨總章」第二十六條，孫中山先生在黨內試行五權之治時，就把行政院（當時稱為「本部」）以外的四院合稱為「協贊會」[207]，完全是為了行政部門而設立的。明乎此，乃知「五權憲法」政府的五院雖然地位平等，但是總統為「行政首領」，設在行政院之上，即表示總統之地位比五院要高，而有統合五院的作用。所以，憲法第四十四條規定：「總統對於院與院間之爭執，除本憲法有規定者外，得召集有關各院院長會商解決之。」吾人基於此一觀點，認為在總統之下，五院之上，似可設置「國務會議」，不但是可解決五院間之爭執而已，

---

[206] 參閱邵履均：〈中央政府及五權聯繫問題〉（載《五權憲法論文選集》下冊，臺北：帕米爾書店，1978 年 2 月）頁 1773。

[207] 《國父全集》第 2 冊，頁 943。

且可做為溝通各院，擬定國策的組織。必如此，方能發揮總統聯繫和協調各院的功能，以謀各院之密切合作。我這個看法並非新的發明，而是在 1928 年 10 月公布施行的「國民政府組織法」第十一條就有了規定：「國民政府以國務會議處理國務——國務會議由國民政府委員組織之，國民政府主席（總統）為國務會議之主席[208]。」這雖是訓政時期的制度，但在行憲後，此一優良法度似可採行。目前，有「動員戡亂時期國家安全會議」，其性質似為臨時性組織，而且並非五院首長均可參與者。最後不能已於言者，在五院制政府中，司法、考試、監察三院人員，如何產生始能保障其超黨派的中立性質，乃後來者所應深入研究設計的。

第四項　五院之間相互關係

在「中華民國建設之基礎」文中，孫中山說：「蓋機關分立，相待而行，不致流於專制，一也。分立之中，仍相聯屬，不致孤立，無傷於統一，二也[209]。」這一句話，說明了五院關係的特質。關於五院之關係，王寵惠先生在其所著〈五權憲法〉一文中，曾列兩個圖表，表示「三權制」與「五權制」之相互關係的差異，吾人認為值得參考。茲附錄於此[210]：

208.周曙山：五權憲法的歷史（載「五權憲法論文選集」上冊，前揭）頁 1174。

209.《國父全集》第 2 冊，頁 179。

210.王寵惠：〈五權憲法〉（載《五權憲法文獻輯要》，帕米爾書店，1963 年 9 月）頁 262-263。

第一表

三權制之相互關係表

甲與其他之關係	甲乙	甲丙
乙與其他之關係	乙甲	乙丙
丙與其他之關係	丙乙	丙甲

除重複關係不計外實得

甲乙＝行政權與立法權
甲丙＝行政權與司法權 ｝三種關係
乙丙＝立法權與司法權

（說明二）　　　　　（說明一）

凡關係重複者加　　　　假　設

符號 ☐　　　　　甲＝行政權

　　　　　　　　　乙＝立法權

　　　　　　　　　丙＝司法權

　　　　　　　　　丁＝考試權

　　　　　　　　　戊＝監察權

第二表

五權制之相互關係表

甲與其他之關係	甲乙	甲丙	甲丁	甲戊
乙與其他之關係	乙甲	乙丙	乙丁	乙戊
丙與其他之關係	丙甲	丙乙	丙丁	丙戊
丁與其他之關係	丁甲	丁乙	丁丙	丁戊
戊與其他之關係	戊甲	戊乙	戊丙	戊丁

除重複關係外應餘下列十種關係

甲乙　為三權制之所有　　　（行政權與立法權）

甲丙　為三權制之所有　　　（行政權與司法權）

甲丁＝行政權與考試權……………………………………(1)

甲戊＝行政權與監察權……………………………………(2)

乙丙　為三權制之所有　　　（立法權與司法權）

乙丁＝立法權與考試權……………………………………(3)

乙戊＝立法權與監察權……………………………………(4)

丙丁＝司法權與考試權……………………………………(5)

丙戊＝司法權與監察權……………………………………(6)

丁戊＝考試權與監察權……………………………………(7)

除為三權制所有之關係外，實餘以上(1)至(7)七種關係。

從上面兩個圖表，可以看出「五權制」的相互關係比「三權制」的相互關係複雜得多，除「三權制」所有的三種關係之外，「五權制」尚有獨特的七種關係如下：

1. 行政權與考試權──在三權制之下，兩者為一體，而無特殊關係。在五權制之下，兩權是平行的關係，凡候選或任命之行政官吏，必須經考試銓定資格者乃可。

2. 行政權與監察權──在三權制之下，因監察權附屬於立法權，故只有行政權與立法權之關係，而無此種關係。在五權制之下，兩權發生平行關係。

3. 立法權與考試權──在三權制之下，考試權在行政權之中，故與立法權不發生關係。議員不必經過考試。在五權制之下，立法委員固須經過考試，以外之候選人亦皆須經考試銓定資格之後，方有被選舉權，這是為了提高公僕的素質，建立有能政府。由此可知考試權須獨立行使職權。

4. 立法權與監察權──在三權制之下，兩者為一體，故議員只受本院之約束，而無另一機關（監察機關）加以監察之。在五權制之下，此二權有平行之關係，立法委員與行政官吏同受監察權之約束。

5. 司法權與考試權──在三權制之下，考試權不獨立，但司法官亦須經考試，但受行政權之考試。而在五權制之下，考試權獨立，不為行政權所左右。

6. 司法權與監察權——在三權制之下，因監察權附屬於立法權，故只有司法權與立法權之關係，而無此種關係。在五權制之下，此二權為平行之關係。

7. 考試權與監察權——在三權制之下，此二權皆不獨立，故無此關係。在五權制之下，此兩權各自獨立，故有平行之關係。監察人員必經考試，而主管考試之人員亦有受彈劾之可能。

總之，以上七種新關係，為三權制國家的政府所沒有，皆起緣於考試權與監察權之獨立行使職權，而發生的政府機關間之新關係，而其主要作用，蓋為救濟外國「三權分立」制政府制度下，選舉及代議制度之窮，為樹立全民政治的萬能政府之基礎[211]。

田炯錦博士則認為三權分立政府相互間只有六種關係，而五權分立政府相互間則有二十種。他說：「孫中山創立五權憲法，旨在建立萬能政府，藉致國家富強，民生康樂。現行憲法雖經國民大會接納各方意見，謹慎商討後制定，但大體上仍依據孫中山遺教，採取五權分立原則。吾國五權制與歐美三權制比較，權與權間之關係，遠為複雜。以關係的數量論，三權國家之立法行政司法三權，相互間祇有六種關係，即立法對行政司法，行政對司法立法，司法對立法行政。而我國五權間之相互關係，可有二十種。……故五權制的複雜性與三權制比較，猶如一架人力車與一輛汽車[212]。」田先生所

211.同前註，頁 264-265。
212.田炯錦：〈五權制度應若何運用〉（收載張佐華、武士嵩合編：《憲法論戰集》，正興出版社，1958 年 4 月 1 日）頁 89。

說的五權關係數量，比王寵惠先生所言之關係數量增一倍，是因為他把甲機關與乙機關的關係來往計算所致。這樣的算法可能太複雜了。

鄭彥棻先生也畫了兩個圖，表示「三權相互間的關係」與「五權相互間的關係」，深獲我心，茲附錄於此：[213]

第一圖：三權相互間的關係

三種關係：
1. 立法與行政
2. 立法與司法
3. 行政與司法

第二圖：五權相互間的關係

三種原有關係
  1. 立法與行政
  2. 立法與司法
  3. 行政與司法
七種新關係
  4. 立法與考試
  5. 立法與監察
  6. 行政與考試
  7. 行政與監察
  8. 司法與考試
  9. 司法與監察
  10. 考試與監察

213.鄭彥棻：《憲法論叢》（臺北：東大圖書公司，1980 年 9 月）頁 16。

　　鄭彥棻先生認為五權分立「……每一權都要受其他四權的四種限制，但也得到其他四權的四種濟助，所以，都更能充分發揮其功能。因此，三權分立的政制，只著重怎樣使三權相互間的三種關係能發揮制衡的作用，五權分立的政制，則務須使五權相互間的十種關係能發揮分立而相成的作用。就分立言，事權的劃分應按事務的性質，使能發揮效能，而防止專橫。就相成言：相互關係應互相濟助，相需相成。這十種關係都能符合要求，便是理想的五權政制[214]。」個人對鄭先生之見解，頗表贊同！但有個淺見，在「五權相互間的關係」圖上，鄭先生把立法權放在五角形的頂端，我則認為「立法權」與「行政權」的位置應對調，即把「行政權」放在「立法權」的位置，似比較妥切。因為五院制政府中，孫中山先生係以「行政院」為主體，且在「行政院」之上另立「大總統」以結合「五院」。這表示：五院雖然平行，在工作上彼此分工，但各院之工作目標一致——是為了促成一個為全民造福的「萬能政府」。而這件千頭萬緒的服務政治工作，是以「行政院」之負擔為最重的。最後所不能已於言者，「五權分立」制度已是世界政治主流，至於是否必要在形式上分為「五院」，則有待商榷。

第四節　中央與地方之關係

　　1924年11月10日孫中山先生在「北上宣言」中說：「國

214.同前註，頁 16-17。

民革命之目的，在造成獨立自由之國家，以擁護國家及民眾之利益。其內容為何？本黨第一次全國代表大會宣言已詳述之[215]。」所以，我們為了理解孫中山先生的革命目的之內容，自必須從「第一次全國代表大會宣言」中去找。在這次宣言的「國民黨之政綱」十五點「對內政策」綱領的前三點，全部是有關中央與地方關係的制度說明。可見他對這個問題非常重視。茲列舉如下：

1. 關於中央及地方之權限，採均權主義。凡事務有全國一致之性質者，劃歸中央；有因地制宜之性質者，劃歸地方；不偏於中央集權制或地方分權制。

2. 各省人民得自定憲法，自舉省長；但省憲不得與國憲相牴觸。省長一方面為本省自治之監督，一方面受中央指揮，以處理國家行政事務。

3. 確定縣為自治單位。自治之縣其人民有直接選舉及罷免官吏之權，有直接創制及複決法律之權。……

在本論文第三章第四節，探討「地方自治理論」時，已有提到相關的問題。本節乃進一步探討中央政府與地方政府關係，上述三個「對內政策」綱領，因而顯得特別重要！

誠如大家所周知，孫中山先生主張以「縣」為地方自治的單位，所以縣政府當然是國家辦理地方自治事業最重要的地方政府。然則，「縣」以下有「鄉、鎮」，「鄉、鎮」才是真正實施地方自治的最基層單位，這個觀念，孫中山並不

215.《國父全集》第 1 冊，頁 919。

否認，吾人在探究其「地方自治理論」時，亦已提及。至於「縣」以上還有「省」，「省」也是地方政府的單位，但不是辦理地方自治事業的單位，而是本省各縣辦理地方自治工作的監督單位，所以，省長固然可以由省民直接選舉（各省人民得……自舉省長），但仍須接受中央政府的指揮。換句話說，中央政府行政要貫徹到基層（縣及鄉、鎮、市），則省政府是承轉聯絡的中間政府機關。不過，建國大綱第十六條規定：「凡一省全數之縣皆達完全自治者，則為憲政開始時期，國民代表會得選舉省長，為本省自治之監督。……」這不是與「第一次全國代表大會宣言」中所言，「各省人民得自定憲法，自舉省長」矛盾了嗎？吾人認為不然。因為「宣言」中的「對內政策」綱領，是國民革命已成功，國家已獨立自由以後的正常制度；而「建國大綱」的這條規定，你從全部條文分析審視，可以明瞭那是一省全數之縣已完全做好地方自治訓練之後，也就是建國過程中，訓政時期的暫時作法，全國憲法並未制定，省長乃暫時由國民代表大會（每縣選出代表一人組成）去選舉省長，當然不是全國的國民代表會去選各省省長，其理至為明顯。但是這些國民代表組成的代表會，自可參預中央政事，雖可能還有許多省，其省內各縣尚未達完全自治。所以國家實施「憲政」是可以看各省內實施地方自治情況，而分省實行省的「憲政」的！所以「建國大綱」第二十三條才說：「全國有過半數省分達至憲政開始時期（按：亦即省內已完成訓政時期），即全省之地方自治完全成立時期，則開國民大會決定憲法而頒布之。」這個

國民大會是由過半數省分之內的各縣選出的國民代表組成的，可以開國民大會來制定憲法。但吾人認為基於孫中山「主權在民」觀念，憲法雖由國民大會（實際是國民代表大會）制定，但卻必須經由全民複決，庶合致理。這個算是我的補充吧！而且世界各國制憲過程莫不如此也。

　　然則，中央政府與省縣地方政府之關係，究應如何呢？在「北上宣言」中，孫中山先生又說：「對內政策，在劃定中央與省之權限，使國家統一與省自治各遂其發達而不相妨礙。同時確定縣為自治單位，以深植民權之基礎[216]。」關於中央與地方的權限分配問題，薩孟武教授認為所謂自治，是謂地方人民對地方事務有管理的權。哪一種事項由中央管理，那一種事項由地方管理，這是中央與地方的權限分配問題。但是中央對某一種事項，雖然有管理的權，而並不是關於這一種事項的立法權和執行權都由中央行使，往往中央祇保留立法權，而將執行權委託於地方。……由此可知權限怎樣分配於中央與地方之間，有三種方式：

　　第一種是關於某種事項的立法權與執行權均屬於中央，這叫做國家的直接行政。

　　第二種是關於某事項的立法權屬於中央，而其執行權則屬於地方，這叫做國家的間接行政。

　　第三種是關於某種事項的立法權與執行權均屬於地方，這叫做地方自治行政[217]。

216.同前註。
217.薩孟武：〈中央與地方的權限分配及權限爭議〉（收載《五權憲法論文選集》下冊，前揭）頁 1814。

明乎此，我們且來檢視我國現行憲法對中央與地方之關係的制度，究竟如何規定？第一〇七條規定由中央立法並執行的事項，包括十三項，即：一、外交。二、國防與國防軍事。三、國籍法及刑事、民事、商事之法律。四、司法制度。五、航空、國道、國有鐵路、航政、郵政、及電政。六、中央財稅及國稅。七、國稅與省稅縣稅之劃分。八、國營經濟事業。九、幣制及國家銀行。十、度量衡。十一、國際貿易政策。十二、涉外之財政經濟事項。十三、其他依本憲法所定關於中央之事項。

由這一條憲法的規定，乃知地方政府不能管到外交、國防、司法、交通（航空、國道、國有鐵路、及郵電等事業）、中央財稅、國稅與地方稅之劃分，國營企業、幣制及國家銀行、度量衡、對外貿易政策、涉外財經事項。所以，如我國漁民出外捕魚這類的經濟活動，而涉及與外國發生捕魚權的糾紛，或我漁船被捕，漁民被扣，則應以國家力量出面交涉，絕不應由地方政府或地方漁會逕自處理，蓋恐地方力量，力有未逮者也，此事中央政府斷不可等閒視之，因而造成民怨！

此外，司法制度方面，地方政府亦不得管轄，所以地方法院乃是國家司法機關的派出單位，與地方政府並無關係。但是這一條憲法，似乎遺漏了國家考試與監察制度的規定，依孫中山在建國大綱第十五條之主張，「凡候選及任命官員，無論中央與地方，皆須經中央考試、銓定資格者乃可。」即使是村里幹事的基層社會工作人員，亦須經國家考試及格。

但是吾人認為考試院似可在各地方政府所在地，分設派出機關辦理考試行政事務，以方便為民服務。這個考試院的分支機關，也不是地方政府及議會所能管轄的。

　　至於監察制度，依孫中山之意，對全國大小官吏均可提出彈劾，甚至對總統。監察權獨立行使，其命意即在減少國會多數黨專制。所以監察法第二十六條規定調查權行使之對象為「各機關、部隊、公私團體」。亦即監察院為行使監察權，得由監察委員持監察證或派員持調查證，到各機關部隊公私團體調查檔案冊籍及其他有關文件，各該機關部隊或團體主管人員及其他關係人員不得拒絕。作者認為這是必需的！但是，事實上，監察院人員為行使此一職權，常常與受調查的軍法司法機關人員，發生權限上的爭執。監察人員根據憲法及監察法的規定，認為得向任何機關調閱各種文件，調查一切設施。軍法人員則認為若干案件關係軍事秘密或國家安全，兼以軍法權係屬統帥系統，除非經統帥核准，不能擅允調查。司法人員則以法官審判獨立，不受任何干涉，在案件進行中，如聽任監察人員之調查，必至影響裁判人員心理及裁判公平，破壞司法獨立精神[218]。1976 年瑞典監察使不但可調查中央與地方政府之公文資料，人事事務，亦可監察各級法院、警政、監獄、稅務、社會福利及軍隊[219]。應值得我們深省。

---

[218] 阮華國：〈監察權與司法權行使的分際與協調〉（收載《五權憲法論文選集》下冊，前揭）頁 1532。
[219] 陶百川等著：《中外監察制度之比較》，前揭，頁 215。

　　關於上述問題，吾人認為監察法是立法院通過之法律，且符合憲法規定，因之監察人員為行使監察權而持證對有關機關、部隊、公私團體進行調查檔案文件，應為合理之事，蓋監察院不僅可以彈劾違法失職的司法人員，豈有不得調查軍法機關及部隊之理？至於調查結果，認為調查對象有罪，自應移司法審判，在審判過程中，固不得干預審判之獨立，但事後，被審判的本人或其家屬認有冤情或不公不正之情事，自可向監察機關提出伸冤，為明真相，監察委員自得行使監察職權以及因此而必經之調查手續，任何人不得拒絕（不過，對於民營公司團體之調查，則應與公務員有關者為限）。否則官官相護，藉口機密，如何使國家政治步上清明正軌？

　　基於以上之認識，吾人亦主張在地方政府所在地，設置監察院的派出機關，如監察署（其中分調查及審計處）來協助地方政府及地方駐軍部隊的健全，良以無論是文職機關或軍職機關，其行政、人事、及設備經費，無一非民膏民脂，普通人民或軍人無一非國家國民，人權之維護，經費之開支，須受國家監察機關之監督，而非可自外於另一世界者。若然，則在地方政府，亦隱然有「五權分立」之組織──即縣市地方政府（行政）、縣市地方議會（立法）、地方法院（司法）、地方考試（或叫「人事」）署（考試）、地方監察署（監察），當然可以集合相鄰數縣合設一個地方分支機關。而這三個──司法、考試、監察分支機關，皆非地方自治行政權之範圍，地方立法機關（縣市議會）亦無權干涉，地方行政及立法機關之人員，反而是監察分支機關的監察對象！

361

不如此，監察院「有頭無腳」，地方派出機構沒有，如何行使監察全國文武大小官吏的職權？可是，過去曾有設省監察署（縣就可設分署）之議案，然而管錢包的立法院卻不同意，作者認為這是憲法的漏洞使然！因此，吾人主張將來修憲或制憲時，應在憲法明定，屬於中央政府職權的司法、考試、監察機關可設地方派出機關，庶幾能夠發揮五權憲政的真正功能！

其次，憲法一○八條規定中央立法地方執行事項，第一○九條、第一一○條規定地方立法並執行事項，都沒有涉及司法、考試、監察權事項，可見上述吾人之分析應可成立。易言之，地方政府實行地方自治，只與地方人民生活有關之立法及行政事宜，而不涉及國家促進政府廉能及司法獨立的制度設計。關於中央與地方之關係，以今日臺灣而言，省制改虛級至為正確，對此問題，吾人曾請教一位著名法學家，他的看法是肯定的，蓋臺灣為一島嶼，在此島上，政府組織維持三級（連鄉鎮市共四級）有無必要，值得研究（修憲後，省級已改為虛級，但仍有「省主席」的贅疣職位，應予刪除）。為了促進行政效率，減少機關疊床架屋，實有必要重視這個問題，並加以研究改進。附：1985 年政府組織系統表。（2010 年行政院新組織架構，參閱第四章第二節第三項第一目）

第五節 結論

　　本章前四節探討孫中山對政府制度的觀念，分別從政權機關、治權機關、政治機關相互關係及中央與地方之關係來研究。在此吾人想對孫中山的五權憲法政府制度觀念做一個簡單的結論；並試繪一圖（行政院部會應再縮編，並加強地方建置），以表示個人管見，是否妥切？尚祈大家教正！茲將作者構思的圖形繪製一個「五權憲法」中央政府機關組織系統圖如下。

　　上面圖形，看起來很複雜，其實很簡明，特說明各機關之性質及關係如下：

1. 國家主權屬於「國民全體」，成年公民依法享有四個政權，所以是「五權憲法」政治系統的「皇帝」。憲法雖由「國民大會」制定或修改，但應經公民投票複決（強制複決），始生效力。

2. 依孫中山主張：「總統」由公民直接選舉，並非由「國民大會」選舉，「總統」雖是屬於行政機關的「行政首領」，但也是「國家元首」，為解決五院間之爭議，及代表中央政府向「國民大會」（其實是向「國民全體」）做年度施政報告，有必要恢復設置「國務會議」，由中央政府五院及各部會首長參加。總統任期改為五年，不得連任，總統對國家重大政策爭議可提交公民投票決定。

3. 如設「國民大會」代表，最好每縣二人，由各縣市人

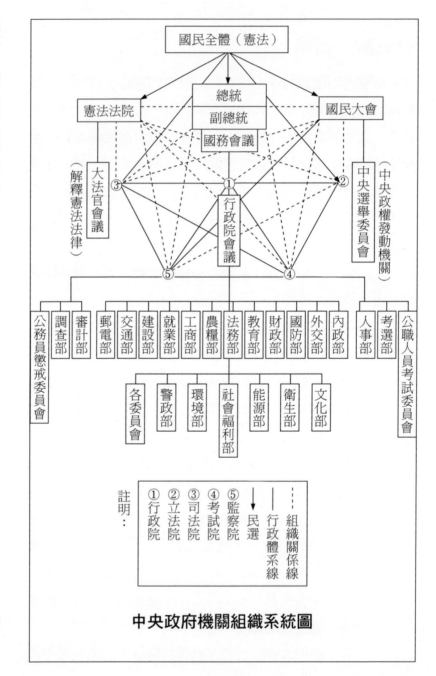

中央政府機關組織系統圖

民選出，在中央政府所在地反映地方民意給中央政府，並代表人民監督政府。除總統大選年之外，每年應開會二次，匯集民意，輸入中央政府機關，以為制定政策之根據。為此，「國民大會」代表須在其選區廣泛勤求民瘼。「國民大會」除上述職權外，尚可罷免中央官員，包括行政院長、大法官、考試委員、監察委員。但由於總統、立法委員是民選，所以國民大會提出之罷免案尚須經「公民投票」決定是否罷免。否則，如由國大表逕予罷免，則須三分之二多數庶可通過。國民大會代表任期改為二年，連選得連任。「國民大會」是人民行使政權的發動機關，所以「中央選舉委員會」應附設於「國民大會」，但獨立行使職權，且超然於黨派之外。其成員由各政黨推荐，總統任命。

4. 應設立一個與國民大會、總統平行的「憲法法院」，其成員即是「大法官」，職司解釋憲法和法律及憲法審判，並審查立法院制定之法律是否違憲？大法官超黨派獨立行使職權，任何政黨成員不得超過三分之一，其任命由總統依一定資格條件者中加倍提名，由全國不分選區投票決定，不得有競選行為。任期六年，不得連任。「大法官會議」之決議以三分之二以上為可決，但以「憲法法院」名義公布之。

5. 行政院長由總統任命，在正常情況下，總統既獲民意支持，必能掌握立法院（國會）多數議席，因此，行政院長必為立法院多數黨所支持之人物。萬一立法院

多數黨或聯合多數黨不是總統所屬政黨，則為行政推動順利，總統應捐棄黨見，邀請立法院支持的政治家當行政院長，組織行政院（各部會）。如行政院長被彈劾而罷黜，則部會首長應與行政院長共進退。監察院向行政院長提出彈劾案須以三分之二為可決；國民大會決議罷免行政院長亦同。

6. 立法院委員由人民直接選舉，任期改為二年，連選得連任之。監察院對失職之立法委員可向國民大會提出彈劾，國民大會須儘速向該立法委員選區的選民提出報告，由中央選舉委員會辦理罷免與否之投票。司法機關對違法立委依法予以追訴。然則，由於立委是國會議員，在會內言論對外不負責任。為提高立法效能，立法院應設具有證照之國會助理（國會助理資格應經考試院考試取得執照）；並建立公聽會（public hearing）制度。立法院設預算局、法制局。

7. 司法院為各級法院、行政法院之上級行政機關，應設最高司法會議，掌理司法行政，檢察系統之行政移歸司法院辦理，檢察官獨立行使職權。法官自治，並試行陪審制度。檢察系統脫法部務。現有「公務員懲戒委員會」移隸於監察院，獨立行使職權。公務員懲戒委員承辦之懲戒案僅及行政責任之訴追；如公務員違法，則須轉送司法機關偵辦。總統、副總統就職時，由首席大法官監誓。大法官有司法審查權（Judicial Review）

8. 考試院委員，由學有專長之大學教授選任，由總統提

名，經監察院同意任命，任期三年，不得連任。獨立行使職權，並超然於黨派之外。考試委員會決議以三分之二為可決。考試院之下另設「公職人員考試委員會」，「銓敘部」可改名「人事部」，其派出機關可遍佈行政、立法、司法、監察各院，國民大會、總統府及地方行政區，為公務員服務，並協助單位主管提高行政效率，杜絕無資文官倖進！且保障文官制度之中立性。

9. 監察院除現有「審計部」之外，將現隸法務部調查局移隸監察院提升為「調查部」，超黨派獨立行使職權，法務部保留政風署，地方行政區可稱「監察署」，以糾彈地方政府官吏之違法失職及貪墨舞弊行為。監察委員由總統依一定資格條件提名，經「國民大會」同意任命，亦可由總統加倍提名，由全國不分選區投票選舉，不得有競選行為，任期三年。監察院之彈劾案，以三分之二為可決。司法院「公務員懲戒委員會」移隸監察院，以強化監察權之功能。但監察院改制為「監察長制度」（Ombudsman System）是值得參採的。

10. 行政院所屬部會必須合理再調整，作者所繪組織系統圖之行政院部會可再縮編為十至十二部。「部」下可設國營企業公司組織。股票公開發售，人事財政透明。

附錄：我國現行「政府組織系統表」——⑳。

---

⑳.行政院研考會：中華民國政府組織與工作簡介（74 年 11 月出版）頁 34，附圖。

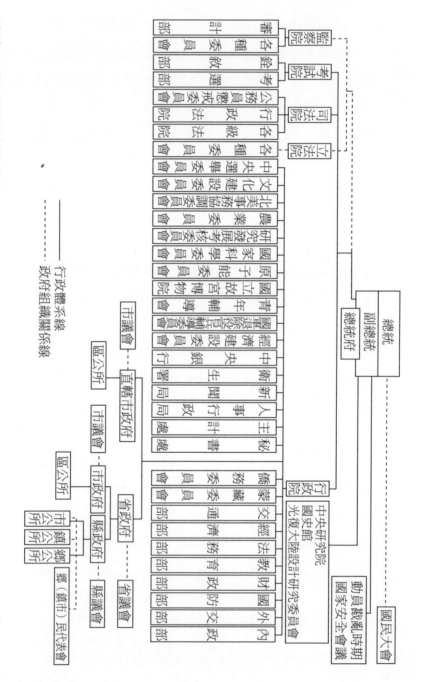

行政體系線
政府組織關係線

第五章　孫中山政府思想之特徵

　　吾人在研究孫中山的政府論之後，頗有心得。總括以言，孫中山的政府思想具有許多現代政府的特徵。作者深刻感覺，依據孫中山三民主義五權憲法理論，得知他想要建立的理想政府，是一個民主的、法治的、廉能的、責任的、專家的、服務的政府。特分別簡要分節論列如後：

第一節　民主的政府

　　誠如王寵惠先生所言：「孫中山對於五權憲法之主張，在公開發表以前，業已思考有年，非倉卒操觚，一時立異者所能望其項背也。」「孫中山所倡導之五權憲法，不僅在於改革政府之形式，而尤在於發揚民治之精神。所謂民治之精神，於三民主義尤其三民主義之民權主義有充分之表現，故研究五權憲法，不能離開三民主義，在全部遺教內，三民主義與五權憲法，率皆形影相隨，互相聯繫[1]。」吾人對於孫中山的「政權論」，曾做過深入的研究，乃知孫中山是一位百分之百的民主思想家，強烈主張「國民主權」觀念，提倡「主

1.王寵惠：〈五權憲法之理論與實施〉（收載《國父思想論文集》，臺北：中央文物供應社，1965 年 11 月 12 日）頁 674-675。

權在民」學說，這在其民權主義的演講詞中，到處可發現他的此一思想。所以，作者很同意王寵惠先生的這些看法。

　　民權主義之主要目的，在於發展全民政治。所謂「全民政治」者，以孫中山之用語釋之，即在使全國之人民，皆掌握「皇帝」之實權之謂，所以前章最後一節吾人繪製的圖示，把「國民全體」放在中央政治機關組織系統圖的最上面，自信是完全合於孫中山政府論原理的！然則，全國人民絕大多數，均各為自己的生活、家庭、事業而忙碌，對於政治問題付出關心及富於興趣與能力者，永遠只是少數。明乎此，乃知不可能使人人自己都參加國事的管理工作。於是，不能不以政府事務委託於少數的「先知先覺」，而人民本身只保留指揮操縱之權可矣！是以，英國「虛位元首」──國王只有一人，而中華民國之全體國民，可謂是「集體的虛位元首」。在古代中國，皇帝對人民擁有生殺予奪之權力，是有實權的國家元首，所以這個地位，野心家至為羨慕，人人想爭皇帝做，結果就發生了「打天下」的流血慘事，人民因而受到連累，徒然造成生靈塗炭之痛。孫中山熟讀中國歷史，懷抱惻隱之心，乃立志革命，要建立一個以「四萬萬人」為皇帝的政治體系，以解民倒懸之苦。是以，他說：「我們要希望國家長治久安，人民安樂，順乎世界的潮流，非用民權不可[2]。」而所謂「民權」就是「民主」。

　　所謂「民主」，就是人民做主人，公務員就是公僕。而

2.《國父全集》第 1 冊，頁 73，民權主義第一講。

對人的選舉，對事的選擇，都只好用「多數決原理」，但是，並非任何問題都可用「多數」來決定，歐洲中世紀三級會議有「凡事應由賢人（Pars Sanior）決定，不可由多數人（Pars Major）決定[3]。」所以，在中央政府官員之中，並非人人適合於民選，而這也是孫中山主張候選人及官吏必須經過考試的道理。但是，這並不妨礙「民主」政府的特質。此外，有關於國民基本權及自由者，也不是國會得用多數決的方法所能變更的。凡事關於基本權者，多數人欲壓倒少數人，一律無效。由此前提，便發生一個結論，那就是國會不在基本法之上，在基本法之上的只有國民，國會不過依國民的意思，受到委任，而後才組織起來的[4]。所以，依據孫中山五權憲法理論設計之政府，立法機關屬於「治權」範圍，並無錯誤，而國民大會旨在傳達國民之意思，只是國民委任的代表，而非可完全取代國民全體的地位，故為「政權」（政治主權、參政權）機關，事理至明。

明乎此，吾人亦深信，「國民全體」之地位係在「國民大會」這個人民代表組織的機關之上。孫中山對於人民的基本權利，特在「中國國民黨第一次全國代表大會宣言」之中特別宣示加以保障曰：「確定人民有集會、結社、言論、出版、居住、信仰之完全自由權[5]。」由此可知，孫中山政府思想之中，具有「民主的政府」之特徵。此其一也。

3.參閱薩孟武：孟武自選集（臺北：東大圖書公司，1979 年 10 月）頁 156。
4.同前註，頁 161。
5.《國父全集》第 1 冊，頁 886。

　　孫中山哲嗣孫科先生於 1969 年 8 月 22 日在韓國中央大學演講「現代世界中的民主問題」時說：「要民權主義實行，民生主義才能做到；如果民生主義做不到，民族主義也是假的口號，不切實際[6]！」這一句話就是闡釋孫中山所言：「人民必要能夠治，才能夠享；不能夠治，便不能夠享；如果不能夠享，就是民有都是假的」此一句話。孫中山亦曾說：「余之從事革命，以為中國非民主不可[7]。」又說：「夫主權在民之規定，決非空文而已，必如何而後可舉主權在民之實。代表制度，於事實於學理皆不足以當此，近世已能言之矣[8]。」所以，個人認為不僅立法委員，即使國大代表，亦只是人民之公僕而已。而這些代表，必須定期改選，人民庶能予以控制。

　　復有進者，孫中山在「中國革命史」中特別強調：「余之民權主義，第一決定者為民主，而第二之決定則以為民主專制必不可行，必立憲然後可以圖治[9]。」1983 年，馬克斯主義研究的權威學者胡克博士（Dr. Sidney Hook）應教育部與「亞洲與世界社」邀請來臺訪問時，曾於 11 月 22 日在東海大學哲學系演講「超越馬克斯主義」，他說：「政治民主本身只是個開始，一旦肯定以民主為生活方式，我們就可從政治民主起步，擴而充之，而發展到別的領域上去。因為單有

6.參閱孫科：〈現代世界中的民主問題〉（載《中國憲政》第 4 卷第 9 期）頁 8。
7.《國父全集》第 2 冊，頁 182。
8.《國父全集》第 2 冊，頁 177。
9.《國父全集》第 2 冊，頁 182。

政治民主本身還是不夠的。我們必須將民主帶入經濟、教育及人際關係等去。然而，如果沒有政治民主，就沒有其他的民主，所以民主的真正基礎在乎政治民主，而政治民主與共黨的專政乃是水火不容的[10]。」胡克博士的這種觀念恰恰與孫中山的民權主義（民治思想）不謀而合。

　　所以，吾人認為誠如迦納（James wilford Garner）在其名著：《政治科學與政府》（*Political Science and Government*）一書中所言：「林肯（Lincoln）的箴言，說要永遠愚弄一切人民，終屬不可能的事，就是對民眾普通智慧的質樸的頌詞[11]。」林肯的箴言，適又與孫中山在 1919 年手著：「三民主義」中所言：「民國之名有一日之存在，則顧名思義，自覺者必日多，而自由平等之思想亦必日進，則民權之發達，終不可抑遏，此蓋進化自然之天道也[12]。」這一句話不謀而合。以故，吾人深信，孫中山政府思想中，具有強烈的「民主的政府」之特徵。此其二也。

第二節　法治的政府

　　1958 年 1 月 17 日，「聯合報」刊出薩孟武教授的評〈憲法學家一夕談〉一文，其中他說了一個有趣的故事。他說：

10.參閱 1983 年 12 月 8 日「中國時報」第二版。

11.See: Garner, James Wilford. *Political Science and Government*. (University of Illinois, 1928) p. 388. "Lincoln s aphorism regarding the impossibility of fooling all the people all the time was a homely tribute to the Common intelligence of the mass."

12.參閱張佐華、武士嵩合編：《憲政論戰集》（臺北：正興出版社，1958 年 4 月 1 日）頁 150。

「昔者普國腓特烈大帝要樹立司法的尊嚴，故意命令王宮鄰近的一位農民拆除風車，以為有礙觀瞻；又令人暗暗通知農民不必拆除，可向法院控訴，農民控訴之後，腓特烈大帝又令人暗暗通知法院依法審判，不必顧慮一切。到了法院判決元首不得侵害平民的所有權，而令平民拆除其祖宗傳下來的風車之後，腓特烈大帝又表示服從，並向農民道歉。有此一舉，普國司法獨立的尊嚴建立起來了。腓特烈大帝的名望增加起來了。據人說，這個風車在第二次大戰以前，還是建立於王宮之前，以作司法獨立的象徵。」

司法獨立是建立法治國家的重要堡壘，一旦司法獨立遭到行政機關或任何黨派的侵害或指揮，那麼「法治政府」制度便蕩然無存。孫中山雖然主張「五權憲法」政府，但並不否認「三權憲法」政府中，司法獨立的優越性。所以，他仍把「司法院」做為「五院制」的一個院。司法人員就是「裁判官」，他們獨立行使職權，其他各院，甚至總統，皆不得干預。上述故事，說明了普魯士腓特烈大帝是一個賢明的君主，重視法律的尊嚴，所以要樹立法治政府之精神，實在令人敬佩！

孫中山也深具法治觀念，他說：「國人習性，多以定章程為辦事，章程定而萬事畢，以是事多不舉，異日制定憲法，萬不可仍蹈此轍，英國雖無成文憲法，然有實行之精神，吾人如不能實行，則憲法猶廢紙耳[13]。」前蘇聯是一個專制國家，但仍有美麗的憲法，可惜，在一黨專政體制下，憲法猶

13.參閱林彬：〈對於憲法之回憶與前瞻〉（見前註《憲政論戰集《頁207。）

廢紙而已，孫中山提倡「五權憲法」，就是要政府與人民一樣守法，大家都具法治的觀念，方能建立一個法治的國家。他在「為主張和平通電全國文」中說：「好治者人之天性，戰爭者不得已之行為，欲國家臻於治平，惟舉國一致尊重國法乃可」[14]這裡所謂「舉國一致」即指政府和人民而言。他在「周東白輯全國律師民刑新訴狀匯覽序言」中有言：「立國於大地，不可無法也，立國於二十世紀文明競進之秋，尤不可以無法，所以障人權，亦所以遏邪辟。法治國之善者，可以絕寇賊，息訟爭，西洋史載，斑斑可考，無他，人民知法之尊嚴莊重，而能終身以之耳。我國人民號稱四百兆，問有知法者乎？恐百不得一也。不知法而責之以守法，是猶強盲人以辨歧路，責童騃以守禮義，可乎哉[15]。」這說明如果我們要建立法治國家，則應當重視法律教育，庶能教導國民養成守法觀念，否則不知「法」為何物，如何教人民守「法」呢？吾人主張「憲法」列入大學共同必修課程，並對國中、高中高職中等學校學生推行法律常識教育，其道理亦在乎此。

　　孫中山在「復北京蔡元培論國法存廢與美贊助書」中有言：「惟是國民所蘄望之平和，為依法之平和，為得法律保障之平和。蔑法律而徇權勢，是乃苟且偷安，敷衍彌縫，雖足以勉持旦夕，而武人把持政柄，法律不能生效，民權無從保障，政治無由進化，權利競爭，擾攘不已。一旦傾軋破裂，

14.秦孝儀編：《國父思想學說精義錄》第 2 冊，（臺北：正中書局，1976 年 11 月 12 日）頁 419。

15.同前註。

則戰禍又起，故民國若不行法治之實，則政治終無根本解決之望，暫安久亂，所失益多[16]。」這一句話說明軍閥時代軍人干政，民權未能受到保障的危險性，將使政治發展受到阻礙。為了民權受到保障，孫中山「五權憲法」中設計一個獨立行使職權的「監察院」，正是為了糾彈官邪，澄清吏治，令行政官吏依法行政，無所徇私舞弊，甚至亦可彈劾軍事機關。所以「監察法」之規定是符合孫中山建立「法治的政府」之精神的。

建立孫中山心目中的「法治政府」，並非全是官員之責任，人民也負有責任，因之乃顯得普及法律知識的重要性。所以，吾人願在此重申應重視法律教育工作。關於「法律教育」問題，1958 年張知本先生「曾慨嘆我國行憲十年，法律教育之未能受到重視，他認為無良好的法律教育基礎，實不能奢談法治，而憲法之精神，亦不得伸張。因此，……注重法律教育之普及，實為當務之急[17]。」可是，至今，行憲近四十年矣，我們的「法律教育」實施得如何了？這應該是值得我們猛省的！

德國法學權威 Rudolf Von Jhering 的 Der Kampf Ums Recht（*The Struggle for Law*）一書，薩孟武教授譯為《法律的鬥爭》，這本書世界各國均有譯本。其中有不少名言，提到維護法治的重要性。原作者說：「個人堅決主張自己應有的權

16.同前註，頁 420～421。
17.李子堅：〈與張知本先生談憲法問題〉（見 1958 年 1 月 24 日自立晚報）。

利，這是法律能夠發生效力的條件。少數人若有勇氣督促法律的實行，藉以保護自己的權利，雖然受到迫害，也無異於信徒為宗教而殉難。自己的權利受到侵害，而乃坐聽加害人的橫行，不敢起來反抗，則法律將為之毀滅。故凡勸告被害人忍受侵害，無異於勸告被害人破壞法律。不法行為遇到權利人堅決反抗，往往會因之中止。是則法律的毀滅，責任不在侵犯法律的人，而在於被害人缺乏勇氣。我敢大膽主張：『勿為不法』（Do no injustice）固然可嘉，『勿寬容不法』（Suffer no injustice）尤為可貴。蓋不法行為不問是出之於個人，或是出於官署，被害人若能不撓不屈，與其抗爭，則加害人有所顧忌，必不敢輕舉妄動[18]。」

又說：「世上不法之事莫過於執行法律的人自己破壞法律。法律的看守人變為法律的殺人犯，醫生毒死病人，監護人絞殺被監護人，這是天下最悖理的事。在古代羅馬，法官受賄，便處死刑。法官審判，不肯根據法律，而惟視金錢多少，勢力大小，法律消滅了，人民就由政治社會回歸到自然世界，各人均用自己的腕力，以保護自己的權力，這是事之必然。」「人類的權利感情不能得到滿足，往往採取非常手段。蓋國家權力乃所以保護人民的權利感情，而今人民的權利感情反為國家權力所侵害，則人民放棄法律途徑，用自助行為以求權利感情的滿足，不能不說是出於萬不得已[19]。」

又說：「國民只是個人的總和，個人之感覺如何，思想

18. 薩孟武：《孟武自選文集》（前揭）頁 108。
19. 同前註，頁 110～111。

如何，行動如何，常表現為國民的感覺思想和行動。個人關於私權的主張，冷淡而又卑怯，受了惡法律和惡制度的壓迫，只有忍氣吞聲，不敢反抗，終必成為習慣，而喪失權利感情。一旦遇到政府破壞憲法或外國侵略領土，而希望他們奮然而起，為憲政而鬥爭，為祖國而鬥爭，事所難能。凡耽於安樂，怯於抗鬥，不能勇敢保護自己權利的人，那肯為國家的名譽，為民族的利益，犧牲自己的生命。……所以國法上能夠爭取民權，國際法上能夠爭取主權的人，常是私權上勇敢善戰之士[20]。」

我們讀過國父孫中山的傳記，知道他從小就是富於正義感的人，法治不離正義，長大以後，他乃立志革命，要推翻專制的政府，建立「法治的政府」，為全中國人民爭取民權，為國家爭取國權。所以，我們可以說，他的革命，就像克萊斯特（Henrich Von Kleist）所寫的小說《米刻爾‧科爾哈斯》（Michael Kohlhass）主人科爾哈斯揮動寶劍一樣，實是「法治」發生的基礎[21]。最後，且引戴傳賢先生之言來與大家共勉之曰：「吾黨同志若無為國家百年大計而立法，為國家人民之福利而行法之決心，或隨意制法，或立而不行，皆非所以完成革命之道[22]。」而孫中山構想的「法治的政府」，就不容易建立起來。反之，如我們大家都能體仰孫中山的革命目的和精神，則在全體公務員與全國民眾共同努力之下，民

20. 同前註，頁 111。
21. 同註 19。
22. 戴傳賢：〈關於憲法問題致立法院孫院長書〉（收載《國父思想論文集》，前揭）頁 667。

主與法治的政府將更為健全而富有朝氣！

第三節　廉能的政府

　　五權憲法的政府思想之第三個特徵，就是「廉能的政府」。何以不用「萬能的政府」呢？孫中山要建立的政府確實是希望它是「萬能的」，但是「萬能」是什麼意思呢？是否什麼事都能夠做？事實上這是不可能的，我想孫中山所謂的「萬能」並非指此而言，而是指「高度的效率」。人民希望它做什麼事，它就能很快的做好之意！個人以「廉能政府」取代「萬能政府」，不但可以涵蓋政府的效能，而且可以涵蓋政府的清明。政府要有效能，就得公務員有才幹；政府要得清明，就得公務員有道德。此外，尤應注意者，所謂「廉能的政府」也並不單指行政院人員而已，總統五院及地方政府官員，都應該是廉能政府的一員。

　　然則，何以需要「廉能的政府」呢？因為政府人員就是從政人員。「一國之內，人民的一切幸福，都是以政治問題為依歸的，國家最大的問題就是政治。如果政治不良，在國家裡頭，無論什麼問題都不能解決[23]。」若是如此，那我們何必要這個政府呢？現代政府的特色已不再是消極的，十八、十九世紀，英國「功利主義」（Utilitarianism）代表人物邊沁（Jeremy Bentham 1748～1832）和自由主義中堅人物密勒（John Stuart Mill, 1806～1873）都不贊同提高政府的權力或

23.《國父全集》第 3 冊，頁 103，民權主義第三講。

擴充政府的職務，並認為政府對人民干涉愈少愈好（Govern-ment Best, Government Least.）。但是，二十世紀以來，各國政府不足以應付急劇變動的社會情勢，和錯綜複雜的政治問題，及與民生息息相關的經濟危機，行政權乃不得不擴大。誠如葉祖灝教授在其所著《政治學新論》一書中所言：現代政府的職能已由過去單純「守夜警察」（Watch-Police）的「管」，進而為「作之親」、「作之師」的保、教、養、衛等多方面的職能。為此，孫中山際此時會，為補偏救弊起見，特提出「萬能政府」的主張來[24]。所以他設計的「五權憲法」政府，力闢過去歐美政府，人民多方限制其能力之非是，而提倡人民對政府的觀念應該改變，只要政府最後權力仍掌握在人民手中，就不必怕政府萬能，而應讓政府放手去為我們大家服務。

在孫中山「民權主義」演講中，不只一次提到德國「鐵血宰相」俾斯麥（Bismarck, 1815～1898）的名字，認為他是一位「很有名望、很有本領的大政治家。」認為「德國當時之所以強，全由俾士麥一手造成的[25]。」對於俾士麥以實行「國家社會主義」來防範馬克斯主義，對他這種作法似乎頗為欣賞。因為俾士麥眼光遠大，以國家的力量去剷除貧富不均的大毛病，把鐵路收歸國有，銀行及基本實業由國家經營，對工人又定了工作時間，規定工人養老費、保險金等社會福利措施，拿國家經營各種大實業之所得利益，去保護工人，

24.葉祖灝：《政治學新論》（臺北：正中書局，1975 年）頁 50～51。
25.《國父全集》第 1 冊，頁 113～114，民權主義第四講。

令全國工人都心滿意足。於是，俾士麥在無形中消滅了人民要爭的問題，到了人民無問題可爭，社會自然不發生革命，這是防患於未然的作法[26]。我認為孫中山的政府思想，也受到俾士麥的影響！那就是要使政府有能力去積極的解決民生問題。為此，政府的職權就必須擴大了。

政府的工作負擔既然加重，政府官員的能力亦必須加強，孫中山乃覺得應以考試制度的中國優良傳統方法，來選拔公務人員，方能造成一個有能力的政府。不只公務員須經考試，候選人（如立法人員、地方議員）也必須經過中央銓定資格，才可參加競選公職，這都是為了建立有能力的政府。

其次，政府人員，除了能力之外，尚須有道德心，一個人是否有道德，當了公務員之後會不會貪污？這是用考試方法考不出來的！所以，必須另外想辦法來防止。首先，他鼓勵人人發揮服務的道德心。在民權主義第三講中，他說：「天之生人，雖有聰明才力之不平等，但人心則必欲使之平等，斯為道德上之最高目的，……要達到這個最高之道德目的，到底要怎麼樣做呢？……則人人當以服務為目的，而不以奪取為目的[27]。」這就是鼓勵有能力的人應當具有服務的精神，利人的精神。「聰明才力愈大者，當盡其能力而服千萬人之務，造千萬人之福。聰明才力略小者，當盡其能力以服十百人之務，造十百人之福。……至於全無聰明才力者，亦當盡一己之能力，以服一人之務，造一人之福[28]。」人人如能

26.同前註，頁 115～116。
27.《國父全集》第 1 冊，頁 104。

具備這種服務的道德心，自然可以提升公務員的服務道德心和責任感！

　　然則，如果公務員而不具備這種服務的人生觀怎麼辦？那就只好運用監察制度的功能了！古中國西漢政府制度設有「御史大夫」之職，其地位在承相之下，但比九卿（各部部長）為高。他有一個特別的職務，即是「典正法度」，監督百官有無違法失職情事。御史大夫惟恐耳目不周，其下設有「御史中丞」之屬官，對外可以監督「部刺史」，對內可以領導「侍御史」員十五人，受理公卿奏事，依法舉劾群官。御史中丞不但可以獨立行使職權，以監督中央及地方官吏，且可以監察御史大夫。御史大夫與丞相之關係很微妙，「既屬相關，而又相斥，凡百庶政，丞相所當過問者，御史大夫亦參與監臨，遇丞相不法，則御史大夫必盡力糾彈」，希望能升補為丞相[29]。所以丞相權力雖大，卻不敢為非，所以薩孟武教授認為西漢御史大夫之地位，無異今日民主國家議會中反對黨的領袖[30]。但是，御史大夫本身也是御史中丞監察的對象，所以對丞相必須遵制示卑，不得有意相輕。而有驕慢之態，否則終不得為相。這也好像今日議會的反對黨領袖不得「為反對而反對」了。曾繁康教授認為這種微妙的設計，確實是「人類智慧在政治制度方面一偉大創作[31]。」孫中山先生

28.同前註，頁104～105。
29.參閱賀凌虛：〈中國監察制度之沿革〉（載《中國監察院之研究》上冊，1967年9月）頁20。
30.參閱薩孟武：《中國政治社會政治史》第1冊（1966年6月臺北增補再版）頁221。
31.參閱曾繁康：《中國政治制度史》（臺北：中華文化事業出版委員會）頁198。

的「五權憲法」中之監察制度，即採用中國這種優良制度。

　　良以，人類多是自私自利的，掌握權力的人，常有濫用權力的傾向，自不能單憑依賴人類道德心的發揚，以典正法度。是以，對違法舞弊的公務員及民意代表，必須另有監察制度，來防止官吏及代議士濫用權力，庶能建立清廉政府。固然，這種監察權，外國也有，卻多附屬於立法機關（國會）之中，狡猾議員難免用這種權來壓制政府，弄得政府不能放手為民做事[32]，則孫中山先生想建立的「萬能政府」必無法實現。所以，特別把監察權從國會中抽離出來，獨立行使職權，超然於黨派利害關係之外，較能發揮其功能。所以，吾人認為「五權憲法」的政府，具有「廉能的政府」之特徵。

第四節　責任的政府

　　盧梭（Rousseau）提倡直接民主，公民應人人親自參與政治，而且民主國家必須是小國寡民之國。他這種觀念，與歷史的發展並不相符，政治的內容，因社會工業化而益形複雜；公民本人又受分工原則的限制，必須把大部分時間從事於謀生的職業，所以人人親自參與政治，事實上是不可能的。洛克（Locke）則認為人民是國家組成的分子，故政府的政策，應以民意為依歸，政府的重要政策，必須得到人民明示或默示的認可。但人民對國家的政策未必有一致的意見，所

32.參閱傅啓學：〈合於人性的革命方略〉（師大《三民主義學報》第 4 期，1980 年 6 月）頁 24。

以民主國家中多數決的原則非常重要。關於這個問題在前面已曾提過。洛克認為，凡多數人表示贊同，而少數人有異議者，此少數人如不遷徙出境，即應服從。祇有在這兩個條件之下，而後政府既可民主，社會又能保全其安定的秩序[33]。在洛克的原則下，每個人的意見有同樣的價值。這不是說人無智愚賢不肖之別，但每個人都會受到國家政策的影響，從這個觀點言，人是平等的，他們同樣有權為自己所已受或將受的禍福而發言。智者固智，然而他沒有理由強迫愚者受禍。因為這個關係，政治中不應承認少數人（智者）有特殊地位的[34]。洛克的「同意原則」之發展，遂成為「責任政府」制度的精髓所在。

密勒（Mill）也強調民主的精義，應以人民有批評及監督的權利為主。政府中的職務與其他的職業相同，應該根據專業化的原則，由勝任此事的人去擔當的。國家中不必亦不可能人人都擔任政府工作，但人民如無批評與監督政府之權，則人民變成被統治者，他們就不能自己掌握其禍福了[35]。所以，政府任何施政，人民皆可批評，且須事先得著人民的同意。政府的施政綱領，如能為國民所同意，這個政府即是向國民負責的政府。國民如何表示其對政府施政綱領的同意呢？依鄒文海教授之看法是：

1. 由競選的各政黨提出他們各自的黨綱。

33.參閱鄒文海：《代議政治》（臺北：中華文化出版事業委員會，1955年4月）頁4～5。
34.同前註，頁7。
35.同前註。

2. 由國民對各政黨的黨綱作選擇，得多數國民擁護的政黨起而執政。

3. 由執政黨監視其從政黨員的忠實貫徹黨綱，而又由國民注意該一黨綱是否對國家實際有利，而預備於下屆選舉中，再作積極的表示[36]。

由此可見，所謂「責任的政府」，即是執政者必須以施政得失向人民負責，而負責的方法，就是定期接受人民之公斷，也就是必須有定期的自由選舉（Free election），必須讓人民有選擇執政者的機會，所以在責任的政府體制下，一定要有政黨政治的公平競爭。從孫中山先生的政府理論中，我們已經討論過，他是主張實行「政黨政治」的。所謂「政黨政治」必須起碼有兩黨以上的自由競選機會。在共產黨及法西斯主義社會，是不允許正常的政黨政治發展的，所以無論是共黨政府或法西斯政府都不是「責任的政府」。孫中山先生反對極權體制，也不贊同「開明專制」，他主張「民主」，雖然不欣賞代議制度的金錢選舉，但他並不否定代議政治在民主政治上之必要性。他雖主張直接民權，但也只為了補救代議制度的流弊，所以在五權憲法政府體系中，仍保留了西洋三權分立制的立法機關，這是他心目中的國會。但為了不使國會演變成英國式的「議會獨裁」或「一權政治」，所以不願意採用「立法行政不分」的內閣制。更不許彈劾權交給國會（立法院），而交給中國傳襲下來的監察機

---

36. 同前註，頁 7～8。

關。一方面實行「政黨政治」，由人民來自由選擇執政者，而一方面又要預防政黨壟斷或獨裁，故特別重視人民非要掌握四個「政權」不可，這四個政權，除了選舉權之外，皆是不得已而用之，尤其如創制複決兩權，就像威爾遜（Wilson）所言，只是「門後的兩把槍」（two guns behind the door），是可備而不用的！

　　人民既然是國家的主人，政府的老闆，政府施政就得順應民意，民意即是天意，「順天者昌，逆天者亡」，獲民意支持者上臺執政，失去民心支持者暫且下臺休息，擔當監督者的角色。這就是「責任的政府」之要義，吾人深入研究孫中山先生政府思想，發現他要建構的是一個「責任的政府」，而不是不必向選民負責的政府，凡是三民主義信徒，允宜記取！實行共產主義的蘇聯政府和中共政權，沒有真正的「自由選舉」，也沒有真正的「政黨政治」，他們只向共黨頭子負責，不是對全民負責。而孫中山主張「全民政治」，主張「主權在民」，所以政府是必須向人民負責的政府。國民大會便是人民委任到中央政府所在地監督政府施政的代表機關，是人民與政府的橋樑。而且可以修改憲法（但須經公民複決）及制裁公僕。「各院人員（包括立法委員）失職，監察院應向國民大會提出彈劾，監察院人員失職，則由國民大會自行彈劾而罷黜之。他們本身，「予奪之自由仍在人民」，也須向選民負責。所以，吾人認為孫中山政府思想中具有「責任的政府」之特徵。此其一也。

　　五權憲法政府除必須定期改選，以表示對人民負責之

外，在政府機關之中，亦必須彼此互相合作，盡到國民付託的工作責任。孫中山先生在民權主義第五講中說：「照中國幾千年的歷史看，實在負政治責任為人民謀幸福的皇帝，只有堯、舜、禹、湯、文、武，……上無愧於天，下無怍於民。他們所以能夠達到這種目的，令我們在幾千年之後，都來歌功頌德的原因，是因為他們有兩種特別的長處：第一種長處，是他們本領很好，能夠做成一個良政府，為人民謀幸福。第二種長處，是他們的道德很好，所謂『仁民愛物』，『視民如傷』，『愛民若子』，有這種仁慈的好道德。……所以對於政治能夠完全負責，完全達到目的。……其餘都是沒有本領、沒有道德的多[37]。」孫中山先生所要建立的政府，既如上節所述，為一個「廉能的政府」，自然是一個「本領很好」、「道德很好」的政府，這種政府，在國父心目中，就是負責的政府。

1956 年，日本有一位防衛廳長官，計劃在防衛廳下面設立一個什麼委員會，因預算案未被議會通過而立刻辭職不幹，因他感到已經不被議會信任了。這是「責任政治」之表現。民主政治而不注重責任，政治永遠不能走上軌道[38]。誠如江炳倫教授在其所著〈論官僚制度〉一文中所言：「政治發展的另一個重要意義，是權力的行使必須是負責的，但在官僚政治之下，既沒有任何非官僚的領域可與之抗衡，以監視權力

---

37. 《國父全集》第 1 冊，頁 129。
38. 張佐華等合編：《憲政論戰集》（臺北：正興出版社，1958 年 4 月 1 日）頁 116。

不致被濫用，真正的責任自然不存在。像泰國，政變迭起，無非是官僚派系之間的相互鬥爭，無論那一派上臺，對整個社會和政治結構，都是沒有影響的[39]。」孫中山政府思想中，設計有超然黨派之外的監察系統，復有國民大會代表在中央政府體系之上，監督治權運作，自非泰國政制可比，是以，吾人認為孫中山政府思想中，有「責任的政府」之特徵。此其二也。

第五節　專家的政府

　　孫中山先生雖然提倡「直接民權」，但他也知道「直接民權」制，即使在小國家也不是一個最理想的制度。我們必須瞭解，他提倡「直接民權」蓋在補救代議政治的流弊而已，絕不是想以「直接民權」（或「直接民主」）制度來取代「議會政治」。所以他不只在「五院制」中設計「立法院」為國會，即使在地方政府，他也不揚棄縣議會代議制度。所以，國事的治理勢必委託賢能之士，他主張公務員須經考試，候選人也須經考試銓定資格，即可證明他是如何渴望建立一個有能力的政府，而有能力的政府，必賴專家來組成。所以他說「管理政府的人，便要付之有能的專門家[40]。」

　　Sanford A, Lakoff認為有些人以為一切政策皆由全民來決

39.江炳倫：〈論官僚制度〉（載《憲政思潮》季刊 11 期），參閱：《憲政思潮選集》之一，（國民大會憲政研討委員會，1981 年 12 月）頁 185～186。
40.《國父全集》第 1 冊，頁 136。

定，不用技術專家來協助，即可醫治近代民主政治的一切弊病。持這種看法的人，並非是真正擁護民主政治者，已故社會學家 Wright Mills 批評近代民主主義的信仰乃是一種樸素的浪漫主義，而呼籲以關心民主價值的人道主義知識份子，來取代追求權力的領導份子（Power elites）。為了解決近代社會所產生的各種問題，吾人必須儘可能的利用各種知識。但只有將政府放在民主的基礎上，才能繼續使知識成為民眾關心的重心，才能使政府既有效能又負責任[41]。是的！一切政策由全民決定並不能達成真正的民主政治，說不定反而產生獨裁者。煽動家、野心家可能在「直接民主」或「全民投票」中得勢，但是追求權力的領導份子，也可能在代議政治制度中混水摸魚，以其特權為自己謀福利，而不管社會全體的利害得失。像這種政客型的「民意代表」，無論中央或地方議會，都可能存在。

　　1986 年 7 月 28 日，中國時報「社論」有〈註定失敗的改革〉一文，據悉在「六月下旬舉行的全國行政會議中，經濟部次長王建煊指出：就他與各縣市長接觸瞭解，大部分地方建設被少數特權份子包辦，因此要增加三分之一到四分之一的成本支出。」同一「社論」說，「據藥商指出，（高雄）市立醫院過去採購藥品價格偏高是公開的秘密。因為藥商須支付醫院採購人員及醫師回扣，並經常應酬。」高雄市長蘇

41.參閱 Sanford A, Lakoff 著，袁頌西譯：〈知識權力與民主理論〉（載《憲政思潮》季刊第 17 期）頁 79。本文譯自 *The Annals of the American Academy of political and Social Science*. March. 1971.

南成自去年八月起成立「發包中心」，即是要改革工程和採購的積弊，至今年五月底，節省了六億八千餘萬公帑。可是，正如該「社論」所言：「簡單的一句話，就是蘇南成擋了別人的財路，因此新制註定失敗。尤其是對於市政有『制衡』作用的市議員們，因為其中有人直接插手市府的工程或採購，有的則擔任『護航』。發包中心使他們用武無地。於是他們施出了撒手鐗，除了不斷在議會中質詢杯葛外，同時還在審查預算時把發包中心的預算刪掉，且不准以其他項目流用。」像這種情形——為人民看荷包的議員反而成為浪費人民納稅錢，而自飽私囊的吸血蟲！難道這就是「民主政治」的真諦嗎？當然不是。

是以，直接民主、間接民主好像都不是到達「民主政治」之路的正確途徑，我們到底是否開闢新路呢？我想 Wright Mills 所提出的辦法——以關心民主之價值，可能是一條值得我們一試的新途徑！代議政治之不足信賴，孫中山先生早已說過的，臺灣今日的選舉行為亦已令人憂心；當選的議員是否各個都有道德心？令人懷疑。然則，我們究應如何是好？孫中山先生主張在地方實施「直接民權」，即人民有直接選舉、罷免、創制、複決四權。固然，我們不必把一切政策皆由全民來決定，但必須保留人民的「直接民權」制，並兼用「技術專家」來協助，以便醫治民主政治的弊病。像高雄市政府與市議會政策上的衝突，即可請專家加以評議，針對市府設置「發包中心」問題的得失利弊加以研究，並提供市民「複決」，問問市民到底贊成不贊成設置？贊成則議會解

散，不贊成則市長罷免。我想在此一「民主」與「專家」知識結合之下，自私自利的議員可能就不敢面對選民了。因為他們在議會想貪便宜，此一心理經過專家的知識檢驗而曝光，他們就可能被選民唾棄，政治清明乃有希望。這就是「知識權力」的作用，也是具有關心民主價值的人道主義知識份子報效國家，以「學問」來「濟世」的大好機會。因此，作者建議，議會設立「聽證會」（Public hearing）及在政府設置「顧問委員會」有其迫切的需要性。

「民主」是什麼？民主可能被誤用，如果知識份子或技術專家只躲在象牙塔裡；如果政府和民眾忽視知識的力量，民主政治是不會成功的，孫中山在民權主義第五講已教導我們，堯舜以前「都是奉有能力的人做皇帝，能夠替大家謀幸福的人，才可以組織政府[42]。」他把「立法機關」（議會）放在「治權機關」與「行政機關」平行，此二機關並無上下之分，因為都出自民選，如有不能解決的爭執問題，很可以藉重專家來協助解決。所以，我認為孫中山政府思想之中，具有「專家的政府」之特徵。

第六節　服務的政府

孫中山先生在民權主義第二講說：「中國自秦以後，歷代的皇帝都祇顧皇位，並不理民事，說到人民的幸福，更是理不到[43]。」他不願中國實行君主制度，提倡民主共和，要換

42.《國父全集》第 1 冊，頁 131。
43.同前註，頁 83。

全國人民來做皇帝，要政府官員當人民的公僕，替人民謀幸
福。所以，他又倡導服務的人生觀，鼓勵能力好的人多為民
眾服務，所謂「巧者拙之奴」是也[44]。因為過去「中國人無論
在那個時代，總是希望有（堯舜禹湯文武）那樣的政府，替
人民來謀幸福[45]。」可是如久旱之望甘霖，總是不易如願，而
又無可奈何。所以孫中山先生認為政府要像普魯士的俾士麥，
主動為人民解決生活問題，「不要等人民來爭」[46]這就是「主
動行政」的服務觀念。

　　他的三民主義思想，與林肯的名言「為民而有，為民而
治，為民而享者，斯乃人民之政府也。」是相通的，他說：
「國家之元首百官，變為人民之公僕，服役於民者矣，此為
政治之革命也[47]。」雖是議員也是人民之「臣僕」[48]，所以，
無論是官吏或議員，都應為人民之生活而服務——為國民謀
吃飯；為國民謀穿衣；為國民謀居室；為國民謀走路（交
通）。衣食住為生活之根本，走路則且影響至國家經濟與社
會經濟矣[49]。Rodee 等人合著的《政治學概論》（Introduction
to Political Science）一書中，亦認為政府之目的在為人民謀幸
福生活（The good life）[50]，而張劍寒教授亦認為現代的政治
是「服務政治」（Politics of Service）。政府不僅在消極的減

---

44. 同前註，頁 104。
45. 同前註，頁 126。
46. 同前註，頁 128。
47. 《國父全集》第 2 冊，頁 157，手著：「三民主義」。
48. 同前註，頁 158。
49. 同前註，頁 351。
50. Rodee et al., *Introduction to Political Science*, (Taiwan press) p. 85.

除國民最大多數人的最大痛苦，且在積極的增進最大多數國民的最大幸福。在服務政治的潮流下，官吏態度，大為轉變，便民助民成為座右銘，而在機關之內，也專設服務的機構，如服務處，服務臺等是[51]。葉祖灝教授亦言：「現代政府已不能僅以『權力』為理由而存在，其存在已移置於『服務』基礎上，政府的做為在於『服務』，而不在於『權力』的表現[52]。」周道濟教授在其所著：〈我國民本思想的分析與檢討〉一文中，也從歷史上的研究發揚了孫中山先生三民主義的「服務政府」思想，顯示政府公務員及軍人，效忠的對象，不再是一人一姓的國王君主，而是天下萬民[53]。

可是，在歐美、日本，尤其是德國盛行「服務政治」之今日，尚有些國家的政府官僚並沒有這種觀念，泰國官僚政治是亞洲的例子，他們執政並不是為民眾服務，而為黨派的私利[54]。至於共黨國家，如蘇聯，人民想買一部私用汽車須依序「排隊」等三年，這是一位英國老國會議員 John Parker 於第五次訪問蘇俄親自聽到的[55]。有人認為共黨國家工作效率高，其實，在為民服務這方面，就沒有民主國家來得有成就了。

---

[51].張劍寒：〈民主效能的服務政治〉（參見《憲政思潮》季刊第 5 期）頁 162。

[52].葉祖灝：《政治學新論》（臺北：正中書局，1976 年 10 月二版）頁 42。

[53].周道濟：〈我國民本思想的分析與檢討〉（中央研究院三民主義研究所《專題選刊》（四））頁 12。

[54].同註 39。

[55].Parker, John. Father of the House, *Fifty Years in Politics* (Routledge and Kegan Paul Ltd, London, 1982) p. 135. "I was told that there was a three-year waiting period for a private car."

　　基於以上之分析，吾人肯定的說，孫中山先生政府思想中，具有「服務的政府」之特徵。

第六章 結論

　　最後，吾人想簡明的對「孫中山政府思想」做個總結性的描述。首先我們必須認清，孫中山的政府理論富於中西文化的思想特色，還有他長期研究思考所獲心得，絕非憑空的臆想。

　　在理論基礎方面，吾人一共提出六點，即①權能區分的理論、②五權分立的理論、③均權主義的理論、④地方自治的理論、⑤政黨政治的理論、⑥文官制度的理論。在這六項理論基礎中，許多學者忽略了孫中山的政黨政治理論在他的政府思想中之地位，所以對憲法上規定行政院在某些條件下對立法院負責未能贊同，但依吾人看法，這個規定，並未違反孫中山政府理念，因為他是以立法院為國會，而又不許立法院成為國會獨裁，形成倒閣危機，所以在行政機關之上設立一位大總統，為行政首領，具有實權，而與行政院長「分層負責」，且是「國家元首」，有崇高的地位，這對政治穩定發生正面功能。此外，許多人也未注意到中立性高級文官制度的重要性，而這一點也是孫中山政府論的重要基礎。作者很高興的看到 1986 年 6 月 6 日「中國時報」的一段新聞，行政院表示政府各級行政人員不論是否為執政黨員，其執行任務必須嚴守「行政中立」之立場，此為「黨政分際」之原

則，正是孫中山文官制度理論的實際運用。

在制度觀念方面，依據「五權憲法」、「建國大綱」等文獻是不夠的，仍須與三民主義併同研究，才可發現孫中山政府思想的特徵。所以，在分析其制度之後，我歸納出來，認為民主、法治、廉能、責任、專家、服務的政府是其重要特徵。而在政府的結構上，參酌理論與現行憲政制度，及各學者高明的見解，作者試繪一個「五權憲法」中央政治機關組織系統圖，並認為有必要提升「大法官」之地位，組成「憲法法院」。因為現代歐洲大陸已有許多國家設置「憲法法院」，其地位不應屬於司法院，而應與國民大會、大總統地位平行，用以裁判憲政爭議，解釋憲法及法律，審查法律是否違憲。此外，則認為應調整行政院部會的組織，以專其責，目前我國行政系統，有同一事務分由不同機關處理的現象，這對「行政效率」、「責任政治」及「服務政治」的加強提升是不利的。

最後提出下列幾點關於臺灣現行政府制度之看法：

（一）在近年的憲政改革，廢除「國民大會」及改變「監察院」的性質，完全合乎孫中山的政府論。因為在行憲之過程，國大代表誤解孫中山政府思想，企圖與立法院爭做「國會」，但「國民大會」不是「國會」。加以現代資訊發達，做為人民與政府橋樑的「國民大會」已無存在價值，廢除它為國家節省不少經費。而「監察院」委員是高級中立性文官，不具「參議院」性質，其產生方式改變，正好合乎孫中山政府論之精神。

（二）總統原由國代間接選舉，改為人民直選也是孫中山的主張。既然總統由人民直選，臺灣較不宜實行「內閣制」。其理由有五點：

1. 臺灣政治傳統自 1949 年以來，半世紀以上未曾實施內閣制。有人以為蔣經國當行政院長時，大權在握，形同內閣制，其實，那是蔣先生刻意培植其兒子的接班實力，並非制度形成。蔣經國也不是嚴家淦的反對黨，所以與法國第五共和之左右共治（Co-habitation）不能相提並論。

2. 臺灣總統已直接民選，如採行內閣制，臺灣人民集體意志產生之國家元首遂成虛有其位。內閣制為王權國家不使世襲國王擁有實權，而自然形成之體制，臺灣沒有國王，不必刻意效尤。

3. 臺灣面對中國併吞威脅，必須讓國家領導人強而有力，庶能迅赴事機，保障國家安全。如實施內閣制，國家遇有危機，而議會內閣尚在為政策爭辯不休，國家必亡無疑。

4. 臺灣民主政治文化尚未成熟，如實施內閣制，會首長必由立法委員（國會議員）兼任，則國會選舉熱潮益形激烈，黑金政治益形嚴重，臺灣一定步入法國第三、四共和之覆轍。

5. 有人誤以為總統制只有美國成功。其他如韓國、菲律賓、印尼及中南美各國皆失敗，殊不知一個國家元首是否獨裁與政府體制無關，德國希特勒的政府是內閣

制，新加坡李光耀政權也是內閣制，但他們都是獨裁者。臺灣已實施政黨政治並直選總統，只要加強培養公民社會的民主倫理精神，臺灣採行總統制，國家必會穩定發展。

（三）總統不宜兼任黨主席。過去作者曾主張總統兼任黨主席具有正當性，現在感受總統兼任黨主席具有危險性。過去有些主張，是基於全民直選產生的總統——國家元首一定能力高強，品德無懈可擊的「哲學家君主」或「明君」之思考。但是政治實踐顯示，作者之思考是烏托邦，太過理想主義。

（四）臺灣現行政府制度，是「混合制」，在修憲或制憲時，如能參採法國第五共和最新（2011 年）憲法，適當調整我國的制度，如能將作者試繪組織系統圖中的「國民大會」這個已被廢除的機關，改制為「憲法委員會」，置委員九人，委員不得兼任國會議員及閣員。由總統、立法院院長、憲法法院院長各任命三人組成，任期九年，每三年改任三分之一，不得連任。職司監督選舉及公民投票並宣布結果，審查立法院制定尚未公布，卻有爭議之法律。這可能是最佳的選擇。

附錄：參考書目

甲、重要文獻：

一、《世界各國憲法大全》（全六冊）——國民大會憲政研討委員會。

二、《國父全集》（全六冊）——中國國民黨中央委員會黨史委員會（1981 年 8 月 1 日再版）。

三、《國父全集補編》（一冊）——（黨史會，1985 年 6 月 30 日出版）。

乙、其他參考資料：

一、中文部分

1. 中央文物供應社：（1979 年 2 月四版）。《國父遺教類編》。

2. 中央日報「地圖周刊」：（1986 年 3 月 22 日）。第 2019 期。

3. 中央選舉委員會編印：（1983 年 9 月）。《公職人員選舉法規及解釋彙編》。

4. 日本外務省情報文化局：（1968 年）。今日的日本。

5. 王寵惠：（1963 年 9 月）。〈五權憲法〉（載《五權

憲法文獻輯要》，帕米爾書店。

6. 王寵惠：（1965 年 11 月 12 日）。〈五權憲法之理論
與實施〉（收載《國父思想論文集》臺北：中央文物
供應社）。

7. 史尚寬：（1973 年 12 月再版）。〈論政權與治權〉
（載《五權憲法論文選集》上冊，帕米爾書店）。

8. 田炯錦：〈五權制應若何運用〉（收載張佐華等合
編：《憲政論戰集》，前揭）。

9. 田炯錦：（1973 年 12 月再版）。〈五權憲法之發展
與世界政治之趨勢〉（載《五權憲法論文選集》上
冊，帕米爾書店）。

10. 田炯錦：（1973 年 11 月）。《五權憲法與三權憲
法》（臺北：黎明文化公司）。

11. 江炳倫：（1981 年 12 月出版）。〈論官僚制度〉
（載《憲政思潮》選集之一──〈比較憲政制度〉，
國民大會憲政研討會）。

12. 行政院研考會編印：（1985 年 11 月，增訂版）。
《中華民國政府組織與工作簡介》。

13. 佐藤功著，許介鱗譯：（1979 年 4 月出版）。〈比較
政治制度〉（國民大會憲政研討會編印）。

14. 吳相湘：（1980 年 1 月 26 日）。〈從定縣經驗談臺
灣基層建設〉（中國時報）。

15. 宋益清：〈美國修憲運動與憲政思潮〉（載〈憲政思
潮〉第 13 期）。

16. 李子堅：（1958 年 1 月 24 日）。〈與張知本先生談憲法問題〉（自立晚報）。

17. 李弘祺：（1980 年 1 月 26 日）。〈從布衣到卿相——考試制度在中國傳統社會裡扮演的角色〉（載臺北：中國時報）。

18. 阮華國：〈監察權與司法權行使的分際與協調〉（載《五權憲法論文集》下冊，前揭）。

19. 阮毅成：〈我國憲法上的地方制度〉（載《中國憲政》第 1 卷第 1 期）。

20. 阮毅成：（1978 年 11 月出版）。《地方自治與新縣制》（臺北：聯經出版公司）。

21. 周道濟：〈我國一治一亂思想的探討〉（臺北：中央研究院三民主義研究所《專題選刊》第 15 號）。

22. 周道濟：〈我國民本思想的分析與檢討〉（中央研究院三民主義研究所《專題選刊》（四））。

23. 周曙山：（1973 年 12 月再版）。〈五權憲法的歷史〉載《五權憲法論文選集》上冊，（帕米爾書店）。

24. 林紀東：〈五權憲法上的一個重要問題——公職候選人考試制度〉（載《憲政思潮》季刊第 56 期）。

25. 林紀東：〈五權憲法與現代政治思潮〉（載《五權憲法論文集》上冊，前揭）。

26. 林紀東：（1978 年 10 月三版）。《中華民國憲法逐條釋義》第二冊（作者自刊，三民書局總經售）。

27. 林紀東：（1978 年 1 月再版）。《中華民國憲法逐條釋義》第三冊（作者自刊）。

28. 林彬：〈對於憲法之回憶與前瞻〉（載《憲政論戰集》，前揭）。

29. 邵履均：（1978 年 2 月）。〈中央政府及五權聯繫問題〉（載《五權憲法論文選集》下冊，帕米爾書店）。

30. 金平歐：〈監察權理論的檢討〉（載《中國憲政》第 4 卷第 12 期）。

31. 金鳴盛（：1936 年 5 月出版）。《五權憲政論集》（上海：中華書局）。

32. 威爾確斯著，廖仲愷譯：（1957 年 11 月）。《全民政治》（臺北：帕米爾書店）。

33. 洪應灶：（1974 年修訂版）。《中華民國憲法新論》（作者自刊）。

34. 胡漢民：（1969 年 10 月 1 日）。《胡漢民自傳》（臺北：傳記文學出版社）。

35. 孫科：〈現代世界中的民主問題〉（載《中國憲政》第 4 卷第 9 期）。

36. 桂崇基撰、王軍譯：〈中國傳統考試制度與文官制度〉（載《中華學報》第 6 卷第 1 期）。

37. 秦孝儀編：（1976 年 11 月 12 日）。《國父思想學說精義錄》（臺北：正中書局）。

38. 袁頌西譯：〈知識權力與民主理論〉（載《憲政思

潮》季刊第 17 期）。

39. 涂懷瑩：〈六十年來各國實施創制複決的經驗與趨勢〉（載《憲政思潮》季刊第 16 期）。

40. 涂懷瑩：（1980 年 8 月 4 日）。〈論五權憲法下的專家立法制度〉（中央日報「主流」。）

41. 國民大會秘書處編：「第一屆國民大會實錄」第 41 篇第 6 章「臨時會紀錄」附件一之（三）第二次全體會議通過「國民大會憲政研討委員會有關修改憲法各案研討結論」。

42. 崔書琴：（1972 年 10 月修訂十版）。《三民主義新論》（臺北：臺灣商務印書館）。

43. 張佐華、武士嵩合編：（1958 年 4 月 1 日三版）。《憲政論戰集》（臺北：正興出版社）。

44. 張君勱：（1971 年 2 月）。《中華民國民主憲法十講》（臺北：臺灣商務印書館）。

45. 張金鑑：（1955 年 2 月初版）。《中國文官制度史》（臺北：中華文化出版事業委員會）。

46. 張金鑑：（1953 年 11 月初版）。《均權主義的政治原理和歷史背景》（臺北：中央文物供應社）。

47. 張群：〈總統與五院的關係〉（載《中國憲政》第 4 卷第 9、10 期）。

48. 張劍寒：〈中國監察制度與歐美監察長制度之比較〉（載《中華學報》第 1 卷第 1 期）。

49. 張劍寒：〈民主效能的服務政治〉（載《憲政思潮》

403

季刊第 5 期）。

50. 陳水逢：（1984 年 4 月再版）。《日本政府及政治》
（臺北：黎明公司）。

51. 陳春生：（1967 年 5 月）。〈認識蘇聯的統治方式〉
（載臺大《政治學刊》第 8 期）。

52. 陳春生：（1978 年 4 月出版）。《國父政黨思想研
究》（臺北：再興出版社）。

53. 陳春生：（1981 年 4 月出版）。《國父政權思想研
究》（臺北：五南出版社）。

54. 陳茹玄：〈論兩黨政治〉（載《政黨政治論集》前
揭）。

55. 陶百川、陳少廷合著：（1982 年 12 月）。《中外監
察制度之比較》（臺北：中華文化復興運動推行委員
會）。

56. 傅　學：〈五權憲法的來源和原則〉（載臺大《中山
學術論叢》第 2 期）。

57. 傅　學：〈合於人性的革命方略〉（師大《三民主義
學報》第 4 期）。

58. 傅　學：（1985 年 2 月初版）。《中山思想體系》
（臺北：臺灣商務印書館）。

59. 傅　學：（1973 年 5 月增訂初版）。《中國政府》
（臺北：臺灣商務印書館）。

60. 曾繁康：《中國政治制度史》（臺北：中華文化出版
事業委員會）。

61. 曾繁康：（1972 年 2 月七版）。《比較憲法》（臺北，作者自刊）。

62. 賀凌虛：（1967 年 9 月出版）。〈中國監察制度之沿革〉（傅　學等六教授合著《中華民國監察院之研究》第 1 章，臺大法學院政治學系，非賣品）。

63. 賀凌虛：〈國父監察權理論的探討〉（載臺大《中山學術論叢》第 3 期）。

64. 黃正銘：〈從直接立法論國民大會的地位與職權〉（載《法律評論》第 28 卷第 5 期）。

65. 逯扶東：（1983 年 9 月增訂五版）。〈民主政治下對權力與自由問題之淺識〉（載其所著：《西洋政治思想史》附錄二）。

66. 葉祖灝：（1975 年）。《政治學新論》（臺北：正中書局）。

67. 鄒文海：（1955 年）。《代議政治》（臺北：中華文化出版事業委員會）。

68. 劉慶瑞：（1960 年 9 月）。《中華民國憲法要義》（作者自刊，修訂版）。

69. 劉慶瑞：（1961 年 6 月）。《比較憲法》（臺北：大中國圖書公司）。

70. 劉瓊：（1969 年 12 月 1 日）。〈英法地方政府〉（臺北：傳記文學出版社，初版）。

71. 蔡政文：（1986 年 3 月 16 日）。〈西班牙選民決定留在北約〉（中國時報）。

72. 鄭彥棻：〈五權憲法的理論基礎〉（載《中華學報》第 4 卷第 2 期）。

73. 鄭彥棻：（1985 年）。《國父的偉大及其思想探微》（臺北：正中書局）。

74. 鄭彥棻：（1980 年 9 月）。《憲法論叢》（臺北：東大圖書公司）。

75. 鄧公玄：（1958 年 4 月 1 日）。〈何謂國會〉（載《憲政論戰集》，臺北：正興出版社，三版）。

76. 鄧公玄：（1956 年 10 月）。〈政黨政治的要素與形態〉（載《政黨政治論集》，臺北：中華文化出版事業委員會）。

77. 鄧嗣禹：（1967 年 2 月）。《中國考試制度史》（臺北：臺灣學生書局）。

78. 蕭公權：（1971 年 3 月）。《中國政治思想史》（臺北：華岡出版公司，再版）。

79. 蕭公權：（1982 年 12 月）。《憲政與民主》（臺北：聯經出版公司，初版）。

80. 戴雪：《英憲精義》（譯本）第 4 冊。

81. 戴傳賢：（1965 年 11 月 12 日）。〈關於憲法問題致立法院孫院長書〉（收載《國父思想論文集》，中央文物供應社）。

82. 謝冰瑩等編譯：（1985 年 2 月）。《四書讀本》（臺北：三民書局，修訂九版）。

83. 謝延庚譯：（1976 年 2 月）。〈政府的職能與結構〉

（載《憲政思潮》選集之一——比較憲政制度，前揭）。

84. 謝瀛洲：（1976 年 10 月）。《中華民國憲法論》（臺北：米劍豪發行，十五版）。

85. 薩孟武：〈二十世紀以後各國憲法之新趨勢〉（載《中國憲政》第 3 卷第 8 期）。

86. 薩孟武：〈中央與地方的權限分配及權限爭議〉（載《五權憲法論文選集》下冊，前揭）。

87. 薩孟武：（1973 年 12 月）。〈民權主義與五權憲法〉（載《五權憲法論文選集》上冊，帕米爾書店，再版）。

88. 薩孟武：（1966 年 6 月）。《中國社會政治史》（臺北，作者自刊）。

89. 薩孟武：（1974 年 9 月）。《中國憲法新論》（臺北：三民書局）。

90. 薩孟武：（1962 年）。《中華民國憲法概要》（臺北：聯合書局，再版）。

91. 薩孟武：（1979 年 10 月）。《孟武自選文集》（臺北：東大圖書公司）。

92. 薩孟武：（1983 年 1 月）。《政治學》（臺北：三民書局，增訂初版一刷）。

93. 魏守嶽：（1979 年 4 月 1 日）。〈蘇聯新憲法研究〉（載政大《東亞季刊》第 10 卷第 4 期）。

94. 羅志淵：（1967 年 4 月）。《中國憲法史》（臺北：

臺灣商務印書館）。

95. 羅志淵：《中國憲法與政府》（臺北：正中書局）。

96. 羅志淵：（1970 年 12 月）。《中國憲法釋論》（臺北：臺灣商務印書館，三版）。

97. 羅志淵：（1970 年 4 月初版）。《地方自治的理論體系》（臺北：臺灣商務印書館）。

98. 羅志淵：（1972 年 1 月 12 日）。《西德政府及政治》（作者自刊）。

99. 羅志淵：（1965 年 8 月）。《法國政府及政治》（臺北：正中書局）。

100. 羅志淵：（1964 年 10 月初版）。《美國政府及政治》（臺北：正中書局）。

101. 羅志淵：（1969 年 1 月）。《憲法論叢》（臺北：臺灣商務印書館）。

102. 羅孟浩：（1975 年 3 月）。《各國地方政府》（臺北：正中書局，四版）。

二、英文部分

1. Ball, Alan R., (1983). *Modern Politics and Government.* (third edition). Macmillan Publishers LTD.,

2. Bogdanor, Vernon, (1983). *Multi-party Politics and the Constitution.* Cambridge University Press, Great Britain

3. Bryce, (1921). *James Modern Democracies.* New York: the Macmillan Company.

4. Budge, Ian. David Mckay et al., (1984). *The New British Political System-Government and Society in the 1980S.* New York: Longman Inc., First published 1983, Second impression 1984.

5. Campbell, William, (1967). *Formosa under the Dutch: Described from Contemporary Records with explanatory Notes and a Bibliography of the Island.* Taipei: CH'eng-wen Publishing Company.

6. Carter, Gwendolen M., and Merz John H., (1962). *Major Foreign Powers.* 4th ed. Harcourt, Brace & world, Inc. New York and Burlingame.

7. Dragnich, Alex N., and Rasmussen Jorgen, (1978). *Major European Government* (5th Edition). 臺灣：巨浪影印版。

8. Duncan, Graeme (ed.) (1983). *Democratic Theory and Practice.* Cambridge University Press.

9. Ebenstein, William, (1975). *Today's Isms.* (7th edition). New Jersey: Prentice-Hall, Inc., Englewood Cliffs.

10. Garner, James Wilford, (1928). *Political Science and Government.* University of Illinois.

11. Gettell, Raymond G., (1951). *History of Political Thought.* London: George Allen & Unwin LTD., 1924. first edition, 15th impression.

12. Grover Starling, (1982). *Understanding American Politics.* Home wood, Illinois: The Dorsey Press.

13. Harvey, J. and Bather, L., (1985). *The British Constitution and*

Politics. 5th ed. London: Macmillan Education LTD.

14. Harvey, J., (1983/1985). *How Britain is Governed*. third edition. Macmillan Education LTD.

15. Heater Derek (ed.), (1983/1985). *Contemporary Political Ideas*. New York: Longman Inc.

16. Hoffmann, Erik P. (ed.), (1984). *The Soviet Polity in the Modern Era*. New York: Aldine Publishing Company.

17. Holcombe, Arthur N., (1931). *The Chinese Revolution, A Phase in the Regeneration of a World Power*. Cambridge, Massachusetts, Harvard University Press.

18. Joseph Lapalombara and Myron Weiner (eds), (1966). *Parties and Political Development*. New Jersey: Princeton University Press.

19. Lipson, Leslie, (1964). *The Democratic civilization*. New York: Oxford University Press.

20. Macmanus Susan A., et al., (1984). *Governing A Changing America*. New York: John Wiley & Sons, Inc.

21. Macridis, Roy C. and Robert E. Ward (editors), (1963). *Modern Political Systems: Europe*. New Jersey: Englewood Cliffs, Prentice-Hall, Inc.

22. Merle Fainsod, (1963). "*Bureaucracy and Madernization: The Russian and Soviet Case*" *in Joseph La Palombara (ed.), Bureaucracy and Political Development*. Princeton: Prinecton University Press.

23. Mill, John Stuart, (1878). *Considerations on Representative Government*. London: Longmans, Green, Reader, and Dyer.

24. Milton C. Cummings, Jr. & David Wise, (1977). *Democracy Under Pressure- An Introduction to the American Political System*. Harcourt Bracy Jovanovich, Inc. -3rd edition.

25. Nelson, Brian R., (1982). *Western Political Thought*. New Jersey: Prentice-Hall, Inc., Englewood Cliffs.

26. Neumann, Robert G., (1955). *European and Comparative Government*, 2nd ed., the Mc Graw-Hill Book Co. Inc. Press.

27. Neumann, Sigmond (eds), (1956). *Modern Political Parties*. Chicago: The University of Chicago Press.

28. Parker, John. Father of the House, (1982). *Fifty Years in Politics*. Routledge and Kegan Paul LTD. London.

29. Parry, Glyn, (1979/1984). *British Government*. a revised edition. London: Edward Arnold LTD.

30. Ranney, Austin, (1958). *The Government of Men*. Taiwan Press, August.

31. Richard H. Hall, and Robert E. Quinn (edited), (1983). *Organizational Theory and Public Policy*. Sage publications, Inc. California.

32. Robert J. Osborn, (1974). *The Evolution of Soviet Politics*. Home wood, Illinois: The Dorsey Press.

33. Rod Hague and Martin Harrop, (1982). *Comparative Government-An Introduction*. London: The Macmillan Press LTD.

34. Rodee et al., (1958). *Introduction to Political Science*. Taiwan Press.

35. Rossiter, Clinton, (1960). *Parties and Politics in America*. New York: Cornell University Press.

36. Sherman, Lyon, (1934/1968). *Sun Yat-Sen: His Life and its Meaning, A Critical Biography*. California: Stanford University Press, Stantord.

37. Wilbure, Clarence Martin, (1976). *Sun Yat-Sen: Frustrated Patriot*. New York: Columbia University Press.

38. Willoughby, W. F., (1936). *The Government of Modern States*. New York: Appleton-Century-Crofts, Inc.

39. Zink, Harold, (1958). *Modern Government*. Taiwan Press.

大學叢書

政府論
——孫中山政治思想研究（三）

作者◆陳春生

發行人◆王春申

總經理◆王春申

副總編輯◆沈昭明

主編◆葉幗英

責任編輯◆徐平

校對◆鄭秋燕

封面設計◆吳郁婷

出版發行：臺灣商務印書館股份有限公司
10046 台北市中正區重慶南路一段三十七號
電話：(02)2371-3712　傳真：(02)2371-0274
讀者服務專線：0800056196
E-mail：ecptw@cptw.com.tw
網路書店網址：www.cptw.com.tw
網路書店臉書：facebook.com.tw/ecptwdoing
臉書：facebook.com.tw/ecptw
部落格：blog.yam.com/ecptw

局版北市業字第 993 號
初版一刷：2014 年 8 月
定價：新台幣 480 元

 **ISBN 978-957-05-2950-0**
版權所有・翻印必究

政府論——孫中山政治思想研究（三）／陳春生著．
--初版 ·-- 臺北市：臺灣商務, 2014. 08
　　面 ； 公分. --（大學叢書）

ISBN 978-957-05-2950-0(平裝)

1. 孫文 2. 政治思想

005.1857　　　　　　　　　　103012968